ちくま学芸文庫

改稿 日本文法の話

〔第三版〕

阪倉篤義

筑摩書房

新編 日本古典文学全集

小学館

目次

改稿　日本文法の話〔第三版〕

はじめに

文法というのは、ただことばの規則をおぼえることだと考えて、反発を感じたり、また、その規則なるものには、あまりにも例外や異説がありすぎると言って、これにあきたりなさをおぼえたりしている人は、随分多いのではないかと思う。学校ではじめて文法を学んだときのこういう第一印象が、結局、それ以後、ことばについて考えることに、なにかしら抵抗をおぼえさせ、ひいては、ことばに対する関心をうすれさせる一つの原因になっているとしたら、これはゆゆしいことである。

文法に興味が持てないという。その原因は、主として、たとえば教科書に「ことばのきまり」といった形でまとめられてあるいくつかの事項を、ただそういうものとして鵜のみにしなければならない、と考えるところに、あるのではなかろうか。文法は、決しておぼえるべきものではなくて、考えるべきものである。教科書に列挙されているのは、多くは結論だけであって、そこにいたる思考の過程は省略されている。その省略されているいきさつ、なぜそういう形にまとめられることになるのかという理由、を解説して、いますこし納得ずくで文法というものが考えられるようにしてみたい、そしてさらに、できるならば、上に言ったような受身の態度ではなくて、読者自身の方から、ことばというものに対してもっと積極的な態度で立ち向かって行かれるような、意欲をそそってみたい、というのが、すすめられるままにこんな書物を書く気になった、そもそもの理由であった。

一体、文法の授業が行われている理由は、いろいろ考えられよう。文語文法などは、古典解釈のためという意味が多分にあろうし、口語文法でも、日常の、聞き・話し・読み・書くことが一層正しく効果的にできるように、といった実用的な意味があろう。しかし、もちろんそれに尽きるものではないはずである。窮極のところは、われわれの日常のことばに対する関心が深められることによって、やがて、自国語ないしは言語というものに対して正確な認識を持つようになるところに、その意義があると、私は信じたい。もっとも、それはまず、日常の具体的なことばの体験に即して得られた、実践的な認識であるべきことは言うまでもない。一足とびにここまで到達することは、たしかに不可能であろうけれども、学校における初歩の文法も、やがてこの準備段階であるべきであって、こうして次第に国語に対する感覚がやしなわれるにつれて、正確な美しいことばを、いつくしみ、尊重しようとする態度が、はじめて「自覚的な」ものとなってくるであろう。かさねて言いたいのは、文法学習の目的は、決してことばのきまりを暗記することにあるのではなくて、そういう事実の認識をとおして、日本語、さらには言語というものを考える態度を、やしなうことにあるということである。

二十年前はじめてこの稿を起こして以来、今日まで、この考えは変らない。そして、このことを訴えつづけることの意味と必要とは、今なお、すこしもなくなっていないように思われる。本書の旧版は、さいわいにして多少世に迎えられ、ひきつづき重版を望む声もなくはなかった。しかし、今日あれをそのままのかたちで、ふたたび世に出すことは、種々の意味ではばかられ、ひさしく絶版のままに過ぎてきたのであった。たまたま、今年になって、信光社の高木四郎氏の熱心な慫慂をうけ、ついにその熱意に負けて再版を思い立つにいたったのであるが、しかし、旧版を全面的に書きあらためる余裕は、今、とうてい得られない。やむを得ず、内容に多少の手を加えることで自分を納得させようと、暇をさいてその仕事にとりかかったのであるが、結果において、はじめ第三章まではほぼ旧態を存することになったけれども、それ以後、ことに品詞各説にいたっては、かなりの増訂をほどこすことになってしまった。もしそのなかに、専門諸学者の批判に耐えうるものが含まれているとすれば、この改稿を行ったことの意義も幾分はあったものとして、もって瞑すべきだと思っている。

それにしても、本書を成すについての大きな動機となった時枝学説の提唱者時枝誠記博士の、すでにこの世にいまさぬことは、私にとって何よりも残念である。

一九七三年十二月

阪倉篤義

第二版について

本書の前身『日本文法の話』が発刊されてから三十年、この『改稿　日本文法の話』の初版刊行からでも、やがて十年になろうとしている。その間に出版された国語学関係の書物は誠におびただしいものがあり、当然その中には参考書として一読を勧めたいものが多数含まれている。この際、それらを採り入れて巻末の参考書目の掲げ方を改めることにした。いたずらに多数の書名を列挙することをやめて、より効果的な少数の書物を掲げることにしたのが、初版との根本の相違点である。

一九八三年九月

阪倉篤義

第三版について

第二版刊行後すでに五年が経過し、その間にまた、おびただしい数の文法関係の書物が出版された。本書巻末の「参考書」も、その中のめぼしいものを増補するだけでは、もはや収まりがつかなくなったので、この際これを全面的に書き改めることにした。版を改めて第三版とするゆえんである。

一九八九年九月

阪倉篤義

一　文法とはなにか

ことばとはどういうものか

キップリングの有名な小説『ジャングル・ブックス』には、狼《おおかみ》にそだてられた人間の子供で、モウグリ少年というのが出てくる。あれはもちろん空想の人物だが、実際にああいうことが、ごくまれにはあるそうである。その一つの例が、ゲゼルおよびジングという人によって報告されている。ある夕暮れ、シングという神父がインドのジャングル地帯を通りかかったとき、狼の穴から、七歳および二歳ぐらいと思われる二人の女の子が見つかった。胸や肩や頭には長い毛が密生しており、四足ではしると、とても人がおいつけなかったという。生肉をこのんで、日が暮れると活動をはじめ、夜中の十時と一時と三時とには、きまって密林の狼の群れとたかく鳴きかわすなど、完全に狼としての習性を持っていた。二人は神父によって注意深くそだてられたのだが、はじめは全くことばを発することができなかった。妹（といっても本当に血のつながった姉妹ではない）の方は、二か月たつと、のどがかわいたとき「水」という人間のことばを発するようになったが、姉は、二年めにやっと神父に向かってだけ、なにか飢えや渇きを訴えることばらしいものを発し得る程度だった。四年めになると六つのことばを、七年め、すなわち十四歳のころには四十五のことばを発するようになり、みじかい語句がしゃべれるようになった。しかし、結局二人のうち、妹は一年めに死に、姉の方も九年めには、病気のため、その不幸な生涯を終えたのだが、死ぬまぎわにも、うまく用い得る単語の数は、やはり四十五であったという。この話は、われわれに、「ことば」というものについて、興味ある示唆を与えてくれるだろう。

こういう野生児は、結局精神薄弱の白痴の域にとどまって、いくら教えても、人間としての普通の能力を持つまでには発達できない、という結論に達しているようだが、その最大の原因は、彼らが人間のことばを発し得ないところにあると、考えられているようである。まことに、ことばこそは、人間の知恵が生んだすばらしい発明であるとともに、逆にまた、人間の知恵が発達する上にことばが果たしてきた役割は、想像以上に大きなものがある。われわれは「ことばでものを考える」と言われる。ロゴスということばが、もと、考えることと、言うこととの両方を意味していたことは、よく知られているとおりである。

さて、たとえば悲しみのきわまったとき、われわれは、両手で顔をおおって、思わず「ああ」と叫ぶ。こういう嘆声のようなものは、それが発せられる際の現実の全体的な状況、現に悲しんでいるということと、密接にむすびついている。むしろ、その一部だとも言える。その意味で、狼少女が、食事中に人が近づくと「うう」とうなったというのや、猫《ねこ》がうれしいとき、のどをならしたりするのと同じものだと言える。ところが人間は、そういう具体的な状況から、音声だけを一応切りはなして、悲しみの気持ちというものを、たとえば「ああ」という音声でもって表すように決めることができるのである。いわば、音声によって逆に状況をうち出して行くとも言えよう。ここにおいて、「ああ」は、もはや単なる叫びではなくて、**ことば**になったと考えられる。

これらは感情を直接に表出したことばであって、このことばを発する人自身の、その場における気持ちしか表すことができないが、それをさらに概念化して、一般にそういう感情を、たとえば「カナシイ」という音声で表すことにすれば、この「ことば」は、もはや単に自分についてだけではなしに、あなたや彼の感情についても、また現実の場をはなれても、言うことができるようになる。こういう抽象する力、概念を形成する能力こそ、人間と類人猿とを区別する根本的なものであって、ここに、人間のことばの特色があると言えるのである。猿《さる》も、その社会生活において、呼びけ・応答・威嚇・警戒などにいく種類かの音声の使い分けをすることが報告されている。それで伝達の機能を果たしているわけであるが、しかし、これらは、いずれも合図として用いられるのであって、人間のことばのように、事物を指示したり代表したりする記号としての機能は、はなはだ不十分であると言わなければならないのである。

このようにして、われわれは、感じたり、考えたり、想像したり、欲したりするさまざまのことを、それが意識にのぼるかぎり、すべて「ことば」で表すことが可能である。そこで、たとえば「ぴしゃっ」とか「そわそわ」とかいうことばだが、これは、ドアがしまったり、気持ちが落ちつかなかったりするときの感じを、かりにこういう音声で表すことに決めているだけであって、決して現実にそういう音がするわけでは、もちろんない。だから漫画で、こういう「ギョッ」とか「そわそわ」などが、まるで作中人物の直接の声や、実際の動作が発する音のように使ってあると、そこにおかしみが生まれてくるのである。ただこれらにおいては、まだ音声と、それによって表される内容との間に、いくぶんの関連があるように見える。が、その他の大部分のことばの場合には、その間の必然的関連は、本来まったくないと言える。たとえば、あの四つ足のワンワンとなく家畜が、一つのきまった音声「イヌ」で表されなければならないという必然性は、どこにもない。かりに、それでもってこの動物を代表させておく、というだけのことである。ここに、ことばの、記号としての、あるいは高度の象徴としてのはたらきがある。たとえば交差点の信号燈に赤と青の燈が点滅するが、赤燈が「止まれ」、青燈が「進め」を、本来意味すべき理由はどこにもない。逆に、青が「止まれ」、赤が「進め」であってもいいわけである。もしアマゾンの奥地にでも住んでいる人間を、いきなりそこにつれてきたら、信号が赤であろうと青であろうと、平気でどんどん横断して行くだろう。しかし、もしその目の前に火が炎々と燃えているというような現実の状況を見たら、彼は、身の危険を感じて、進むのをためらうにちがいない。赤い燈は、燃えさかる火のようにそれ自体が危険なものなのではなくて、要するに「危険だ」とか「進むな」とかいうことを象徴する一つの記号であるわけである。赤燈そのものは、もともと、ただのランプにすぎない。これが、「危険だから進むな」という意味と結びついたとき、はじめて信号としての価値を持ってくるように、音声（あるいは文字）そのものは、本来一つの物理的な存在にすぎないが、これが、それの表す内容と結びついたとき、ここに、「ことば」というものが成り立つわけである。鸚鵡《おおむ》がいくら上手に人間の音声をまねても、これは、ことばとは言えない。だから、「ことば」の本質は、むしろ、音声と、それによって表される意識内容（意味）とが結びつく（連合する）ことそのこと、そういう働き、にあるのだと言っていいわけである。

こういうわけで、ことばは、それが表している物や事がらの実体を、そのままに模写してはいない。われわれをとりまく外界や、内的な世界を、いろいろな見方によって、それぞれの概念としてとらえて、その一つ一つの概念を記号化したもの（すなわち、名前をつけたもの）が、「ことば」である。とらえられた概念と、そのものの実体とは、別である。同一の対象を、違ったかたちでとらえて、違った記号で表すこともできるし、また、同一の記号が、かなり違った概念を表すこともしばしばある。民主主義とか平和とかいうことばが、現在どれほど多様な意味をもって使われているかを見ても、それは理解されるだろう。現実とは別に、ことばにはことばだけの世界がある。これを決して混同してはならないのだが、しかし実際には、しばしば混同が起こっている。ここに、ことばの持つ恐ろしい力があるとも言える。紀元前二、三世紀ごろのローマの詩人エンニウス（Ennius）の、「ことばはわれわれを偽るためにある」ということばは、誇張があるとしても、一面の真理を含んでいよう。「ものも言い様《よう》で角《かど》が立つ」などと言うが、まったく、一つの対象をどんなことばで表現するか、というところに、発言者の立場というものが、重要なものとして考えられてくることになる。

ところが、ここに、いま一つ忘れてはならない根本的な問題がある。それは、ことばの働きが持つ社会的な面である。人間が一つの社会を構成して協同生活を営む上にまず必要なのは、その構成員相互の意志が十分に通じあうということであるのは、言うまでもない。そのための手段として生まれてきたのが、「ことば」であった。もっとも、自分の気持ちを相手に伝えることは、他の動物もやるし（前述の、猿や狼が鳴きかわすなど）、また、ことば以外の身振りや表情ででも、意志の伝達ができなくはない。顔をしかめて「いやだ」という気持ちを伝えたり、外国人がよくやるように、肩をすぼめ両手を前に開いてみせて、「がっかりしたよ」という気持ちを知らせたりもできる。あるいはまた、ゴーストップのような信号も、その働きをしている。ただ、さきに言ったような、こみ入った抽象的な内容をも伝えるためには、身振りや燈では、とうてい不十分なので、これに代えて、音声（あるいは文字）をその記号として採用したものが、「ことば」であると言える。

そこで、たとえばAという人間がことばを発するのは、相手のBに自分の心の中を伝えて、その反応を期待するからであり、逆に、Bがこれを聞くのは、Aの伝えようとするところを理解し、それに反応しようとするからである。つまり、話し手（A）と聞き手（B）とがあって、はじめてその相互の間に「ことば」が成立する。だから、少なくともAとBとの間には、こういう内容が、この記号で代表されているという、基本的な了解がなければならない。もし、ある個人が、自分の一存で、一つの表現内容をある音声で表してみても、そういう連合の関係が相手にわからなければ、これは「ことば」としての働きを果たし得ないわけである。ゴーストップが実際に交通信号として役に立つのは、赤や青の燈と、それが表している意味との結びつきを、人々が承知しているからであるように、ことばもまた、こういう社会性を度外視しては、考えることはできない。

以上要するに、「ことば」というのは、まず、ある個人（話し手）が、自分の心に感じたり考えたりしたことを、音声をもって外に表そうとする、一つの表現行為である。話し手なしには、いかなることばも成り立ち得ない。しかもそれは、相手に自分の思いを伝え、それによって相手を自分の思いどおりにしよう——たとえば、相手にある行動をとらせたり、疑問に答えさせたり、自分の心情を理解させ共鳴させたりしよう——という欲求にもとづく、話し手の行為である。そこで、考えなくてはならないことは、具体的なことばという表現行為は、かならず、ある一つの場においてなされるということである。右に言ったように、ことばは、つねに聞き手に対して発せられるのであるが、その際、聞き手が友人であるか、おじさんであるかによって、話し手の気持ちや心構えは、当然変ってくる。あるいは、同じ一人の友人に対してものを言う場合でも、学校で気軽に話しあう場合と、その友人の家に行って、友人の父親のいるところで話しあう場合とでは、話し手の気持ちや態度は、少々変ってこざるを得ない。こういう、話し手を中心に、聞き手（これがいちばん大きな要素だが）および、ことばを発するにあたって話し手が意識するかぎりの一切のものを含めて、これを、ことばの「場」と呼ぶことにする。場というものがまずあって、そのなかで、ことばが成立するのである。厳粛な儀式の場では、われわれの動作も自然、厳粛なものにならざるを得ないように、話し手の「もの言い」は、当然、この、場によって制約されてくる。先生に対する場合と友人に対する場合とでは、自然、ものの言い方が違ってくるし、つねはぞんざいなもの言いをしている友人に対してでも、その友人の父親がいっしょだと、これを意識して、少々あらたまったことばづかいをしたりすることにもなる。また、久々に会った友人に対して、最初つい丁寧なことばづかいをしてしまったために、おたがいにくすぐったく感じながら、最後まで、昔のようなうち解けたもの言いができずに終ることがあるように、ことばそのものが、逆に場を形づくっていくようなこともあるわけである。

いずれにせよ、われわれは、こうして、場に適合し順応したもの言いをすることになる。ことばによって単になにかを表現するというだけではなしに、それによって聞き手の心になにかを訴える、ということばの働きを十分に果たすためには、話し手は、どうしても、その場にもっとも適合した表現をとらざるを得ない。そのためにまず第一に必要なことは、場の中心をなす聞き手によくわかるような、よく通じるような表現をとるということである。ことばは、もちろんそれぞれの話し手・聞き手（言語主体）をはなれて別に存在するものではない。しかし、個々の話し手が、みずからそれに順応して行こうとするところの、「音声と意味との連合における共通の型」ともいうべきものが、一つの社会で共同の生活をする人々の意識のなかに、自然に形づくられつつあることを、認めなければならないと思われる。これが、比喩《ひゆ》的に、「ことばのきまり」と呼ばれたりするのである。

こういう「ことばのきまり」には、社会の構成員共通の約束ごととして、その内部に自然に一つの組織ができている。個々のことばは、決してばらばらに存在せず、相互に結びつき、かつ、張りあうという関係にあることが認められる。われわれが対象を概念としてとらえる心のはたらき方からしても、また、その記号を各人が記憶するためにも、その方が自然でもあり、便利でもあるからである。

文法とはどういうものか

このきまりには、いろいろなものがある。たとえば共通語を例にとれば、ことばの中や終りに出てくるガギグゲゴの音は、[ga][gi][gu][ge][go]ではなくて[ŋa][ŋi][ŋu][ŋe][ŋo]と発音されるとか、また、「箸《はし》」ということばは、ハがシよりも高く、逆に「橋」ということばは、シがハよりも高く発音される（近畿地方ではそれが逆になる）、とかいうような音韻上の問題、あるいは、漢字・平仮名・片仮名の一つ一つの文字が、どんな音韻を代表する記号であるか、といった文字に関する問題、あるいはまた、たとえば「ムゴイ」という語形がどんな意味を表しているか、というような語の意味に関する問題、あるいは、親族関係を表す語にはどういう種類があるか、というような単語の組織に関する問題――こういうものは、いずれも、ことばを広く研究する言語学においては、それぞれ音韻論とか文字論とか語彙《ごい》論とかいって、研究の対象になるが、直接、文法論の対象にはならない。文法論は、特に、ことばの単位になっている、文章・文・文節・語（いずれも後に説明する）をとりあげて、それら相互の関係を明らかにし、これを整理して、そこにいろいろの型を見いだして行こうとするのである。そのためには、これと関連するかぎりにおいて、その意味やら、性質やら、構造やらを調べてみる必要がある。

よく、文法は、ことばの法則であると言われるが、これは適当でない。法則というと、自然科学のそれのように、すべての場合にあてはまるもののように思えるが、文法における法則というのは、そういうものではなくて、いくつかの場合に通じて認められる一つの型なのである。だから、むしろ通則とでも言った方が適当だろう。

文法の規則は、実際にあたって例外ばかり多くて役にたたないと言って、不信を表明する人がよくあるが、これは、もちろんその通則の立て方そのものに欠点のある場合もあろうけれども、右のように考えると、一面、むしろ例外があるのが当然だということにもなる。人間の複雑な表現行為である個々のことばというものが、自然科学の法則みたいなもので、きれいにわりきれるはずがない、と言うべきである。研究の対象になるのは個人の個々のことばだが、そのなかから、その場合にだけ見られる、あまりにも特殊な要素はある程度すてて、公約数的な、通則的なものを帰納したのが、文法なのである。（なかでも教科用の文法書は、事実を記載するというよりは、正しいことばづかいの模範を示して誤りを正すといった、いわゆる規範的な意義をも担っているために、取捨をほどこし、圧縮されて、ことにこの傾向が強くなっていることを、承知しておかなければならない。）

そこで、たとえば
「木村がピッチャーをやるんだ。」

ということばは、これが、どんな場面（現に話が行われている環境）において発せられるかによって、話し手の言い表そうとする気持ちに、少なくともつぎの数種類はあると考えられる。

(千田是也氏『近代俳優術(物言う術)』参照)

(1)今度の試合には、中川でなくて木村が、ピッチャーをやることになっている。

(2)木村が、ショートでなくてピッチャーを、やることになっている。

(3)それなら大丈夫、まず安心だね。

(4)それじゃ、どうやら負けそうだよ。

(5)じゃ、どうせ面白い試合にはなりっこないや。

(6)どうしてまた、木村なんかにやらせるんだろう。

(7)へえ不思議だねえ、中川じゃないの?

(8)木村は、当分野球を禁じられているのに、やっぱりやるらしい。

(9)木村は、野球なしでは生きて行けない男だからね。(軽蔑の気持ちで)

(10)やっぱりそうか、こまったことだな。

(11)大切な試合だもの、無理もないさ。

(12)さすが木村だ、えらいやつだな。

(13)だから大いに応援してやろうじゃないか。

(14)（監督が、断固たる口調で）「ぐずぐず言わずに、木村がピッチャーをやればいいんだ。」

具体的な場面においては、話し手は、こういう心持ちをできるかぎり話し手に伝えようとして、声の音色、高低、強弱、速度、切れ続きなどの使い分けをする。たとえば、(1)の場合ならキムラガを強く、(2)の場合ならピッチャーを強く、(4)(5)の場合ならしり下がりに、(6)(7)のような場合なら最後に〜というふうな抑揚をつけて、このことばを発するだろう。文字に書かれた場合も同じことで、漢字と仮名のつかい分けや、句読点の打ち方に工夫したり、圏点（木村がピッチャーをやるんだ。）や、傍線（木村がピッチャーをやるんだ。）や、！　？　……　――等の符号（木村がピッチャーをやるんだ！　木村がピッチャーをやるんだ……　など）をつけたり、さらには、「木村が**ピッチャー**をやるんだ。」のように強調する語だけ太く書いたりすることもある。こういう情意の表現というものは、生きたことばには、多かれ少なかれ必ずつきまとうのであって、これを切りすててしまうと、はなはだ抽象化されたことばになってしまうわけだが、しかし、現在のところ、これらすべてを文法論として十分に説明できるまでには、至っていない。思うに、文法論というものの限界もそのあたりにあるのであって、むやみに手をひろげることは不必要でもあろう。しかし、なるべくそこへ近づこうとする努力――つまり、切りすてるものをなるべく少なくしようとする努力は、なされるべきであって、現に次第にその傾向は強まってきている。ただ、これから扱おうとするような一般的な文法論で、そこまで論じて行くと、かえって混乱が起こる恐れもあるので、ここでは一応、そういうものをある程度はぶいたかたちで、文法を考えていくことにしたい。

そしてまた、以上述べてきたところからわかるように、ある言語主体が、ものを言ったり聞いたりする場合、そのことばが過去の時代にはどんなであったか、将来どうなって行くか、あるいはまた、他の土地、他の階層のことばとはどう違っているか、などということは、その言語主体にとっては一応無関係なことである。したがって、それぞれの文法というのは、要するに、ある時代、ある社会において行われている、ある一つのことばの体系について言われるものであると考えなければならない。八世紀ごろの大和地方のことばには、そのことばとしての文法があり、十六世紀ごろの京都のことばには、また、それとしての文法があり、そして、現代の共通語には現代の共通語としての文法があるわけである。口語文法というのが、大体この最後のものにあたる。それに対して、文語文法というのは、まず大体平安時代のことばに範を求めていたところの一種の文章語（戦前までの詔勅、法令や明治大正ごろまでの論説文にもよく用いられた）に行われてきた文法だと言える。どちらも日本語ではあるが、この二つは、時代も異なり性格も随分違っているから、一方の文法をそのまま他に当てはめることは、もちろんできない。本書では、以下に、しばしば文語文法と口語文法との関係を述べるが、これはあくまで、口語の文法が文語の文法とどう違っているか、それはどのようにして違ってきたかを述べるだけであって、決して文語文法における事実をもって口語文法上の事実を説明しようとしているのではない。この点誤解のないように、蛇足《だそく》ながらことわっておきたい。

何のために文法を学ぶか

文法というものがどんなものか、これでほぼ見当がついてきたわけであるが、さて、いよいよその文法を学ぼうという段になると、こういう不満がかならず起こるだろうと思われる。――古い時代のことばはともかくとして、現在われわれの社会に行われているきまりなどは、もうだれだってみな、よく心得ていて、現に日常それで不自由なしに話しあっているのだから、特別にそれを研究する学者は別として、いまさらそんなものを習うなどという必要はないのではないか——と。しかし、ここでもう一度、狼少女の話を思い出してみよう。彼女たちは、決して、生まれつきなにか脳に障害があって、知能の発達がおくれていたのではない。彼女らが、人間でありながら「ことば」がしゃべれなかったのは、結局、ことばをおぼえる機会を失ったからだ。人間は、物を食べたり走ったりすることは、特に教えられなくとも、ある程度は自然にできる。しかし、ことばは、特に習いおぼえなければならないものなのである。しかも、それには、適当な時期（年齢）が必要なのであって、これを失うと恐ろしい結果になることが、この例でもわかるのである。自覚しないままに満足なもの言いができるようになるためには、私どもは、一つ二つの時から、随分ながい時間と労力とを費やして、ことばを習ってきたのであった。大人のことばを何度も聞き直し、あるいはまた、たとえば、「僕がその紙切らさして！」（僕にその紙を切らせて、の意——四歳児）などという、きまりに合わない言い方をしては、直され直されして、やっとここまできたことを忘れてはならない。

それはそうだが、今ではもう完全なもの言いができるようになった、そう言いきる自信が、果たしてわれわれにあるだろうか。

わたくしは、木村です。

わたくしが、木村です。

この二つのことばの違うことは漠然《ばくぜん》とわかっても、それなら、これによって表そうとする話し手の気持ちは、どこがどう違うのかを、果たしてはっきり言うことができるだろうか。そんなことは小さな問題だ、と言って済ましておくわけには行かないのである。こまかく言えば、手紙の書き方、電話の聞き方一つにも、ことばの機能を十分に果たすようにすることが、われわれの社会生活を円滑にいとなんで行く上にどれほど大切であるかは、先に述べたところから十分了解できるだろう。そのためには、はっきり意識していないことばのきまりを、もう一度根本から自覚的にしておく必要がある。

もっとも、文法の知識がふえたからと言って、かならずしも急に、いわゆる「話がうまく」なったり、名文家になったりするわけでは、もちろんない。その証拠には、世の、文法に関心を持つ人のなかにも、文章のまずい人はたくさんある。美しいことばとか、うまい文章とかいうことになると、人によって考えの標準も違い、問題が複雑になるし、あまり文法にかなった文章は、格にはまりすぎて、かえっておもしろくないとも言える。谷崎潤一郎氏は、『文章読本』のなかで、「文法的に正確なのが、かならずしも名文ではない。だから、文法にとらわれるな。」ということを言っている。文法的に正確なのがかならずしも名文でないことは、まさにそのとおりである。だからといって、文法を無視すれば、意味が通じなかったり誤解されたりする恐れが、多分にあるだろう。「まず文法にかなう」ということが、言語主体が、その場面にもっとも適合したことばを発し、また、それをもっとも的確に聞くための——言いかえればその場面に関するかぎりにおいて、ことばの機能をもっとも効果的に果たすための——基本的な条件であることは疑いをいれない。わざと破格の言い方をすることによって特殊な表現効果を挙げ得るというのも、つまりは、われわれが、もっとも普通な言い方、というものに対する意識を持っているからにほかならない。もし、いわゆる文法にあわない言い方で十分意味が通ずるならば、そういう表現に即して、文法の方が考え直されてもいいのである。

といって、単語の意味と文語文法とさえ、よく承知していたら、『万葉集』でも

『源氏物語』でも、何でもすらすら解釈できるなどということには、もちろんならない。解釈するということはそんな安易なことではない。しかし、文法を知っているということは、解釈をほどこす際の不可欠の条件であり、非常に有力な武器であろう。

夕月夜小倉の山に鳴く鹿の声のうちにや秋はくるらむ（『古今集』）

という歌を解釈する際に、その末の句が、「来るらむ」ではなくて「暮るらむ」であることを知らなければ――つまり、「らむ」が動詞の終止形に接続するということ、「来」の終止形は「く」であって「くる」ではないということ、そういう文語文法の上のきまりを知らなければ、まず、問題にならない。しかし、これはまだ、いわば正しい解釈への第一段階である。「べし」は助動詞であって、推量・可能・義務・当然・決意・命令の意味があるなどということを知識としていくら持っていても、実際に文中に用いられている一つの「べし」が、どの意味にあたり、表現上どんな働きをしているかなどは、文法以上の、たとえばそのことばの場面（文脈）などによって決めなければならない。いや実は、どの一つとも決められない――当然とか推量とかいうことばでは言いきれないふくみを、その一つの「べし」が持っていることに気づかなければ、本当の解釈は成り立たないのである。単に、いわゆる文法の知識を持つということだけでは、正しい解釈への基礎的な条件が満たされるに過ぎないと言った方がいいであろう。

前もって、こういう、文法ないしは文法を学ぶことの限界を認識しておくことは必要だと思う。もちろん、これによって、学校における文法学習の意義は、すこしも薄れるものではない。なによりも重要なことは、前にも述べたように、文法を学ぶことによって、ことばの感覚と、これに対する正しい認識が、やしなわれることにあるからである。そういう感覚がやしなわれれば、ことばのかすかな匂いをかぎわけることもできるようになろうし、また、そういう認識が深まれば、おのずから、実践に際しての態度や心構えは決定されてくるだろうと思われる。

二　文法に諸説があること

文法と文法論

以前、ある学校で、すでに一応文法を習ってきた人たちに、「文法とはなにか」という質問を出して一人ずつ簡単に答えてもらったところが、答えが二つにわかれた。一つは、文法とはことばの法則であるとか、通則であるとかいう意味の答えで、いま一つは、文法とはことばの法則を研究することだとか、あるいは、それを説明したものだという答えだった。さきに言ったように、文法とは、ことばの通則それ自体をさす。だから後者は、くわしくは文法論とか文法学説とか呼ばれるはずのものであるが、事実この二つは、よく混同して、同じく「文法」という名で呼ばれている。なぜこんなことになるかを、考えてみなければならない。

ことばがある以上、かならずそこには、ことばのきまりがある。しかしわれわれは、普通これに気づかない。特にことばのきまりというふうなことに注意するのは、それが、ある程度客観的にながめられて、ある種の反省が加えられた上でのことである。本来、それぞれの言語主体の意識において文法ということはあっても、それとは別に、文法というものが、言語主体をはなれて存在するわけではない。しかし、われわれが文法の概念を持つようになるのは、たとえば文法書によって、それがいくつかの規則として示されたときである。それは、つまり、ある一つの立場から文法ということを整理し説明したものであるが、それによって文法ということを知るよりほか、われわれには、文法の知りようがないわけである。ここに、右のような、文法ということと、これを説明したものとの混同が起こる、深い理由があるのだと思われる。

　文法は決して、ことばの外にあって、外部からこれを規定するものではない。ところが、右のような事情から、文法書に書いてあるところを法律の条文かなにかのように心得て、すべてこれには絶対に従わねばならないもののように、窮屈に思いこんでいる人がいる。もちろん、さきに言ったように、文法そのものには、言語主体の表現行為を規制すると言っていい面がある。しかし、文法書にしるされてあるのは、この文法という事実を、ある一つの立場から整理してみたものにしか過ぎない。もし、ある社会のことばのきまりが変れば、それにしたがって、文法書の記載が変らなければならないのは当然である。また、もし文法書に記された一つの規則では、実際にあたって、例外ばかり多くて、うまく説明がつかないというのなら、その文法書の記載をあらためることが考えられるべきだ。主導権は、あくまでことばそのものにある。文法書によってことばを考えるのではなくて、ことばによって文法書が検討されなければならない。単に文法を教科書によって学ぶのではなくて、自分でことばを整理して、そこから一つの文法を見つけ出してみようというぐらいの心構えを、つねに持つことが必要なのである。実を言うと、現在のいろいろなすぐれた文法書でも、まだ決して文法上の事実を完全に説明しきってはいない。説明のし残しもあれば、しぞこないもある。自身の目でたしかめて見なければ、うっかり文法書の言うことは信用できない、というほどに考えても、かならずしも言い過ぎだとは思えない場合がある。さまざまのことばを材料にして、そこから文法を帰納的に見いだす力なんぞは、自分にはないと考えるのは、いわれのない劣等感か、怠惰をカムフラージュするための体《てい》のいい口実にしか過ぎない。よし自分の見いだしたものが、通則としては認められないようなものであっても、いい。その不完全さに気づくことに何より意味があるし、また、そさも自分のものにしようと努力をかさねることが、すなわち、いわば「文法する」ことなのである。さもなければ文法は、永久に納得できないままの単なる知識にとどまって、自分のものにはならないであろう。

文法を学ぶ際に、おなじことばの上の事実が、人（教科書）によっていろいろに説かれているのには、いちばん当惑させられる。たとえば、「静かだ」ということばを、形容動詞として説く人と、「静か」という体言に助動詞「だ」のついた形だと説く人とがあって、一方は橋本文法の説き方、他方は時枝文法の説き方だというふうに言う場合がある。この橋本文法、時枝文法などと言う場合の文法とは、さきに言った「文法論」または「文法学説」の意味であること、言うまでもない。平安時代の文法と江戸時代の文法とが違うと言う場合には、ことば――したがってことばのきまりそのもの――が違っているわけだが、いまの場合は、たとえば「静かだ」によって代表されるような、ある一つの型の現代のことばそのものに、違いがあるわけでは無論ない。どちらも共通にこれを対象としながら、橋本博士の文法論と時枝博士の文法論とでは、ただ、その説明のしかたがこういうように変ってくるわけであって、要するに、あることばの事実を、それぞれの学者の立場にしたがって、どう整理し、説明するかの問題である。

たとえてみれば、いろんな色や形をもった大小さまざまのボタンを、いくつかの箱に整理して収めておこうという際に、形によって分けるか（A）、色によって分けるか（B）、大きさによって分けるか（C）、人によっていろんな方法があり得よう。そこで、いまここに一つのひし形の、青い、小さなボタンがあるとする。これはAの立場からは、色や大きさはともかくとして、まず同じひし形のものどうし、Bの立場からは、形や大きさはともかくとして同じ青いものどうし、Cの立場からは、形や色はともかくとしてまず同じ小さいものどうし集めた中に入れるというぐあいに、それぞれ違った整理がなされることになろう。それなら、この一つのボタンにとって、A、B、Cいずれの分類法によって整理されるのがいちばん適当かと問われても、どれも理由のある分け方であって、簡単には、どれがいい、どれがわるい、などとは答えられない。右の「静かだ」という種類のことばの場合も、ややこれに似た事情があるわけで、それぞれの学者には、おのおの文法を考える上に一貫した立場があって、それにしたがって、こういう違った説が出てくるわけなのだから、その間の事情をよく考えた上でなければ、かるがるしく批判はできない。

ただ、われわれとして注意しなければならないのは、たとえば、右のようにボタンを分類するというとき、あるものは色で、あるものは形でというぐあいに、その規準に混乱が起こっていては、実際に使うとき何の役にも立たず、整理したことの意味がないように、文法を考える際にも、ある学者の文法の考え方に従った以上は、すべてのことばを扱うにあたって、一応その立場で一貫させてみる必要があるということである。そのうちには、その説の不完全さに気がつくこともあろう。その上で、さらに他の学者の立場にはいって行くべきであって、立場の違いも考えずに、はじめからあれこれ違った説を受け入れるのは、いたずらに混乱をまねくのみだということに、よく注意したいと思う。それでは、つぎに、現在もっともよく行われている三つの代表的な文法学説、すなわち山田文法、橋本文法および時枝文法の立場と、その特徴とを、ごく概略説明しておこう。

山田博士以前

国語の文法的な事実に対する反省は、ふるく日本人が、外国語すなわち中国語に接したときから、徐々に芽ばえてきていたことは、『万葉集』や『宣命』など、八世紀以前の資料からもうかがうことができる。しかし、文法的な考察と名づけるに足るものが現れるのは、やはり中世以後十三世紀ごろからのことである。もっとも、これとても主として和歌や連歌の創作に必要なてには（助辞）の考察にとどまっていた。近世になると、こういう歌文創作上の必要のほかに、国学者たちが奈良時代・平安時代の古典を研究することが盛んになるのにともなって、これを注釈する必要が起こり、それが動機となって、ここに、「仮名づかい」「助詞・助動詞」「活用」「品詞分類」などに関する、本当の意味での文法研究が起こってきたのであった。本居宣長（一七三〇―一八〇一）、富士谷成章《ふじたになりあきら》（一七三八―七九）、本居春庭《はるにわ》（一七六三―一八二八）、鈴木朖《あきら》（一七六四―一八三七）、東条義門《ぎもん》（一七八六―一八四三）などという学者の名は、記憶にとどめておいてよい。一八世紀から一九世紀前半にかけてのこの人たちの研究は、純粋に日本語を対象にして、それに即した理論をうち立てたところに大きな意義があるし、現在の文法論も実はここに基礎を置く点が多いのではあるが、しかし、国文法研究が、ひろい視野のもとに真に科学的な方法と体系とを持つよ

本居宣長

うになったのは、やはり明治以後、ヨーロッパの言語学理論が輸入されてからのことである。成果のあがりはじめたのは、十九世紀の終り明治三〇年ごろからで、その代表的なものとして、たとえば大槻文彦《おおつきふみひこ》博士の『広日本文典』（明治三〇年刊）をあげることができる。これは、英文法を参考にして編まれているため、一種の和洋折衷の文法論になっていて、今日からは批判の余地があるが、しかし、その歴史的な意義を忘れることはできない。現在用いている品詞の名称などは、このころまでにオランダ文法や英文法の用語から翻訳したままのものが多いのである。

山田孝雄

山田博士の文法論

この後をうけて現れたのが、山田孝雄《やまだよしお》博士の『日本文法論』（明治四一年刊）という名著だった。これは、外国の文法論や論理学・心理学などを参照しつつ、しかも江戸時代の富士谷成章たちの説をうけついで、はじめて体系的な日本語の文法理論を樹立したもので、ここにいたって現代の文法論の基礎がきずかれたと言っても、決して過言ではない。助詞についての論などには、ことにこの感が深い。博士の進んだ学説をうかがうのに適当なものとしては、『日本文法学概論』(昭和一一年刊)があるが、なにぶん大部なものだから、その要点だけを知るには、戦後(昭和二五年)に出た『日本文法学要論』によるのが便利である。一体、ことばを静的に見て、これに形態(音声)と意味(思想内容)との二面があると考える立場に立ったとき、後者すなわち「思想」ということにまず中心を置くのが、山田博士の文法論だと言える。文法学というのは、ことばを思想に応じて運用する法則を研究するものだ、という考え方である。品詞分類の方法、「存在詞」を説くこと、助動詞を「複語尾」とよぶこと、助詞の分類、「句論」において「喚体の句」と「述体の句」とを分けることなど、いろいろ、この文法論の特徴的な点をあげることができる。

橋本博士の文法論

山田博士の文法論が内容を重視するのに対して、橋本進吉博士の文法論は、形態(音声)に中心を置いている。意味が何らかの方法で形の上に現れたものでなければ、文法上の問題にはならない。形には現れないで、ただ前後の関係とか、その文が用い

橋本進吉

られたときの話し手と聞き手の立場とかいうような内容的なものによってのみ明らかになるようなものは、文法の範囲にはいらない、という考え方である。「文節」という考え方や、品詞分類の方法、形容動詞の論などによくこれが現れている。博士の文法学説は『新文典別記』（昭和一〇年刊）や『国語法研究』（昭和二三年刊）『国文法体系論』（昭和三四年刊）などによってうかがうことができる。簡明かつ穏健な文法論で、初歩の人々にもはいりやすいので、現在行われている文法教科書はこれによるものが多い。

時枝博士の文法論

時枝誠記《ときえだもとき》博士の文法論は、これらとは、またよほど違う点がある。それは、そもそも時枝博士の、ことばそのものに対する考え方が、山田博士や橋本博士とはかなり異なっているからである。そういう立場の相違を理解するためには、くわしくは博士の『国語学原論』（昭和一六年刊）によらなければならないが、簡単に言うと、博士は、ことばというものを「音声と思想という二つの要素が相互喚起的に結合したもの」とする考え方を排して、人間が自分の思想を外部に表現する精神的生理的な活動そのものと見ようとする。つまり、ことばは一つの目的をもって行う実践的な表現行為であって、その本質は、言語主体が、表現の対象となるものを、音声あるいは文字を媒介にして外部に表出する心的過程である、というのである。たとえば「おや！」とか「いいえ」とかいう語は、話し手の感情や応答の直接的表現であって、その点で、「おどろく」とか「否定」とかいう語が、話し手の思想内容を客体化したり概念化したりして表現しているのとは、根本的に違う点がある、という考え方である。やや特異な議論のようであるが、さきに第一章で述べたところ（二〇ページ以下）を考えあわせていただきたい。こういう立場から説かれる文法論は、したがって、「詞」と「辞」の分類をはじめ、接続詞・感動詞・代名詞・接尾語などの考え方、形容動詞を認めない点、文の規定のしかた以下、こまかい点について、従来の文法論とは随分違う点がある。そして、これは、時枝博士の言によれば、ヨーロッパ言語学輸

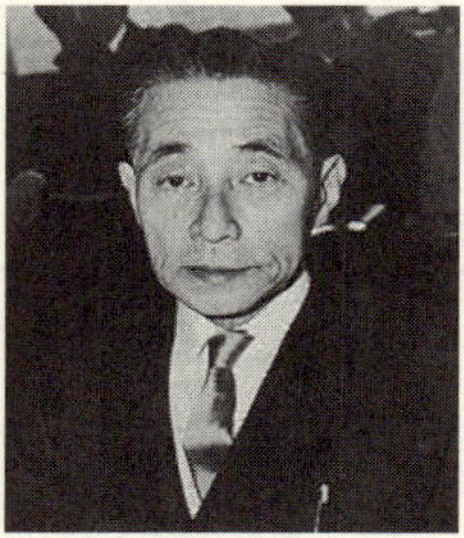
時枝誠記

入以前の、わが国古来の国語研究の方法を発展させたものであって、その意味で、真に日本語という対象に即した文法論であるという。言語過程説とよばれるこの学説は、さきにあげた『国語学原論』のほか、『日本文法口語篇』(昭和二五年刊)、『日本文法文語篇』(同二九年刊)および『古典解釈のための日本文法』(昭和二五年刊)などによって承知することができる。

以上要するに、山田文法を内容重視の文法と言うならば、橋本文法は形態重視の文法と言うことができ、それらに対して、時枝文法は機能重視の文法と言うことができよう。ことばを問題にするかぎり、その内容と形態とは切りはなし得ないものである。一つのものを違った面からながめただけであって、両者は当然、他によって裏づけられているはずのものである。山田・橋本両文法とても、もちろん一つだけをとって他を無視しているわけではないが、どちらかと言えばその一方に重点が置かれるのに対して、機能とか表現とかいう面から、この内容と形態とを総合的に考えて行こうとするのが、時枝文法の立場であろうかと思われる。

三　文章と文の種類

文章の構造と種類

　原爆都市、広島のある女学校で、夏の制服をどんなデザインにするかを全校生の世論に問うた。もちろん涼しい半ソデに決った。ところが一女生徒の腕がケロイド（火傷）で醜くひきつっていることに、だれともなしに気づいた。だれも一言もその理由に触れないで、夏服は長ソデに一決してしまった。一人のケロイドへの思いやりから、この暑いのに全校生が長ソデに若々しい腕を包んでいる。乙女心とはいいえ、心に刻み込まれた原爆の傷跡は皮膚よりもいえ難いものがある。しかし、去るものは日々にうといようにも見受けられる。銀行の石段に焼付けられた人間の影像も年ごとに薄れて行く。爆心地の円塔を取り壊して、きれいにしようとの話はいまもむし返されている。広島が活気にあふれてどん〳〵復興するのはよい。しかし、人類に最初に投ぜられた原爆の証拠物件は永久に残さるべきものである。三度そのことがないために……。世界人類の道義を眠らせない警鐘の記念塔として……。ブラケット教授は原子力の軍事的、政治的意義を解明した著書「恐怖・戦争・爆弾」の中で「日本に投下された二個の原爆がもたらした結果から、多くの人々は数個の原爆使用で将来戦の勝敗を決定的たらしめ得ると信ずるようになったが、日本の場合は戦争の終末期に特殊な状況の下に使用されたもので、第二次大戦を全体として歴史的に分析することが、将来の予想をするうえに極めて重要だ」と指摘している。原爆第一、第二号は太平洋戦争を終結させるのに役立ったが、第三次大戦の発展を阻止するものと考えるなら、これほど危険な考えはない。原爆第三号が極東なり欧州なりに万一にも破裂すれば、それは計り知れない連鎖反応を誘発して地球を人類破滅の墓場と化すだろう。（昭和二六年八月六日付朝日新聞『天声人語』）

この文章は、これだけで一つのまとまりをなしている。こういう統一された全体をもって、原爆使用反対という一つの主題について読者に訴えようという筆者の意図に従って、この文章はしるされている。しかし、その目的を効果的に果たすについて、

この文章の論の進め方には、おのずから、いくつかの段階のあることがわかる。すなわち、

冒頭から、「心に刻み込まれた原爆の傷跡は皮膚よりもいえ難いものがある」まで（第一段）

「しかし、去るものは日々にうといようにも見受けられる」から、「世界人類の道義を眠らせない警鐘の記念塔として……」まで（第二段）

「ブラケット教授は」以下、「……と指摘している」まで（第三段）

「原爆第一・第二号は太平洋戦争を終結させるのに役立ったが」以下、最後まで（第四段）

というふうに、一応四つの段落を考えることができよう。第一段においては、一つの挿話《そうわ》をもち出して読者の興味をひきながら、原爆が忘れがたい傷跡を人々の心に残したことを、序論としてまず述べ、つぎに第二段では、これと関連させつつ、しかも一面原爆の忌むべき思い出がともすれば薄れようとする観のあることに警告を発し、それは三度かかる不祥事のあってはならないことを願うがゆえである、と強く言いきり、再転して第三段では、一つの原爆使用が、かならずしも戦争の勝敗を決するものでは

ないこと、を述べた他人の著書を引いて、第二段に述べたところを他の面から客観的に裏づけ、そして最後に、以上述べたところから導かれる結論として、ふたたび、ことば鋭く「原爆第三号の使用反対」を叫んで、この論説を結んでいるわけである。第一段から第二段へ、第二段から第三段へと、論はつねに関連して流動しつつ展開し、第四段の結論は遠く冒頭の挿話ともひびきあって、ここに一つの統一が形づくられているのである。これは、よく修辞学の上で言われる「起承転結」というような型にあてはめて考えることもできるであろう。

さて、いまは、まず大きく四つの段落を考えたのだが、くわしく見ると、それぞれには、さらにこまかい段落のあることがわかる。すなわち、

第一段においては、まず最初、広島の女学校で制服が半そでに決まろうとしたことを言い、それに対して、「ところが」と言って、ところが結果は逆に長そでに決まったといういきさつを明らかにした上で、一応こういう事実から導かれる一般的な感想を述べて、これをしめくくっている。

ついで第二段では、はじめに「しかし」と言っておいて、いま述べたこととは逆に、広島における原爆の思い出の薄れつつある事実を述べ、それに対して、ふたたび「し

かし」と言って、しかしやはり原爆の証拠物件は永く保存されるべきであると述べた上で、ここでまた一つの一般論をもち出して、これをしめくくっている。

第三段にはいって、突然話題を転じて読者を緊張させ、やがてそれが、以上述べたことと深いところで関連しあうことを読者にさとらせつつ、結論を準備しているわけだが、その引用文もまた、「日本の場合から人々は原爆使用が勝敗を決定すると考える」。しかし実は、「日本の場合は特殊な例だ」。だから、「将来の予想は第二次大戦の歴史的分析から立てられねばならぬ。」という、三段階の論法をとっている。

そして第四段において、原爆第一・二号は戦争終結に役立った。しかし第三号はつぎの戦争を阻止できるとは言えない、と述べた上で、いよいよ最後に、原爆第三号は人類の破滅をきたすであろうがゆえに、その使用にはあくまで反対すべきである、という全体の結論を力づよく導き出している。

つまりこうして、論は、右にゆれ左にゆれ、そしてひとたび落ち着き、また右にゆれ左にゆれては落ち着き、こういう経過をたどって次第に大きなうねりを描きつつ、最後の結論へと盛りあがっていく。客観的な事実と筆者の主観とのたくみな配合は、この結論に疑いの余地を与えないところへ、われわれをひき込んでいくだろう。われわれは、この文章のうねりに身をまかせつつ、論の展開ごとに生じる、かるい驚きと抵抗とによる緊張感、および、やがてそれが解決されるごとに生じる解放感を、交互に味わいながら、一種のこころよいリズムにのって、いつのまにか結論へと無理なく導かれていく。いわばそこに、こういう論説の文章の持つ一種の美があるわけである。そして、これはまた、十分な説得力を持つという意味において、まさに効果的な文章であると言えよう。一つのまとまりをなしている「文章」の性質は、その成分となっているいくつかの部分(段落)相互の関係やその配置によって生じる、表現の展開によって規定されてくることが、右の例によってほぼ推察されようと思う。そしてまた、その展開にあたって、「しかし」「ところが」「が」などということばが、きわめて重要な役割を果たしていることが了解されよう。いわばこれは、「しかし」型の文章とも言えるのである。

右の文章は、各段落が三拍子の調子によって構成されており、そして全体は、曲折しながら次第に大きく視野を広げていく、といった形をとっている。では、つぎのようなものはどうだろうか。

……狭いバアの中には煙草の煙の立ちこめた中に芸術家らしい青年たちが何人

も群がつて酒を飲んでゐた。のみならず彼等のまん中には耳隠しに結《ゆ》つた女が一人熱心にマンドリンを弾きつづけてゐた。僕は忽ち当惑を感じ、戸の中へはひらずに引き返した。するといつか僕の影の左右に揺れてゐるのを発見した。しかも僕を照らしてゐるのは無気味《ぶきみ》にも赤い光だつた。僕は往来に立ちどまつた。けれども僕の影は前のやうに絶えず左右に動いてゐた。僕は怯《お》づ怯づふり返り、やつとこのバアの軒に吊《つ》つた色硝子《ガラス》のランタアンを発見した。ランタアンは烈しい風の為に徐《おもむ》ろに空中に動いてゐた。（芥川龍之介『歯車』）

さきの文章のように完結したものではなく、小説の一節だが、しかしこれだけで一種のまとまりはある。ところが、この文章から受ける印象は、前とは随分違っている。これは論説文ではなく、どちらかと言えば叙事的な文章であるが、なによりも注意されるのは、その叙述のながれが、さきのような抵抗を感じさせないで、非常になめらかに、そしてもっと速いテンポで展開している点である。時間のながれのままに事件が順を追って述べられ、しかも、バアの全景、青年の一群、まんなかの女、ゆれる影、赤い光、その光源、ゆれるランタアン、というぐあいに、視野が次第にしぼられて行くのがわかる。それはちょうど映画のカメラが一定の速度で対象物に近づきつつ、これをクローズアップして行くような、たたみかけた調子を持っている。この文章をつくりあげている、いくつかの短く平均した単位の、こういう配置のしかたと、その展開の様相とからは、また先のものとは別種の美と効果とが生じているのである。そして、こういう文章の調子を感じさせるものとして、今度は「のみならず」「すると」「しかも」というような語や、「僕は忽ち当惑を感じ」「僕の影の」「僕を照らしてゐるのは」「僕は往来に」「けれども僕の影は」「僕は怯づ怯づふり返り」、「ランタアンを発見した」「ランタアンは」のような、おなじ語のくり返しが重要な働きをなしていることが了解されよう。「しかし」型の文章に対して、これは、「すると」型の文章と言っていいかもしれない。

さらに、これに対して

また、虫のことだが、蚤《のみ》の曲芸といふ見世物、あの大夫の仕込み方を、昔何かで読んだことがある。蚤をつかまへて、小さな丸い硝子玉に入れる。彼は得意の脚で跳《は》ね廻る。だが、周囲は鉄壁だ。散々跳ねた末、若しかしたら跳ねるといふことは間違つてゐたのぢやないかと思ひつく。試《ため》しにまた一つ跳ねて見る。やつぱり無駄だ。彼は諦めて音なしくなる。すると仕込手である人間が、外から彼を脅かす。本能的に彼は跳ねる。駄目だ、逃げられない。人間が又脅かす、跳ねる、無駄だといふ蚤の自覚。この繰り返しで、蚤は、どんなことがあっても跳躍をせぬやうになるといふ。（尾崎一雄『虫のいろいろ』）

この文章などは、最初のもののようには曲折しておらず、大体一つ方向に展開してはいるが、しかし、その印象はすぐ前のものともまた違う。前の文章が、速いが、しかし規則ただしい呼吸を思わせるのに対して、この文章の息づかいは、さらに急迫し、そして乱れている。前のものが、ほぼおなじ調子を持つ単位の連続であったのに対して、これは、おなじ調子の単位が二つ三つ続くと、ひょっと、まったく異なる調子の単位が現れ、また前の調子にもどるというぐあいで、しかもそれが切れ切れに並べられている。そこに、やはりわれわれは、かるい抵抗を感じる。いわば電信符号のような――・・――といった調子を持つ文章だと言えよう。ピョイピョイ跳ねては、しばらくじっとし、また気まぐれにピョイピョイピョイと跳ねる蚤の動作、そのあせりぐあいを、この文章の調子はそのまま表し得ているのだとも言えようか。「すると」とか、「しかし」とかいうつなぎのことばは、ここでは、わざと避けられているのである。

これは、思いつくままに二、三の文章の型をあげてみたにすぎないが、このほか小説や論文などのいろんな文章についてさらにくわしく考えて、そこから各種の類型を見いだし、その分類原理をまとめあげるとともに、そういう文章の性格が、これを構成している、いかなる単位の、いかなる結びつきによって生じてきたかを明らかにすることは、時枝博士の言われたとおり、将来の文法学にとって一つの課題になろうと思われる。ただ、ここでそれを十分に論じているいとまはないので、この問題はここまででとどめておくことにする。

文とはどんなものを言うか

以上は、文章を一まとまりの単位として考えたのだが、つぎは、文章の単位となっているものについて考えてみることにしよう。さきの論説文について言えば、各段落のなかに、さらに、たとえば「原爆都市、広島のある女学校で、夏の制服をどんなデザインにするかを全校生の世論に問うた。」「三度そのことがないために……。」というような単位が認められる。この一つ一つの単位を、文と呼ぶことにする。つまり、「文章」とは、「文」がいくつかあつまって有機的な統一をなしているもの、ということになるわけである。

文字に書かれた文章においては、文は、普通。(句点)を打つことによって、その区切りが示される。もっとも、?や!などの記号をつけた場合は。を打たないこともあるが、その場合でも、やはりあとに一字分以上の空白が置かれるのが普通である。その他特別の場合(段落が変るような場合)には、行をあらためてしるすというようなこともする。口で話すことば(音声言語)の場合には、ここに文章とよんだものは、「一まとまりのはなし」(発話)ということになるわけだが、そのなかで、文に相当する単位は、普通その前後に、単に息をつぐだけではない相当な音声の休止が置かれ、その間は大体一つづきに発音される。そして、その終りのところでは、音声の調子が、ある程度さがるのが普通である。もっとも、人にものを問いかけたり、呼びかけたりするときは、かえって終りのところの調子をあげるが、あとに休止のあることには変りがない。動詞や助動詞がいわゆる終止形や命令形をとったり、ある種の助詞(たとえば終助詞)がついたりするのも、その標識になる。だから、日本文では、必ずしもピリオドがなくても文末が見分けられるのである。いずれにせよ、これによって、そこに、話し手(書き手)の「これだけで一応ことばを閉じる」という気持ちが表され、聞き手（読み手）もまた、それを了承することができるのだが、しかし単に形のうえで一つづきであるとか、閉じられているとかいうことだけでは、まだ完全に文を規定したことにはならない。たとえば、授業時間表に、

「数学・英語・倫理社会・国語」

と書いてある場合、それだけでは、――あるいはこれをただ漫然と読みあげただけでは――、前後に切れめがあっても、また、ことばの意味はわかっても、文とは言えない。文は、それだけである**閉じめのある思想**を話し手の立場から表現しているものでなくてはならない。話し手の言おうとすることが、それだけで完全に言い切れるとは限らないが、少なくも、一応それで一まとまりしていると認められるという意味である。

つまり、事がらの表現に、さらにそれに関する話し手の「こうだ」とか「こうでない」とかいう判断、あるいは問いや命令や禁止や要求や願いや感動などの表現（これらを一括して**陳述**と呼んでおく）が加わって、それだけで一応閉じられているもの、それが文であると考えることができる。だから、「父が亡くなったとき、私はまだ子供だった。」の「父が亡くなった」という部分は、それだけで一応意味のまとまりは

あるが、しかしこの場合としては「とき」につづいていくものであって、切れてはいないから、文と言えない。要するに、文というのは、ある事がらについて話し手が自分の立場からなにかを陳述しているものであって、しかもそれだけで閉じめがあり、一つづきになっているものを言う、ということになる。だから、さきの場合、もしだれかが「月曜日に教わる学課は何と何だっけ?」とたずねたときに、「数学・英語・倫理社会・国語。」と答えたとすれば、それは「……だ。」という陳述が加わっているわけなのだから、明らかに一つの文だということになる。文とは、そういう具体性をもったものである。

ことばは、さきに述べたように、かならずある場面において発せられ、また聞かれるから、そういうある特定の状況のもとでは、場面の助けによって、ごく簡単なことばでも十分に意味が通じる。かならずしも陳述が、はっきりことばの形をとっては表現されないこともよくある。身ぶりや表情がその代用をしたり、ことばの調子や勢いがこれを表したりする。ただ、文字という記号でしるされる場合には、これらは、直接表現面に現れにくいことが多い。そこで古くは、「花咲く。」「鯨は哺乳類《ほにゅうるい》である。」のような、ととのった形のものだけをとり上げて文を考えていたが、それは、はなはだ偏った考え方であることが明らかだ。「おはよう。」「どちらへ？」「寒い！」いずれも文だと言える。

金《かね》だ！

これだけを見ると、さきに言った「なにか閉じめのある思想を表しているもの」とは考えにくく、したがって文とは認めにくいようだ。しかし、ある一つの場面、たとえば貧乏のどん底に落ちこんで一家心中を決意した男が、最後に血をはく思いで叫んだ一言としてならば、あるいはまた、西鶴の『世間胸算用』にある話のように、金がほしいと思いくらしている人間が、夢に小判一かたまりを見て叫んだことばとしてならば、あるいはまた、収賄、詐欺、強盗、人殺しと、罪におちて行く人々の多い今の世の中を思いやって、「諸悪の根元はここにある」というような意味で、御隠居さんが沈痛な面持ちでつぶやいた一言としてならば、これはいずれも、完全にまとまった思想を表す文であると言える。

だから、もう一歩すすめて、たとえば、

雨

と文字に書いた場合、これだけでは、単に辞書に排列されている一つのことばとおなじ形だが、具体的にそれが、「雨が降ってきたよ！」「雨が降ってほしいなあ。」「雨が降るなんてことがあるものか。」などという意味の陳述を含んでいるのであれば、これまた一つの文と認めなくてはならない。場面に応じて特殊の抑揚や語勢が加わることによっても、それは区別されるだろう。山田博士によると、たとえば、

犬

川

というようなものを、一つの「語」と考えるのは、これを単に一つの、犬とか川とかいう観念を表すものと見る立場であり、「犬が来た。」「川があるぞ！」などという意味を表す「文」と考えるのは、これが、ある思想を発表する目的のために用いられたものと見る立場であって、要するに、「語」というのは、思想を発表する材料として見た場合の名であり、「文」というのは、これが運用されて思想の発表そのこととして見られる場合の名である、というように説明されるが、これまた、右に述べた事実を、山田博士の立場から解説されたものとして理解することができる。

文の種類

こうして、具体的な場面（文脈）を考慮にいれることによって、文には随分いろいろなものがあることになるが、これを大きくいくつかの種類に分けて考えることは、もちろん可能である。たとえば、主として意味のうえから、

平叙文（「雨が降らない。」「巨人軍が勝つだろう。」のように、主として断定や推量の意を述べる文）

疑問文（「お前はだれだ。」「象が卵を生むか。」のように、疑問や反語の意を含む文）

命令文（「早く行きなさい。」「もうなにも言ってくれるな。」「はやく夜が明けるといいのに。」のように、命令や禁止や勧めや希望の意を含む文）

感動文（「いい天気だなあ。」のように感動の意を含む文）

の四つに分けることがよく行われるが、これは大体、英文法などの説き方をそのまま受けいれたものである。ここでは、これとすこし違って、佐久間鼎《かなえ》博士の説かれるところを参考にして、つぎのように分けて考えておきたい。すなわち、

第一に、「ああ」とか、「いや」とかのように、話し手の感情をそのままに表出した文。

第二に、人に対して問いかけたり、命令したり、禁止したり、要求したり、願ったりするというふうな、話し手の態度を示して相手に呼びかけ、訴える文。

第三に、話し手が何かについて判断し、それについて語っている文。

の三種類を考えておく。第三のものには、「京都は古い都会だ。」のように、「AはBだ（でない）（だろう）。」という論理的な判断の形式をとるものと、「雨が降っている。」「秋の雨はさびしい。」のように、見聞した事がらや、ものの性質・状態を、感じたままに表現したものとがある。後のようなものをも広い意味での「判断」と考えて、この第三の文を「判断文」と呼んでおく。これに対して、第一のものは「表出文」、第二のものは「訴え文」と呼べるだろう。つまり、

（第一）表出文　（第二）訴え文　（第三）判断文

となるわけで、これは、「表出（Ausdruck）」「訴え（Appell）」「表現（Darstellung）」という、ことばのもっている三つの機能に応じて考えられたものである。

四　文の構造

文の成分

右にあげた「判断文」の形式をまとめてみると、つぎのようになる。

(1)何々が、何々だ（でない）。（事物について述べる）

(2)何々が、どうこうする（しない）。（動作について述べる）

(3)何々が、ある（ない）。（存在について述べる）

(4)何々が、どうこうだ（でない）。（状態について述べる）

おなじような形式は、「表出文」や「訴え文」にも認め得る場合が多い（もちろん、その場合は、「何々であるか。」とか「どうこうせよ。」とかいったような形になる）。ただその際、表出文では、「何々が」、あるいは「何々だ」「どうこうする」「どうこうだ」の一方が、ことばに現れなかったりすることがあり、また、訴え文では、「何々が」の部分が同じく現れてこないことがあって、ちょっと見ると、はなはだ不完全な文のように見える場合がある。そこで以前は、そういう場合を、本来あるべき部分が「省略」されているのだというように説明したが、それがあたらないことは、もう言わなくても読者は了解されるだろう。

ちなみに山田博士は、「喚体の句」、「述体の句」という区別を立てる。前に触れておいたように、山田文法では、文というのは、いくつかの語を材料に用いて、ある思想を発表したものと見るわけだが、この思想というものは、いろんな観念が、かならずある一つの中心点で統合されているものであって、そういうはたらきを統覚作用と呼ぶ。**句**というのは、要するに、この統覚作用の一回の活動によって組織せられた思想が、ことばの上に現れたものであって、いわば文の要素としての単位であり、この「句」が運用されて一つの体をなしたものを「文」と考えるのである。外形上は一つの単語であっても、内面に統覚作用の活動が行われていれば、それは句であるというわけだ。ところで、その句のうち、たとえば、「ひとり本を読むときの楽しさ！」とか、「たえなる笛の音よ。」とかいうように、「何々が何々だ。」「何々がどうこうだ。」というような形はとらないが、完全に感動とか欲求とかの思想を表しているところの、直観的な感情発表の形式を、「喚体の句」と呼び、これに対して、完全な判断の形式を持つところの理性的な発表の形式を、「述体の句」と呼んでいる。そして、喚体の句は、さらに感動、希望の二種に分けられ、述体の句は、さらに説明体、疑問体、命令体に分けられるから、以上五種類の句が、文として運用されたときには、それぞれまた、感動の喚体の文、希望の喚体の文、説明体の文、疑問体の文、命令体の文という、五つの文の体として区別がたてられるわけである。しかし、その区別は、どこまでも句の性質や構造に基づくものであって、意義によるものではないから、普通は感動文といわれる「まあきれいな御本ですね！」のようなものも、山田文法では、述体の文の一種であるところの説明体の文ということになる。このことを、参考までに申しそえておく。

さて、前のようにして、判断文、訴え文、表出文のいずれを問わず、一つの文が実は二つ以上の部分の総合によって成っている場合のあることがわかるわけだが、もっとくわしく考えると、右の「何々が」にあたる部分が、さらに「何の、何々が」「どんな、何々が」という形式になっていたり、また、「何々だ」「どうこうする」「ある」「どうこうだ」の部分も、「何の、何々だ」「どんな、何々だ」とか「どんなに、どうこうする」「どう、ある」「どう、どうこうだ」などという形をとっていたりする場合が多いのである。たとえば、これは佐伯梅友博士の用いられた例文だが、

初夏の雨が、もえる若葉に、ゆたかな潤いを与えた。

という文は、まず大きく言えば、「何が（初夏の雨が）、どうこうした（もえる若葉にゆたかな潤いを与えた）。」という形式の文であって、その「何が」が、さらに「何の（初夏の）何が（雨が）」の形をとり、「どうこうした」が、さらに「何に（もえる若葉に）何を（ゆたかな潤いを）どうこうした（与えた）。」の形をとっている。それだけではない。この「何に」が、さらに「どんな（もえる）何に（若葉に）」、「何を」が、さらに「どんな（ゆたかな）何を（潤いを）」という形をとっているのである。そういう部分部分がまず小さくまとまりつつ、次第に大きなまとまりをなして、結局この一つの文が形成されているというわけなのだから、したがって、この部分部分は、それぞれこの文の成分だということになる。こういう**文の成分**の名称として、一応、右の「何々が」にあたるものを**主語**、「何々だ」「どうこうする」「ある」「どうこうだ」にあたるものを**述語**と呼び、そして、それらを、「何の」「どんな」「どう」「どんなに」のように、さらにくわしく説明する（言いさだめる）ことを、「修飾する」と言い、

そういう働きをしているものを**修飾語**と呼ぶことにする。そのうち特に、「何の」「どんな」のように「何々」をくわしく言いさだめているものを、**形容詞的**（または連体）**修飾語**と呼び、その他の、「どう」「どんなに」のように「何何だ」「どうこうする」「ある」「どうこうだ」という部分をくわしく言いさだめているものを、**副詞的**（または連用）**修飾語**と呼んでおく。そして、「君、来たまえ。」の「君」のように、文の一部分ではあるが、他の部分と主語・述語あるいは修飾・被修飾の関係を持たないものを、**独立語**と呼ぶことにしておこう。

文節について

以上は、もっぱら意味の上から文の構造を考えたのだが、今度は、これを形態の上から考えてみる。

文は、さきに言ったように、大体一つづきに発音されるのが普通であって、たとえば、「私の生まれたのはあの山の向こうです。」というようなことばを、一息に言いきってしまうこともできる。しかし、もうすこしゆっくり、わかりやすく言うときには、中間にかるい休止をおいて、

私の生まれたのは　あの山の向こうです。

のように句切って言うことがある。文字に書く際には、そこへ、（読点）を打つこともある。これを、もっと丁寧に、たとえば幼稚園の先生が幼児にお話をするときのように、いわゆる一句一句はっきりと言う場合には、

私の―生まれたのは―あの―山の―向こうです。

と、句切ることもできる。実際に話をするときには、もっとも多く句切るとしてもこの程度であって、疲れきって、あえぎあえぎ言うような場合でも、「私―の」とか、「生まれ―たのは」とかいうように句切ることは、まずない。まして、「ワタ―クシノ」とか、「アノヤ―マノ」とか句切ることは、絶対にない。そんなことをすれば、ことばの意味がわからなくなってしまう。

こうして、意味をこわさない程度に文をもっとも小さく句切った一句切りを、橋本博士は**文節**と名づけた。文節は、それぞれ一定の意味を持っており、かつ、その形は一定の音節（日本語の音の単位で、ワ、タ、ク、シなどのそれぞれの音。拍とも、モーラとも呼ぶ。）が一定の順序に並んで、つねにつづけて発音され、そのアクセントも一定しており、またその最初や最後にくる音とその他の音との間には、おのおの違った

制限がある、というような特徴を、博士は指摘している。こうして文節という概念が明確になったのは、まだわりあいに新しいことだが、しかし、これにあたるものは、以前から注意されていたのである。たとえば、

　佐渡へ佐渡へと草木もなびく佐渡はいよいか住みよいか。

という民謡、これは普通、7775の調子をもつと考えられている。つまり、そういう四つの句切りをもって読まれるのであるが、その7775は、くわしく見ると、さらに、

佐渡へ	佐渡へと	草木も	なびく	佐渡は	いよいか	住みよいか
3	4	4	3	3	4	5
7		7		7		

のように3443345という小さな句切れを含んでおり、そこから、この歌の動的なリズムが生まれている。

かはす	枕に	涙の	おくは	あすの	別れを	思はれて
3	4	4	3	3	4	5
7		7		7		

（隆達小歌）

なども、まさにその3443345のリズムを持つのであって、これが近世以後の歌謡の特徴であると言われるが、その、3とか4とかいう句切れは、すなわち、右に言

った「文節」にあたっているわけである。そして、「かはす」という文節は「枕に」という文節と一まとまりをなして、全体で第一句としてのまとまった文節群──「連文節」という──を形づくるが、この連文節は、それ全体で一つの文節と同じはたらきをしているのである。以下同様にして、第二、三句（連文節）が形づくられて行くのみならず、第一句はまた、第二句と一まとまりをなして一つの句切れ（連文節）をなし、第三句は第四句とともに一つの句切れ（連文節）をなし、さらにこの二つの大きな句切れ（連文節）が一つにまとまって、歌謡全体の統一が完成している。一つ一つの文節は、こうして、かならず全体の「文」としての統一のなかにおいて考えられるものであり、文全体の意味に支えられているものであって、われわれが一つの文をただしく文節に分け得るのは、すなわち、その文全体の意味をただしく理解しているからにほかならないと言える。五つ六つの子供が、よく絵本の文字だけをたどって、「クルマ、ハヒダリ、ヒト、ハミギ」などと読んでいることがあるが、これではこの文の意味が、ただしくとれるはずがない。だから、大人の説明をきいてこの文の意味がわかると、「ああそうか」と舌を出しながら、「クルマワ　ヒダリ、ヒトワ　ミギ」と、ただしく文節に切って読みなおしたりするわけだ。

文節は、こうして相互に直接間接につながり合いながら一つの文をつくりあげているが、その場合、文節相互の並び方には、やはりある程度のきまりがある。たとえば、

何が　彼女を　そう　させたか。

というのは、藤森成吉の戯曲の題名から有名になったことばだが、この四つの文節の排列をかえて、

彼女を　何が　そう　させたか。　彼女を　そう　何が　させたか。
何が　そう　彼女を　させたか。　そう　彼女を　何が　させたか。
そう　何が　彼女を　させたか。

などと言うことはできても、

させたか　彼女を　何が　そう。　彼女を　させたか　そう　何が。

などという言い方は、日本語として、普通、認められない。これすなわち、一つの文法である。

文の解剖

こういう、一つの文における文節相互の関係を明らかにするために、「文の解剖」

ということをやる。以下に述べる方法は、実は、あとでいくぶん修正を加える必要があるのだが、その理由がどこにあるかということをはっきりさせるために、いまはまず、従来普通に行われてきた方法を、ややくわしく説明してみよう。

さきの「初夏の雨が……」という文について言えば、まず最初、文を大きく全体として見るとき、前述のように、「もえる若葉にゆたかな潤いを与えた」という述語があり、これに対して「初夏の雨が」という主語が考えられる。「初夏の雨が」だけでは思想が完結せず、なにか下に、これを受けとめ、補充するものが求められるのであって、それが、「もえる若葉にゆたかな潤いを与えた」という述語によって迎えとられて、はじめて文としての統一が完成する。だからこれを、

初夏の雨が 〉	もえる若葉にゆたかな潤いを与えた

というように図示することができよう。つぎに、「初夏の雨が」という主語だけについて考えると、そのなかの「初夏の」というのは、下の「雨が」にかかって行く（＝修飾する）修飾語で、「何の何々が」の「何の」にあたるのだから形容詞的修飾語である。「雨が」は、これに修飾される語（被修飾語）であるが、修飾されるというこ

とは、逆に言うと、修飾する語を自分の方に迎え入れ、これをかかえ込んで、それだけで一つのまとまりができるということであるから、これは、つぎのように図示できる。

初夏の　雨が

これで、「初夏の雨が」という主語のなかの文節相互の関係は明らかになったから、今度は、「もえる若葉にゆたかな潤いを与えた」という述語の内部を考えてみると、最初の「もえる若葉に」は、「初夏の雨が」にすぐつづいてはいるが、意味の上で直接にこれを受けとめているわけではない。むしろ、この「もえる若葉に」は、以下の「ゆたかな潤いを与えた」にかかって行く修飾語（「どうこうした」ということを「何に」とくわしく説明しているのだから、副詞的修飾語）になっていて、そのなかに含みこまれているのである。すなわち、

もえる若葉に　ゆたかな潤いを与えた

さらに、「ゆたかな潤いを」という部分も、「もえる若葉に」に、ことばの上でつづい

てはいるが、これとも、また主語「初夏の雨が」とも、直接に「かかり・うける関係」（修飾・被修飾の関係）は持たない。これまた、もっぱら下の「与えた」に対して、「何に与えたか」を言いさだめる副詞的修飾語になっている。だから、

もえる若葉に　ゆたかな潤いを　与えた

のように、「もえる若葉に」と「ゆたかな潤いを」とは、あい並んで、ともに「与えた」にかかり、これに受けとめられているのであって、「もえる若葉に」は、意味の上からは、むしろ「ゆたかな潤いを」をとびこえて、「与えた」につづいて行くと考えることができる。そういうものを含みこんだ「与えた」が、直接には主語「初夏の雨が」を受けとめているのである。すなわち、この「与えた」が、述語の中核をなすと言ってよい。

　このように、副詞的修飾語は、それがかかって行く語（被修飾語）と、かならずしも、つねに直接一つづきになっているとはかぎらない。その点は、主語が、述語の中核をなす語との間に、いろいろの副詞的修飾語の介在をゆるすのに似ているのであって、たとえば、さきの文はまた、

初夏の雨が　ゆたかな潤いを　もえる若葉に　与えた。
もえる若葉に　初夏の雨が　ゆたかな潤いを　与えた。
ゆたかな潤いを　初夏の雨が　もえる若葉に　与えた。
もえる若葉に　ゆたかな潤いを　初夏の雨が　与えた。
ゆたかな潤いを　もえる若葉に　初夏の雨が　与えた。

などと言いかえることが、文法的には、ゆるされる。これに対して、形容詞的修飾語は、「もえる若葉に」の場合にしても、「ゆたかな潤いを」の場合にしても、さきの「初夏の雨が」と同様に、つねに被修飾語と一つづきになっていて、

もえる　若葉に

ゆたかな　潤いを

と図示される関係にある。この点、副詞的修飾語と形容詞的修飾語とは、かなり性質が違っている。だから、文の解剖を行う際には、副詞的修飾語は、主語や独立語とおなじように、第一次の段階から、それぞれ別の成分としてとり扱う——したがって、これを受けるものとして、述語の中核の語をとり出しておく——のが便利である。これに対して、形容詞的修飾語は、そのつぎの段階で、第二次的に問題にすることにな

る。

以上のようにして、この文は、まず第一次の分析において、

初夏の雨が｜もえる若葉に｜ゆたかな潤いを｜与えた

というかたちになり、さらに、第二次の分析で、

初夏の｜雨が｜もえる｜若葉に｜ゆたかな｜潤いを｜与えた

ということになる。大体この文は、文節に分けてみると、

初夏の｜雨が｜もえる｜若葉に｜ゆたかな｜潤いを｜与えた。

となるから、右のように、この各文節ごとの関係が明らかになるにいたって、文の解剖は終ったわけである。

こうして、一般に文の解剖によって明らかになる文節相互の関係というのは、結局、**㈠主語述語の関係**、**㈡修飾被修飾の関係**、**㈢対立の関係**、**㈣独立語**、の四つということになる。各文節は、結局はおたがいに関係を持ちあうのではあるが、それには、直

接のものと間接のものとがあり、たとえば「もえる」という文節は、「もえる若葉に」という副詞的修飾語をなす連文節の一部であるとともに、また「若葉に」という文節に対しては形容詞的修飾語として働いているというように、二重の性格を持つことになる。この関係を混同してはならない。右のように□で囲んで図示すればその事情がはっきりするが、便宜これを、佐伯梅友博士にならって、□の右側の一画をとったという気持ちで、傍線を引いて示すことにすると、つぎのようになる。

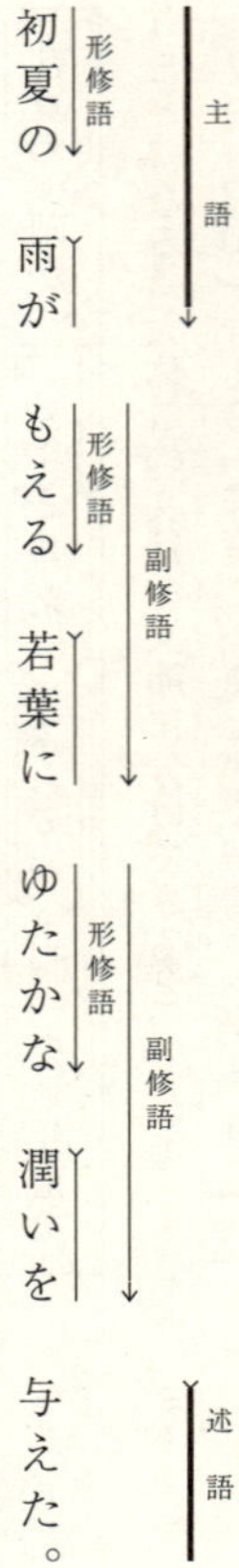

（形修語は形容詞的修飾語、副修語は副詞的修飾語の略）

矢印↓は、かかって行くことを示し、これを、同じ並びの⟩―が受けとめている。本来は、述語の⟩━を主語のすぐ下から引くべきであるが、前述のように副詞的修飾語を第一次分析に準じてとり扱う意味で右のようにするのである。右は比較的簡単な構造の文だから、線は全部で三列にしか並ばないが、複雑なものになれば第四次、第五

次の分析まで必要になって、五列六列におよぶこともある。たとえば、

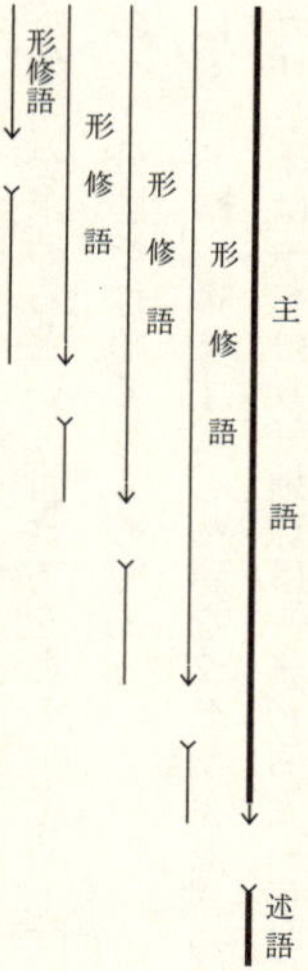

はるか　向こうの　山の　お寺の　鐘が　鳴る。

この際、もちろん、関係は、おなじ縦の並びにおけるものどうしで、考えられなければならない。

このように解剖して図示してみるとよくわかるように、文の各成分の中心は、つねにその末尾のところにある。さきの文も、骨組みだけを言えば、要するに「雨が、若葉に、潤いを、与えた」、さらに言えば、「雨が……与えた」ということなので、これにいろんなものが肉づけされて表現を具体化しているのである。そして、主語の雨がも、副詞的修飾語とは同一視すべきではない重さを持つものであるが、結局は、副詞的修飾語の若葉に、潤いを　とともに、すべてこの述語与えた　に迎えとられていく。つまり、日本文では、普通（対立の関係にある文節をのぞいては）、おのおのの成分

の最後の文節が中心になって、一応それだけをまとめ、そうしてまとめられた各成分を、さらに、文の最後に位置する述語文節が迎えとって大きくしめくくって、ここに文の統一が完成する、という形をとるわけである。文において、いちばんの骨子になるものは述語――右の文で言えば「与えた」――であって、これだけでは「何が与えたのか」がはっきりしないから、それをさらにくわしく的確に言うために、「(初夏の)雨が」という主語がつけ加わっているのだとも言える。(主語については、三四七ページ参照)こうして、たとえばグランドで、「走れ!」とか、「走った!」とか叫ぶ場合のように、場面によって主語(この場合なら、たとえば「何某選手」)が明らかであるときには、かならずしもこれを、ことばの上に表現しないのが普通である。だから、文を解剖するときには、まず述語をさがし求め、つぎに、これに対する主語や副詞的修飾語を求めるという行き方をとる。そうして、大きいものからだんだんに小さいものへと分解を進めて行くのである。

ではもう一つ、いますこし複雑な文の解剖を試みよう。

ガリレオは一やはり一地球は一まわると一信じて一死ぬまで一真理を一求めたのです。

述語は「求めたのです」、これに対して、だれが求めたか＝「ガリレオ」、何を求めたか＝「真理を」、なぜ、どのようにして求めたか＝「やはり地球はまわると信じて」「死ぬまで」、こういうようにまず大きく考えて、

ガリレオは（主語） やはり 地球は まわると 信じて（副修語） 死ぬまで（副修語） 真理を（副修語） 求めたのです。（述語）

と分解する。つぎに、「やはり……信じて」という副詞的修飾語だけをとりあげて考えると、中心は「信じて」だが、「やはり」という文節が、他とどんな関係にあるかを考えるについては、二つの立場があり、それに応じて解釈が少々違ってくる。一つは、(a)これを十人の法王廷枢密顧問官の前にひざまずいて地動説の撤回を誓った彼が、やがて立ち上がってつぶやいたという、かの有名なことば、「だがやはりそれは動く」（"Eppur si muove"）をそのまま引いていると考えて、「やはり→まわる」という関係にあると見る立場だ。それだと、「やはり」を含めて信じたことの内容になる。いま一つは、(b)「やはり」は信じ方をくわしく表現しているのであって、「やはり→信じて」という関係にあると見る立場である。このそれぞれに応じて、

(a) やはり地球はまわると 信じて

(b) やはり　地球はまわると　信じて

という二種類の分析が可能になり、さらに、つぎの段階として、

(a) やはり　地球は　まわると

(b) 地球は　まわると

と分析されて、これで解剖が終る。なお、「地球は」と「まわる」とは、やはり「何々がどうこうする」の関係にあるから、これまた、この副詞的修飾語のなかにおける主語・述語と考え、「やはり」もまた、「まわる」にかかるにしろ、「信じて」にかかるにしろ、いずれも副詞的修飾語と呼んでよいこともちろんである。ただ、これは文全体として考えた場合の資格ではなくて、一つの成分中における資格であるということは、くれぐれも注意しなければならない。

ちなみに、副詞的修飾語と呼ばれるものには、随分いろいろなものがある。「本を読む」の「本を」（客語とか目的語とか呼ばれることがある）や、「湯が水になった」の「水に」（補語と呼ばれることがある）なども、すべて述語の内容をくわしく説明しているものとして、このなかに含めておく。日本語においては、特にいろいろ区別をする

必要もないし、事実また区別がつきにくいことも多いのである。もっとも、これとは違って、「おもいもかけぬ」「散りやせむ」のごとくに、「かける」「す」だけでは意味が不完全であるのを補うようなものを、新しい意味での補語と呼ぼうとする考え方もある（吉沢義則博士）。なおよく考えてみなければならない問題だが、これまた副詞的修飾語としておいていいようにも思われる。

そこで、もとにもどって、右の文の解剖を一つにまとめると、

(a)ならば、

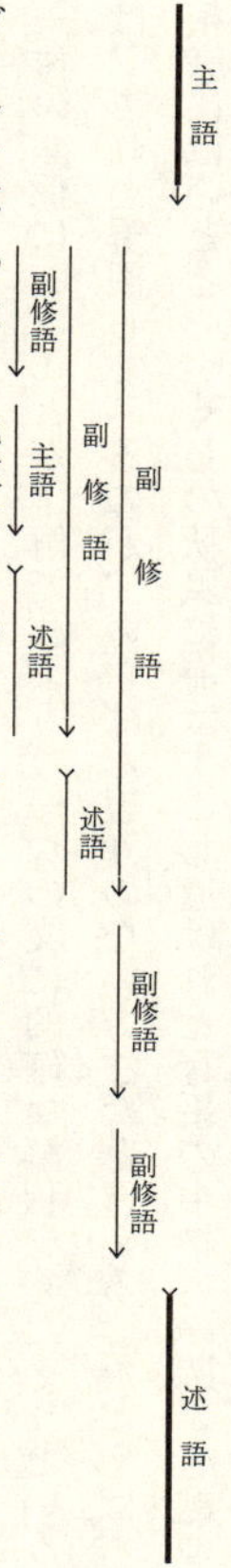

ガリレオは　やはり　地球は　まわると　信じて　死ぬまで　真理を　求めたのです。

(b)は、これと少々違って、

ガリレオは やはり 地球は まわると 信じて 死ぬまで 真理を 求めたのです。

となる。簡単な例ではあるが、これによって、「文意の理解」と「文の解剖」とが、表裏一体の関係にあることが了解できよう。一つの文に的確な解釈をくだそうという際には、これを解剖してみるのが、いちばん誤りのない方法だと言える。たとえば、

須磨にはいとど心づくしの秋風に海はすこし遠けれど行平の中納言の関ふき越ゆるといひけむ浦波夜々はげにいと近く聞えてまたなくあはれなるものはかかる所の秋なりけり。

（『源氏物語』須磨）

参考　旅人は袂《たもと》すずしくなりにけり関吹き越ゆる須磨の浦風　在原行平

秋風の関吹き越ゆる度ごとに声うちそふる須磨の浦波　壬生忠見

これは、全体としては、「何々は何々だ」の形の文で、それは最後の「またなくあはれなるものは」（主語）、「かかる所の秋なりけり」（述語）という所に表現されており、

「須磨には」から「いと近く聞えて」までは、それを説明する副詞的修飾語である。さらに、その副詞的修飾語のなかに、「（行平の中納言の関ふき越ゆるといひけむ）浦波」という主語と、これに対する、「（いと）近く聞えて」という述語（ここは文意の理解の上から「近く聞ゆ」というのを一つにまとめて考える方が便利だと思われる）があり、その述語を、「夜々は」と「げに」とが修飾している。「げに」（ナルホド、本当ニ）というのは、参考にあげた歌などを考えてのことばである。それならば、「海はすこし遠けれど」はどこへ関係するかというと、これは、「いと近く聞えて」にかかると考えなければならない。海はすこし遠いのだけれども大変近く聞えてくるというのだ。「いと心づくしの秋風に」および「須磨には」も、やはり同じく「いと近く聞えて」にかかって行く。ただ漫然と読みながしているときには、うっかり、「海はすこし遠けれど」を、すぐ下の「関吹き越ゆるといひけむ」に関係づけたりして、とんでもない誤解をしかねないのだが、文を解剖することによって、こういう関係は明確な、誤解の余地のないものとなってくるであろう。

「節」と文の構造上の分類

右のように、文を解剖してみると文全体の主語・述語とは別に、文の成分のなかに、さらに「地球はまわる」「海は……遠けれど」「行平の中納言の……いひけむ」のような、主語・述語の関係をそなえたもののあることがわかる。このように、主語・述語の関係をそなえたものが、まとまって文の一成分となっている場合、これを**節**と呼ぶ。そして、それが、主語、述語、修飾語、独立語など、どういう成分となっているかにしたがって、それぞれ主語節、述語節、形容詞的修飾語節、副詞的修飾語節、独立語節などと呼ぶのである。たとえば、

主語節　彼が本当に独立するのは果たしていつのことだろう。

述語節　とかく日本人は公共心が足りない。

「私は昔が恋しい」のようなものも、述語節を含む文と考えられるが、時枝博士は、「私」を主語、「恋しい」述語、「昔」を、特に「対象語」と名づけている。（一二二ページ参照）

形容詞的修飾語節　このままではふたたび戦争の起こる恐れもある。

副詞的修飾語節　雨が降れば電力不足も解消するだろう。

独立語節　生活費が上がる、それが問題だ。

これは、普通の形ならば、「生活費が上がるのが問題だ」と言うところだが、「生活費が上がる」という部分を強調するために、文のはじめに特に持ち出したもので、こういうものを**提示語**と呼ぶ。提示語は、文の成分としては、独立語として扱われる。右にあげたような節を、一括して**従属節**と呼ぶことがある。それに対して、

資源は乏しく、人口は多い。

のように、一つの文が二つ以上の節から成り、しかもその間に主語述語・修飾被修飾などの関係を持たず、対等の資格にたっている場合、これを**対立節**と呼ぶ。

さきに、文を性質上から分類してみたが、今度は、これを構造上から分類してみると、右に述べた「節」を基礎にして、

節を含まぬ文、すなわち主語・述語の関係が一回しか成立しない文を……単文
従属節を含む文、すなわち主語・述語の関係が二回以上成立する文を……複文
対立節から成る文（同じく主語・述語の関係は二回以上成立する）を……重文

というように名づけることがある。これらの区別は、あくまで、構造上、節を含むか含まないかに基づくのだから、比較的みじかい、簡単な内容の文が複文であったり、長い複雑な内容の文が単文であったりする場合のあること、言うまでもない。ただ、注意しなければならないのは、たとえば、「父と兄とが碁をうっている。」のような文は、主語が二つあっても一まとめにして一つの主語と考えられるものであって、主語述語の関係は一回しか成立しないから、これは「単文」であるということ、また、全体の構造が対立節より成っておれば、その対立節のなかに、さらにいくら従属節を含んでいても、それは「重文」であり、逆に、いくら対立節が含まれていても、それが従属節の一部に過ぎなければ、全体は「複文」と考えなければならないこと、などである。

文節論の反省

さて、以上もっぱら文節というものを単位にして文を解剖し、その構造を考えてきた。だが、その間に、どうも合点がいかないと感じられる点は、なかったろうか。たとえば、「はるか向こうの山」という場合、

はるか　向こうの　山

というような文節相互の関係を考えたわけであるが、しかし、実は、これらの語の意味的な結合関係は、むしろ、

はるか　向こう　の　山

のように示されるべきものであって、「の」が、「はるか向こう」という結合体を受けるのではないか、という点である。同様に、「地球はまわると信じて」も、

地球は　まわると　信じて

ではなく、

地球はまわる　と　信じて

であって、「地球はまわる」という全体を「と」が受けているのであり、「雨が降れば」も、「雨が　降れば」ではなくて、「雨が降れ　ば」であるはずだ。つまり、文節と文節との結合というのは、さきの文節が、あとに来る文節の意味の中核をなす語に向かって結合のくさびを打ち込んで行く（三尾砂《いさご》氏『国語法文章論』参照）、とでも説明しなければならない関係にある。それを、いちばんよく示すのは、つぎのような例である。

主語　形修語　述語

これは　私の　本です。

こういう解剖をほどこすかぎり、「私の」という文節が、「本です」という文節を修飾するという形になる。「何々だ」という形の文節を修飾していながら、しかもこの「私の」が形容詞的修飾語と言われるのは、すなわち、これが、「本です」という文節の中の「本」だけを修飾していると考えるからなのである。つまり、

これは　私の本　です。

という関係を認めているからにほかならない。このことは、右のように説明すれば一応説明がつかないことはないが、どうも無理があるように思われる。その無理は、結局、以上のように、文節というものを単位にして文の構造を考えたところから来ていると考えられるのであって、われわれは、ここで、さらに文節というものの構造を考え、そこからいま一度、文の構造を考えなおしてみる必要があるように思われる。

五　文節の構造――詞と辞と――

単語

前章にとり扱ったいろいろな文の中に出てきた、「ガリレオ」「私」「死ぬ」「ある」「ない」「多い」「やはり」「すこし」などというのが、それだけで、ある一つの意味を表す統一体として、ことばの単位をなしているということは、あらためて説明するまでもなく理解されよう。こういうものを、**単語**（語）と呼ぶ。ところが、「は」「の」「まで」「た」「です」などもまた、同じく単語である、と言うと、これはちょっと、すぐには納得しにくい。「死ぬ」や「多い」が、ことばの一つの単位で、単語であるならば、「ガリレオは」「初夏の」「死ぬまで」「本です」などの文節も、これだけである種のまとまった意味を表す単位である以上、やはり単語ではないか、と考えられるかも知れない。ただしかし、いま、そのなかから、「ガリレオ」「初夏」「死ぬ」「本」

などが、また一つの統一体として取り出されるということになれば、相対的に、「は」「の」「まで」「です」などが、これと切りはなされて、なにか一つ別のことばの要素ではないかということも、考えられてくる。ことに、それは、

ガリレオは　地球は　日本人は　人口は

初夏の　私の　空の　木立の

死ぬまで　帰るまで　東京まで　学校まで

本です　ノートです　花園です　脚本です

というような文節を比べあわせてみると、一層はっきりしてくる。いろいろな文節のなかに現れてきて、それ自体どういう意味を表しているかは、もう一つ明らかではないにしても、とにかく、どの「は」も、どの「の」も、「まで」も、「です」も、それぞれ共通の意味を持ち、共通のはたらきを文節のなかで果たしているところの、ことばの単位であることが考えられてくるはずである。それで、これらもまた、さきの「私」や「死ぬ」や「やはり」などと同じように、単語（語）と呼ぶことにする。

こういう種類の単語を考えるということになると、いままで一まとまりのものと考えてきた文節が、実は、二つ以上の語の一つにまとまったものであった場合が、随分

多いことがわかってくる。「与えた」なども、「た」という単語と「与え」という単語の一つになったもの、「求めたのです」は、「求め」「た」「の」「です」という、実に四つの単語が一つになっているものだということになる。

単語の二大別

さて、こうして、ことばには、以上考えてきた文章・文・文節などのほかに、さらに一つ「語」という単位のあることが明らかになった。しかも、そのなかには、「私」「死ぬ」「ない」「やはり」などという類のものと、「は」「の」「まで」「です」などという類のものとがあり、これを一つにひっくるめて同じく単語と呼んだわけなのだが、はたして、これらを等しなみに見ていいものかどうか。この両者の間には、何か本質的な違いが認められはしないか。これが、つぎに考えてみるべき問題である。

まず、橋本博士の文法論では、こう説明される。「私」「死ぬ」「ない」「すぐ」などの種類の語は、たとえば、

これじゃ　弟は　死ぬ。手当の　方法は　ない。だから　私　すぐ　病院へ　行きます。

のように、それ一つだけで文節をつくることもできる。それに対して、「は」「の」「まで」「です」などの種類の語は、

私は　山の　向こうまで　行くのです。

のように、単独で文節を形づくることはなくて、いつでも右の、単独で文節を形づくり得るような語のあとにくっついて、一つの文節を構成する。その前に音の切れめが置かれることはなく、つねに上の語と一つづきに発音される。言い換えれば、前者は、文のいちばん頭に置くことができるけれども、後者は、それができない。（「が」や「けれども」は、普通、「雨は　降るが、私は　行く。」「雨は　降るけれども、私は　行く。」のように用いられて後者に属するが、もしこれが、「雨は降る。が　私は　行く。」「雨は　降っている。けれども　私は　行く。」というように用いられる場合は、その性格が変って、前者と同じ性格の語になっていると考えるのである。）そこで、前者のようなものを**独立する語**または「詞」、後者のようなものを**付属する語**または「辞」と名づけて、区別する。前者を**自立語**、後者を**付属語**と名づけることもある。つまり、一つの文節は、独立する単語一つか、または独立する単語に付属する単語がくっついて、構成されるということになる。文節を基にしたこの橋本文法の考え方は、

形式的であるだけにわかりやすいものだが、しかし、「独立する」「付属する」というのは、要するに語の用法上の区別であって、それが、語の性格そのものの、いかなる相違に基づくものであるかを、考えてみることも必要だろうと思われる。文節というものを内容的に理解するためには、自立語と付属語とが、意味の上でどんなふうに関係しあうかを考えることが、望ましいわけである。

つぎに、山田博士の文法論では、どういう区別が立てられるかを見よう。博士の考えによれば、「私」「死ぬ」「ない」「やはり」の類の語は、だれが見てもすぐわかるような、独立の、はっきりした観念を表しており、「だれだ?」「私。」、「そこにあるかい?」「ない。」のように、時として、一つの語だけで一つの思想を発表し得る性質を持っている。そこで、これを**観念語**と名づける。それに対して、「は」「の」「まで」の類の語の表す意味は、たいへん抽象的で漠然《ばくぜん》としていて、具体的な観念が認められないし、また、これらは用法上独立することがなく、いつも観念語の下に付属して、これを助けるということを本来の働きとするものである。ことばは、いろいろな観念を表すが、この種のことばは、いわば、観念語が運用されるときに生じるいろいろの関係、というものについての概念が抽象されて、ことばの形をとったものだと言ってもいい。こう考えて、観念語に対して、これを関係語と名づけて区別しようとする。この、独立するものと、付属するものという区別は、橋本博士の分類法に通じるものだし、また、はっきりした独立の観念を表しているか否か、ということも、「こと」「もの」「か」「よ」のような語については（山田博士は前の二つは観念語、後の二つは関係語と考えられているが）、これをどちらと考えるかという際の基準にするには、十分でないだろう。「こと」「もの」などの表す抽象的な意味よりも、「か」の表す疑問の意味、「ぞ」の表す強調の意味の方が、むしろ具体的だとも言えなくはない。このような点で、以上二つの代表的な文法論にも、まだ十分納得しにくい点がある。こう考えて、時枝博士は、さきに述べた、「ことばの本質はその表現過程にある」という考えに立って、この二つの種類の違いを、語そのものの表現過程における構造の違いとしてとらえようとしたのである。

詞と辞

まず、

(a)　小川さんは行くまい。

(b)　小川さんは行くか。

この二つの文について考えてみる。この二つのどこが違うかと言えば、それは、もちろん、(a)は、「小川さんは行かないだろう」と、彼の行くことを否定的に推量しており、(b)は、彼が行くことを疑い問うている点である。そして、ことばの上から言えば、それは、「まい」という語と、「か」という語（ともに付属する単語）との違いとして現れている。「まい」と「か」との表す意味に、それぞれ右のような相違があるとして、それならば、一体、そういう推量をしたり、問うたりしているのは、だれなのか。この文は、さきに試みたような方法で解剖をほどこすと、

(a)　小川さんは（主語）　行くまい。（述語）

(b)　小川さんは（主語）　行くか。（述語）

となるわけだが、それならば、右の、推量したり、問うたりしているのは、主語の「小川さん」だろうか。考えてみると、決してそうではないようである。これは、「小川さんがどこかへ行く」という事がらが別にまず考えられて、その事がらに対して、

このことばを発した人自身、こういう文の形で表現した人自身、つまり、このことばの「話し手」が、打消しの推量をしたり、疑って問うたりしているのだ、と考えざるを得ない。だから、これらはむしろ、

小川さんは行く　まい。

小川さんは行く　か。

という関係にあると考えるべきであろう。同じ人が、

山田さんは行くまい。

山田さんは行くか。

と言った場合には、行く人は、小川さんから山田さんに変るが、その事に対して推量し、疑っているのは、やはり同じ、このことばの話し手と考えなければならない。

永井さんも行く。

永井さんは行く。

永井さんさえ行く。

この三つの関係についても、同じことが考えられる。「永井さんがどこかへ行く」という事がらそのものに変りはないのだが、ただそれを、話し手が、「小川さんだけで

なく、永井さんも行く」と考えて、そう表現するか、「小川さんは行かないが、永井さんは行く」と考えて、そう表現するか、「めったに行かない永井さんさえ行く」と考えて、そう表現するかの違いだと言える。つまり、この「行く」ということは、AについてもBについても、Cについても言える。そういう一つの思想内容を、客体として――という意味は、話し手に対立した事がらとして――表現したものである。それに対して、「まい」とか、「か」とか、「も」とか、「さえ」とかいうのは、話し手が、ある事がらに対してどんな立場をとっているか、たとえば、「そうだ」と肯定的に判断しているか、「そうでない」と否定的に判断しているか、あるいは、感動しているか、疑っているか、希望しているか、推量しているか、――そういう、話し手の判断・意志・感情・欲求などを、直接的に表現したものであると考えられる。そこで、前者のような語は、ある表現しようとする内容を、いわば、広く「行くこと」一般として、一つの概念として、ことばに表現したものであるのに対して、後者は、そういう概念化をほどこさずに、話し手の主観を、じかに表現したものであると言えるだろう。つまり、両者の違いは、

概念化する過程をへて表現された語

概念化する過程をへないで表現された語

こういう違いであると言える。前者を、詞と名づけ、後者を、辞と名づけるのである。

具体的な例をあげて言うと、たとえば、驚いたときに「あっ！」と叫ぶ、あるいは、甘えて「ねえェ。」と言う、あるいは、感動して「まあ。」とつぶやく、こういうのは、どちらかと言えば、赤ん坊が喜んだり怒ったりしたときに発する声に近くて、いずれも、話し手みずからの気持ちを、そのままに、直接的にことばに表したもの、すなわち「辞」だと言える。しかし、これを、「驚き」とか「甘える」とか「すばらしい」とかいうことばで表現すれば、これはもう、話し手に対立した事がらとして概念化した表現だから、「詞」だと言わなければならない。同様に、「か」や「まい」は辞であり、疑うとか推量するとかいうのはもちろん主体的な感情だが、しかし、これを、「疑問」とか「推量」とかいう語で概念的に表現すれば、それは、もはや「詞」であると言わなければならないわけである。要するに、なにを表しているかということよりは、いかに表しているか、ということに問題がある。この場合、「家」「書物」「住む」「読む」「寒い」などが「詞」であり、「か」「も」「だけ」「よ」などが「辞」であることは比較的簡単に了解できようが、「が」「に」「を」などが辞であるというのは、ちょっと納得しにくいかも知れない。しかし、これらもやはり、事がらと事がらとの関係に対する話し手の認定を表す、という意味で、辞と考えられそうである。たとえば、

　母が子を負う。
　子が母を負う。

という場合、事がらとしては、「母」「子」「負う」の三つがあるだけだが、その、「母」と「子」との関係を、話し手の立場から認定して、あるいは、「母が子を」と表現し、またあるいは、「母を子が」と表現しているのだと言えよう。（もっとも、同じ辞のなかでも、これらは、すこし性格が違っていると考えた方がいいのではないか、とも思われる。）

　以上が、時枝文法における「詞」と「辞」という考え方の根本であって、この点をよく理解しなければ時枝文法は理解できない、と言っても言い過ぎではない。「詞」「辞」という用語は、橋本文法でつかわれるのと同じであり、また、橋本文法における詞に属する語、辞に属する語と、時枝文法におけるそれとは、多くの部分で一致するのだが、しかし、いまの場合は、独立とか付属とかいうことではなしに、語の性質

そのものについて考えたものだから、「ああ」などのように、独立して用いられても「辞」ということになるわけで、その「詞」「辞」という用語に、特別の意味あいが含まれていることを、忘れてはならない。どちらも（単）語であって、一方は自然や人事など客観的なものを表し、他方は意志や感情など主観的なものを表す、というだけの別ならば、それは、「高い」という語と「さびしい」という語との違いくらいのことで、そこにたいした相違はないわけであるが、ここにいう「詞」と「辞」には、表現過程という面から考えて、根本的に性質の異なる点があると考えるわけなのである。

詞と辞との結合

さて、こうして、「詞」は客体的な表現なのだから、たとえば「台風」というのは、台風一般を表す概念的な表現であって、具体性をもたないものであり、一方また、たとえば「だ」というような「辞」は、話し手の主体的な立場（判断）だけしか表現し得ないものであるというわけで、いずれの一方だけでも十分ではないことになる。これは、もちろん時枝博士だけの考え方というわけではない。たとえば、新村出博士の『言語学序説』という書物にも、「日本語の文章は所謂《いはゆる》助辞を中心として構成せられたが、この文章法的乃至文法的要素を除外して考へた『人』『犬』の如き実辞それ自身は、単にそれ自らにあつては人たる事、或は『人間存在一般』及び『犬たる事』、或は広く『犬』の概念若しくは観念を意味するのみであつて、何ら文章的或は文法的要素を含有しない。」と説かれている。それならば、具体的な思想の表現はどうしてなされるかというと、それは、客体的な事がら（詞によって表現される）に、これに対する主体の判断や欲求・意志というような陳述（辞によって表現される）がつけ加わって、

詞　辞
台風　だ。

という形をとって、はじめて可能になる。時枝博士は、これを、客体的なものを主体的なものが風呂敷のように包むのであって、詞が辞に包まれることによって具体的な思想が表現される、というふうに説明して、

［台風］
［だ］

と図示する。この図形は、机などの引き出しと、その引き手とを表したもので、引き手は、形のうえからは引き出しに付着したものだが、実は、引き出し全体を自由に引いたり出したりでき、これを統一するというはたらきを持ったものであるように、辞はまさに、引き出しにあたるところの詞に対して、この引き手と同じ関係にあるということを示したものである。

一体、この「詞」というものと、「辞」というものとの関係は、時枝博士によれば、菓子を箱に入れた場合に、たとえることができるのであって、箱にはいった菓子というのは、それ全体で贈り物として一まとまりをなしているが、なかにはいった菓子は、食べるものとしての客体的存在であり、それを包んでいる箱は、この菓子というものについて、これを人に贈ろうという贈り主の心づかいの表現、つまり主体的表現であると、見ることができる。一方は食べるもの、他方はこれを保護する容器、というように、その間に「次元」の相違があり、そういう次元の異なったものが、包む、包まれるという関係にあって、そこに一つの統一がなされている、というふうに考え得るというのである。この比喩は、かならずしも非常に適切なものだとは言いにくいが、次元の相違ということを理解するには便利だと考えて、引用しておく。

ただ、こうして、詞と辞との間には次元の相違があるというふうに言うと、詞に属する語と、辞に属する語とは、非常にはっきりと区別できるように聞こえるかもしれない。しかし、たとえば「電車が動かない」という場合、「ない」という語は、さきに言ったように、否定的な判断をくだしている話し手の立場を表すものとして、辞と考えられるが、しかしまた、「動かない」は、同時に、電車が「動かない状態にある」「不通だ」という、客体的な表現とも、とれなくはない。花が美しい状態にあるから、われわれはそれに「美しいな」という感じを持ち、そう表現するのであるように、話し手の立場というものは、事がらそのものの客観的な事情や状態によって引き出されてくるものだから、その間には当然、密接な関係がある。存在や状態を表す語には、ことにそれが顕著で、辞でも「だ」「なり」「ず」「らしい」「ようだ」「た」「たり」「り」などには、一般に、この二面性が認めうると思う。詞というものと、辞というものとの間には、その表現過程を考えるとき、大きな違いがあるということは、たしかに認められるし、もっとも詞的な語と、もっとも辞的な語との違いは、はっきりしている。だが、その中間には、詞的な性格も辞的な性格も、あわせ持っていて、むしろ、その両方にまたがると考えた方がいいのではないかと思われる語もありそうである。

たとえば、「死ぬ」「無い」というような語は、「死な、死に、死ぬ、死ね」、あるいは「無く、無い、無けれ」のように、場合に応じて形を変えることがある。ところが、これによって、これらの語が概念化して表現している事がら、すなわち、「命が終る」「呼吸がとまる」とか、「存在せず」とかいう事がらそのものには、なにの変化も増減もない。しからば、これは単に形式的な語形の異同かというと、そうではないようだ。その一つ一つの形には、それぞれ、「死ぬ」「無い」という語の表す客体的な事がらに対する、話し手の判断や情意——たとえば、言い切る、ちょっと言い止める、並列する、などの態度や気持ちが、さらにつけ加えて表現されている。すなわち陳述がつけ加わっている、と考えられる。「死ね」のように命令の気持ちを表す場合などは、それが、いちばんはっきりしている。こういう語形変化の系列を活用と呼ぶのであるが、その際の語尾の転換が、やがて、それぞれに加えられた陳述の違いに応じるわけなのである。活用については、あとでもう一度くわしく考えることにするが、陳述の力が内に具有されていることが、こういう、活用する語の特徴であることは、すでに山田博士の言われているところであり、大野晋《すすむ》氏もくわしい説明をほどこしている（一九二ページ）。これらは、客体的な事がらと同時に、それに対する主体的なものを表現し、その事がらについて陳述する力を、すでに、みずからそなえている語なのである。すなわち、「辞的な性格をもそなえた詞」であって、客体的なものしか表現しない純粋の詞に比べては、よほど具体性をもつ語であるとも言えよう。だから結局、客体的な表現を主とする語、すなわち詞的な語（以下、これを単に「詞」と呼ぶ）と、それに対して主体的な立場の表現を主とする語、すなわち辞的な語（以下、単に「辞」と呼ぶ）とがあり、その中間には、このどちらとも言いうるような性格の語があると考えるべきであろう。

文節の構造

こう考えてくると、さきに「文節」という名で呼んできたものは、まさにこの、「詞」と「辞」との結びついたものであったことがわかる。「車は左、人は右」という文において、「クルマハ　ヒダリ、ヒトハ　ミギ」という句切りはできるが、「クルマハヒダリ　ヒト　ハミギ」という句切りができないのは、「車」や「人」のような「詞」に属する語は、「は」のような「辞」に属する語と、つねに「詞上辞下」の形で結びついて一まとまりになる性質をもっているからだとも言える。文節は、すべて、つねに詞＋辞の形で成りたっているのである。ただ、こう言うと、それならば、たとえばさきの、

これじゃ　弟は　死ぬ。手当の　方法は　ない。だから　私　すぐ　病院へ　行きます。

という文において、「これじゃ」「弟は」「手当の」「方法は」「病院へ」「行きます」などの文節は、

弟｜は　　行き｜ます

のように、まさに詞と辞との結合した形をとっているから問題ないとして、「だから」「私」「すぐ」のような文節は、一体どう説明すればいいのか、詞に属する単語ばかりでできていて、辞がないではないか、ということが、疑問になると思われる。これらは、いかにも、形の上からは一つの単語と同じである。しかし、これらは、もはや単なる単語ではない。それだけで完結したものではないが、文の中の一つの要素と

して、話し手の立場からの陳述が、これに加わっていると見なければならない。つまり、「私」という語の下には、当然「は」に相当するような陳述が加わっているはずなのだが、ただそれが、ことばの形では表現されていないだけなのだ、と見ることができる。そこで、時枝博士はこれを、無形式の語が加わっている——**辞がゼロ**の形で加わっていると考えて、さきの図形に従って、

のように図示しようとする。■はゼロの記号である。また、「死ぬ」「ない」というような文節は、さきに言ったように、そのなかにすでに陳述が含まれていると考えられるのだから、この場合でもやはり、文節は詞・辞の結合だと言うことができよう。ただ問題は、活用は多くの場合、母音の変換で示されて、一般の辞のように、はっきり別の語で表現されはしないから、これを図示するのにどんな方法をとればいいか、ということだが、たとえば、

のようにして、示しておけばどうかと思う。「すぐ」のような文節についても同じように考えられることは、のちに述べる。つぎにもう一つ、「だから」というような文節の場合だが、これなどは、普通は辞として用いられるものが、ここでは単独に、詞をともなわずに現れている。そこで時枝博士は、今度は、これを、詞が省略されて辞だけが表現された文節というふうに考えるのである。

以上のようにして、文節は、やはり、すべて詞と辞との結合であるということが言えることになる。ただ、辞がゼロ記号で表されるという点はやや理解しにくいが、これは、体言に陳述を表す辞が当然加わっていると考えられる——補おうと思えば補える——が記号としてはゼロである、ということを表すために、用言の場合に対比させる形式上の必要から用いるのである。

六　文の構造 再説

辞による文の統一

文節一つだけで一つの文ができている場合のあることは、さきに見たとおりである。文というのは、ある事がらについて話し手の立場から何かを述べているもの、事がらに話し手の陳述の加わったものであることは、前述したが、詞と辞というものの性質が右のように考えられるとすると、

詞 辞

という形をもっている「文節」なるものが、そのまま一つの文になり得る事情は、明らかであろう。しかし、あらゆる文節が直ちにすべて文ではあり得ないこと、言うまでもない。たとえば、

ベトナムの　和平が　実現した。

における「ベトナムの」「和平が」という文節は、さきに文の必要条件としてあげた「閉じめ」をもたないから、文の成分ではあっても、文そのものではない。それならば、右のような詞・辞という考え方からすれば、文の構造は、どのように理解されるかを考えてみよう。

「ベトナムの」「和平が」という文節を別々に考えてみると、それぞれ、「の」「が」という辞が、「ベトナム」「和平」という詞について、これを統一している。ところが、この文全体として見ると、この二つの文節は、単に二つ並んでいるというだけではなくて、「ベトナムの和平が」という一つのまとまった連文節をなして、「実現した」という文節に対しており、これに受けとめられていることがわかる。かりに、前に試みた方式に従って図解すれば、

ベトナムの和平が ＞ 実現した

ということになる。それならば、この連文節における詞と辞との関係はどうなっているかというと、それは「ベトナムの和平」という事がらを一つの詞と同じように考え

て、これに「が」という辞がついて、全体を統一していると見ることができる。

そして、この「ベトナムの和平」という、詞相当のもののなかに、さらに、「ベトナムの」という、詞・辞の統一から成るものが含まれている、ということになる。

さらに、つぎの「実現した」という文節を考えると、これだけならば、「た」という辞が「実現し」という詞についている形だが、文全体として見れば、「ベトナムの和平が実現する」という事がらに結びつくのだから、やはり、上と同様に、「ベトナムの和平が実現し」というところまでが一まとまりの詞に相当するものであって、これを、「た」という辞が統一していると見ることができよう。

という連文節は、「た」という辞によって閉じられているから、これは一つの文であ

るということになる。六七ページに述べた山田博士の統覚作用というのを、ここに考えあわせることができよう。「面白の笛の音や」などの「喚体の句」も、「面白の笛の音」を、辞「や」が統一する形をとっているのだから、やはり同じ形式である。以上を総合して図示すると、

となる。「名古屋場所始まる」のような、ゼロの辞を含む文ならば、

と、図示される。簡単に線をもって示すとすれば、辞の横には二本線を引くことにして、

主語 ⇓ 述語 ‖
形修語 ⇓
日本の主権が確立した。

主語 ⇓ 述語 ‖
名古屋場所□始まる。

のようにすればいいだろう。このやり方で、さきにたびたび問題にした「初夏の雨が……」という文を図解すると、

主語 ⇓ 述語 ‖
形修語 ⇓ 副修語 ⇓ 副修語 ⇓
初夏の雨　が　もえる　若葉に　ゆたかな　潤いを　与えた。
形修語 ⇓ 形修語 ⇓

となる。八〇ページの図と、これとを見比べると、その相違点がはっきりするだろう。

こういう修正を加えなければならないというのは、結局、文節を単位にして文を解剖するという平面的な方法では、文の構造は明らかにならない、ということである。文の構造は、いますこし立体的なものとして、考えなければならない。たとえば、光

源氏の美しさを述べた、

そひふし給へる御火影（燈火ノ下ノオ姿）いとどめでたく、女にて見奉らまほし。

（『源氏物語』帚木）

という文の、「女にて見奉らまほし」なども、「自分が御寵愛を受ける女として、おそばでお世話申したい」の意味で、「女にて見奉る」という全体に、「まほし」という希望の意味の接尾語（普通には、助動詞とされる。二八七ページ参照）がついていると考えて、はじめて正しく理解できるはずである。

こういう文の構造形式を、時枝博士は、**入子《いれこ》型構造**と名づけている。たとえば、ある映画の主人公が、話の筋として、その映画の中でさらにまた映画を見る、というようなシーンを想像してみよう。映画館の四角い額縁式舞台Aの中央に設けられたスクリーンBに、映画の中の舞台Cが映り、さらにその中央に映画中のスクリーンDが映って、そこで映画のなかの映画が上映されているというわけである。この場合、現実の映画館の舞台Aは、スクリーンBを含んで成り立っているが、しかし、そのスクリーンBは、画

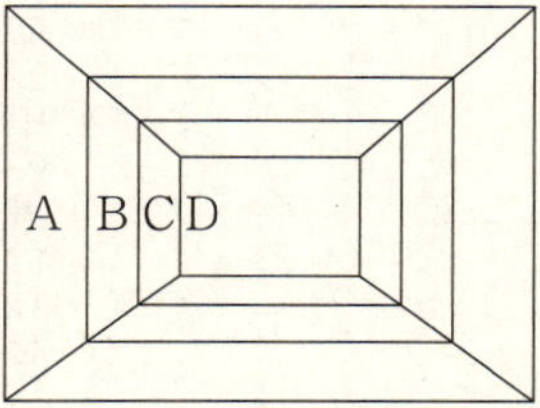

面の中の舞台Cを含んで成り立ち、画面の舞台Cは、画面のスクリーンDを含んで成り立つ。すなわち、B・C・Dは、それぞれ別々にAの部分であるのではなくて、BはすでにDを含んでいるところのCをさらに含んでおり、そういうスクリーンBをさらにAが含むことによって、映画館の舞台というものは現実に一つの統一体として成り立っているのである。こういう形の統一形式が、右に見た文の構造にも見られるということになる。

文の成分 再説

文の構造を右のように考えるとなると、文の成分の考え方も、当然、少し変ってくる。さきにわれわれは、一つの文の中の文節（連文節）がおたがいにどんな関係に立つかということで、主語、述語、修飾語などの成分を考えてきた。ところが、いま述べた立場からは、文の成分というのは、辞に総括されているところの詞と詞との、相互関係について言われることになる。こういう詞と詞との関係を**格**と呼ぶ。詞は客体的なものを表すのであって、つまり、客体的なものが、主体的なものによってどういう相互関係においてとらえられ表現されているか――、言い換えると、どういう格関係にあるか、を明らかにすることが、文の構造を明らかにすることだと考えられるわけなのである。

こうして、さきに述べたところとは違って、文の成分は、文節から辞を除いたものについて考えられる。すなわち、「何々が」が主語なのではなくて、「何々」が主格に立つ語＝主語であり、「何々だ」が述語なのではなくて、「何々」が述格に立つ語＝述語であり、「どうこうする」「どうこうだ」にあたる要素なども、すべてこれから辞を除いた部分が述語であるということになる。陳述そのものには述語の資格はない、と考えるのである。「何々の」「どんな」「どんなに」なども、辞を含んでいる場合には、すべてそれを除いた部分が形容詞的あるいは副詞的な修飾格に立つ語＝修飾語と認められることになる。たとえば、

――――⇓
ベトナムの

のように記した場合、形修語という成分の名は、――の部分について言われるのであって、⇓の部分は除かれているのである。そして、同じさきの例で言えば、実は「和平」が主語であり、「ベトナム」は、これに対する形容詞的修飾語だが、しかし、この「和平」という主語は、「の」という辞によって統一された形容詞的修飾語を内

に含んでしまっているのであり、そしてさらに、「ベトナムの和平」全体が、一つの詞と同等のものとして、「が」という辞によって統一されていると考えられる以上、これだけ全体を主語と呼ぶこともできるわけである。これに対する述語は、「実現し」だが、「ベトナムの和平が実現し」全体が、また詞と同等に考えられ、これを「た」という辞が統一していると考えることができるから、結局、右全体を述語と見ることも可能だということになる。こういう見方も成り立ち得るし、一方また、「ベトナムの和平」を主語として取り出したときには、これに対して「実現し」だけを述語とする見方も成り立ち得るというところに、入子型構造の特徴がある。

なお、さきにもちょっと触れたが、

私たちは自由がほしい。

という文において、「ほしい」という述語に対して、「私たち」という主語が考えられるが、それなら「自由」は、述語に対して一体どういう関係に立つのだろうか。「ほしい」というのは、主観的な感情を概念化した表現であって、「自由」を、これに対する主語と考えることはできないとすれば、特にこれを、「ほしい」という述語の概念の対象となる事がらを表現するものという意味で、**対象語**と名づけてはどうか、というのが時枝博士の考え方である。

よしさらば涙にくもれ見るたびにくもる鏡の影もはづかし　（『続千載集』）

なども、「鏡の影」が恥ずかしがるわけではもちろんなく、この歌の作者が恥ずかしく感じるのであって、「鏡の影」は、そういう感情を起こす機縁になったものなのだから、対象語と考えられる。それに対して、

あの人は話が面白い。

海賊のむくいせんと思ふ上に、海のまた恐ろしければ、頭もみな白けぬ。　（『土佐日記』）

における「面白い」「恐ろし」のような語は、主観的な感情を概念的に示すと同時に、「話」や「海」の客観的な性質状態を示すとも見られるから、「話」や「海」は、対象語とも主語とも、いずれとも見ることができるわけである。論の厳密を期するならば、この対象語というものを考えることは、たしかに有用だが、右のような点で判断にまようところもあり、すべてを主語と考えられなくもないから、本書では、この新しい文の成分の名を、ただ紹介するだけにとどめておく。

最後に、**独立語**というのは、

議長、質問があります。

武力の行使、われわれは絶対にこれに反対する。

の、「議長」のような呼びかけの語、「武力の行使」のような提示語など、他の成分に対して相対的な関係に立つものではなく、一応完結し、そこでいったん切れて独立していると考えられるものを言う。「くたびれて宿かる頃や藤の花」の「藤の花」も、藤の花がどうしたとも、なにが藤の花だとも言っているのではなく、主語、述語、修飾語の格に立つものでないから、やはり独立語と言うべきである。

むすび

以上、時枝文法における文の考え方を、相当くわしく説明してきた。見られるとおり、橋本文法とはだいぶ違っているが、この方が、日本文の構造のとらえ方としては、具体的でもあり、理屈にもあっていることが、認められるだろうと思う。

この考え方によれば、一般に、文の各成分は、それぞれ辞によって統一されつつ、さらに大きな成分のなかに包まれて行き、そして最後に、述語を統一する辞によって、以上すべてが統一され完結させられる、という形をとることになるわけである（もっとも、独立語や対立節の場合は、別に考えなければならない）。さきに、文節を単位として文の成分を考えたとき、「各成分の最後の文節が中心になって一応これだけをしめくくり、そのようにしてしめくくられた各成分を、さらに文の最後に位置する述語文節がすべて迎えとって大きくしめくくる」と言ったが、実は、最後も最後、いちばん終りについている「辞」によって、それぞれの成分および文全体が統一されているということになる。ところが、ヨーロッパ語では"A is B."という形の判断文において、A（主辞概念）とB（賓辞概念）とを結合統一する辞の働きをしているものは、その中間にある"is"（繫辞《けいじ》 copula）であって、その点、日本文の辞とは様子が違う。そこで、時枝博士は、日本文の風呂敷型統一形式に対して、これを、天秤《てんびん》型統一形式と呼んでもいいと言う。もっとも、天秤型というと、なにか、対等のA・B二つの概念を繫辞"is"が結びつけているだけのように聞こえるが、しかしこの形の判断文でも、たとえば"I am a Japanese."のようなものにおいては、「私」という主辞Aを、「日本人」という賓辞Bが包む（論理学で言う「包摂する」）という形で統一がなされているのである。ただその際、繫辞は、A・B両概念の中間に位置してこれを結合するのに対して、日本語の辞は、文の最後に位置して、それ自身が主語も述語もすべてを包んでしまうところに特徴がある、と考えなければならない。

七　単語とはなにか

以上、主として文を中心に考えてきたが、これから、語を中心に考えて行くことにしよう。

複合語

われわれは、文を分析的に考えて、文節というものを認めた。そして文節のなかから、さらに、単語というものを、ことばの単位として見いだしてきたわけだ。もっとも、さきに言ったように、「山」とか、「行く」とか、「白い」とか、「やっと」とかが、それだけで一つのことばの単位であることは、別に分析的な操作をしなくても、ごく自然に考えられる。しかし、「行った」「飛んで」「人が」「彼も」などの文節から、「行っ」「飛ん」などの単語を見いだし、さらに、「た」「で」「が」「も」などをも単語と認めるには、相当に抽象的な考え方をしなければならなかった。そして、もしこのように、自然にはむしろ一つの単位と見えるものが、実は二つ以上の単語に分けて考えられるとなると、ここに、問題になる語がいくつも出てくる。

たとえば、「水煙《みずけむり》」ということばだが、「水」という単語もあり、「煙」という単語もある。それならば、この「水煙」ということばは、二つの単語に分けなければならないかというと、そうではない。このことばによって表されているものは、「しぶき」という一つの概念であって、決して「水」と「煙」との、二つの概念ではない。それは形の上にも現れていて、たとえば、一つ一つの単語としては、共通語で、ミズ、ケムリのように、ともに平板式アクセントで発音されるものが、「水煙」という一語になると、ミズケムリのようにズ・ケが高く発音されてアクセントが変る。アメフリ（雨降り）なども同じである。そのほか、ナベブタ（鍋蓋）、ココロダノミ（心頼み）、ヒッパル（引き張る）などは、アクセントが変るだけでなしに、下にくる単語の語頭音が変って、ブタ、ダノミ、パルのようになっているし、アマガッパ（雨合羽）、サカグラ（酒蔵）のようなのは、上の語の語末音まで、アメ、サケからアマ、サカに変っている。したがって、こういうものは、もはや、だれも一つの語と考えるのに躊躇《ちゅうちょ》しないだろう。

現在ではだれもが一語と考えてあやしまないものが、歴史的に語源を考えてみると、実は、もと二語以上の結合したものであるというようなのも多い。たとえば、鍋《なべ》は菜《な》瓮《へ》で、瓮《へ》というのは「つるべ」の「へ」と同じく甕《かめ》のことだった。楓《かえで》は、その形が以ているところから「蛙手《かえるで》」と名づけられたのだが、今ではもう、そんなことは、まるでわからなくなっている。（kaFerute > kaFende > kaFẽde > kaede という経過をたどったと思われる。）「たそがれどき」は、本来「誰《た》そ彼時」、つまり「あれはだれだ」と言わなければならないような、そういう、人の顔がはっきり見分けられない時刻の意味で、薄暮のころをさすのに用いられたのだと言えば意外に思われる人も多かろう。しかし、『源氏物語』の「初音の巻」には、「あれは誰どき」というような語もあって、同じく薄暮のころを言うのに用いられている。筍《たけのこ》が「竹の子」であることはすぐわかっても、睫《まつげ》が「目《ま》つ毛」（「つ」は「の」と同じ意味の古語）であることは、少々わかりにくいし、「杉《すぎ》」や「うつぎ」になると、「き」が「木」であることは想像できても、「す」や「うつ」が単語であったかどうかは疑わしくなる。こういうように二語以上が結合して新しい意味の語をつくる場合の様式にも、なにか、それらの語が成立した時代においての通則的なものが認められるとすれば、やはり、その時代の文法の問題とすることができるはずである。しかし、現在のところ、どうも、そういう通則的なものが簡単に見いだされそうにはない。こういう方面の研究は、「語構成論」と名づけて次第に発展しつつあるが、われわれが普通に使っている語について言っても、たとえば、「雨降り」は雨が降ること、「旅立ち」は旅に立つこと、「柴《しば》刈り」は柴を刈ること、「芝居好き」は芝居をこのむ人、「女好き」は女が好きこのむタイプ、「親譲り」は親から譲られたもの、「親まさり」は親よりまさっているさま、というように、構成法は同じく名詞＋動詞連用形でも、その意味の関係はさまざまである。「酒飲み」は、よく酒を飲む人の意味だからといって、「湯飲み」は、よく湯を飲む人のことかというと、さにあらず、茶碗のことである。なかなか簡単に整理できそうにはない。

　また、こういうことも考えられる。右にあげたものは、意味の関係から言うと、大体、上の語が下の語を修飾するという形をとっている。「うさぎ馬」「言い争う」なども同じことで、意味の中心は下の語にある。うさぎのように耳の長い馬（驢《ろ》馬）、口で言って争う、というほどの意味だ。したがって、この関係を、

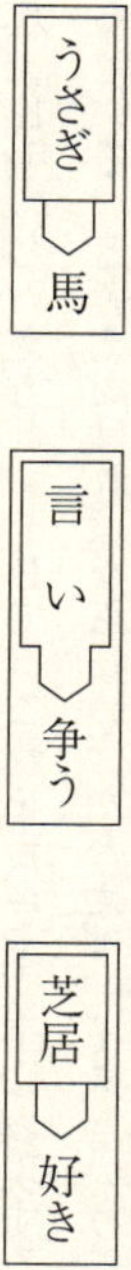

のように示すことができる。ところが、一方、「草木」（植物の意）、「月日」（時の意）、「読み書き」（基礎的教養というほどの意）、「咲き散る」などはどうかというと、どちらの語に意味の中心があるというのでもなくて、いわば対等に結びついて、全体で新しい一つの概念を表している。だから、この関係は、

とでも、示さなければならない。文の成分の関係などが思いあわされる。この類には、上下とも同じ語を重ねたものもある。「時々」「山々」「よくよく」「ますます」「変る変《がわ》る」「泣き泣き」など。「ほうほうの態《てい》で逃げ出した」という場合の「ほうほう」も、元来は「這《は》ふ這ふ」で、「はいながら」という意味であった。これらを、特に畳語と呼ぶことがある。

　こんなふうに、その構造は多様だが、要するにこれらは、全体で一つの概念を表している。一般の詞と同様に、単独で一文節を成すこともあれば、また、辞をともなっ

て一文節を構成することもあって、完全に一単語と同様の資格を持っていると考えられる。こういうものを**複合語**と呼ぶことにする。すなわち、複合語もまた一つの単語である。

語の単複の見分け

ところが、ここに一つの問題が残る。分析的に考えれば元来は二つ以上の単語の結びついたものであっても、それが、全体で一つの単位的な概念を表している場合には、すべてこれを、単語（複合語）と考えるということになると、たとえば「松の木」のようなものも、一つの単語であるか。極端なことを言うと、「新島襄《にいじまじょう》の創設したキリスト教主義の学校」ということばも、「同志社」という一単語が表すのと同じ一つの概念を表すものだから、一単語であるか、などということになる。この問題を、時枝文法では、つぎのように考えている。

いかにも、これらのことばの表している対象は、一つである。しかし、その対象に対する話し手のとらえ方と、そして、これを音声や文字に表現する際の過程的な構造は違っている、と考えなければならない。たとえば、イヌということばは、あの動物の概念をただちに一体としてとらえて、これを、イヌという音声で表現したもので、もちろん単語である。これを、一回的過程による表現と呼ぶ。それに対して、たとえばこれを、「狩猟用の家畜」と表現した場合には、同じ犬であっても、これに対する話し手のとらえ方が分析的になっており、そういう分析的なとらえ方に従って、二回以上の過程を経て表現されている。家畜であるが、それはどういう家畜であるか、というように、表現が説明的になっていて、そこに話し手の思考法の分裂が示されているから、こういうものは複合語とは考えられない。「松の木」なども、まず「松の」「木」の二つに、さらには「松」「の」「木」という三つの単語に、分けて見るべきものである、と言うのである。

一つの語が、複合語であるかどうかは、こんなふうに、言語主体の意識に基づいて考えるとしても、やはり決定的なことの言い得ない点が残る。ある一つの時代におけるある一つの社会の、言語主体の意識というものは、大体において共通しているから、Aが複合語と意識するようなことばは、大体Bも同じく複合語と意識する。だから、そういうものを、文法上、一語(複合語)と認めてさしつかえないわけだが、しかし、なかには、「健康だ」という場合のように、人によって一語か、二語か、見解のわかれて来るものもあるわけである。対等の結びつき方をしているものには、これが、ことに多いのは当然だろう。まして、古い時代のことばになると、その時代の言語主体の意識というものを推定するのは、相当に困難だから、複合語か否かの決定は、誠にむずかしい。たとえば、筍《たけのこ》なども、かつては「竹」「の」「子」という分析的な表現であったのだろう。しかし、少なくも現在の言語意識では、これは明らかに一単語であって、三つの単語に分けて考えることは許されない。肴《さかな》も、元来は「酒菜《さかな》」という複合語で、酒を飲む時の菜《さい》の意味だが、今ではそんな意識は全然ないから、「酒の肴」などという重複した言い方がされるわけだ。ただ、たとえば、

さしも深きみ志なかりけるをだにおとしあぶさず取りしたため給ふ、み心長さなりければ、（『源氏物語』玉鬘）

の、「おとしあぶす」のようなものは、はたして当時、「のけものにし、捨ててしまう」というように二語と意識されたか、あるいは単に、「見放す」という意味の複合語として一語と意識されたか、結局はわからない、ということになろう。アクセントというような、形の上からの判定にたよるのも、一方法ではある。

接頭語・接尾語と辞の区別

つぎに、「お寺」「素足」とか、「子供ら」「学者ぶる」「読みきる」「女らしい」などということばが、はたして単語と認められるかどうか、を考えてみよう。このなかには、たしかに単語と認められる「寺・足・子供・学者・読み・女」などが含まれており、それに、「お・素」とか「ら・ぶる・きる・らしい」など、普通に単語として独立には用いられないものがついて、これらのことばができているわけである。この点、複合語が、本来単語と認められるものどうしの結合によってできているのとは、少々事情が違って見える。そこで、特に、こういう非独立の要素で、「お・素」のように、つねに単語の前につくものを接頭語、「ら・ぶる・きる・らしい」のように、後につくものを接尾語と呼んでいるわけだが、この接頭語とか接尾語とか言われるものが、はたして単語でないかどうかということは、一度確かめておく必要があるだろう。というのは、前に、「初夏の」「死ぬまで」「本です」のように、それだけで一つのことばの単位をなす統一体と考えられるものが、分析的に見ると、実は二つの単語からできている、と考えなければならない——つまり、「の」「まで」「です」のようなものも、一つの単語と認めなければならないという、少々意外な事実を知ったことがあっ

たからである。右にあげた「お寺」以下の語もまた、たしかに一文節をなすし、つぎのように、たとえば、

お寺　お二人　お米　お寒い

素足　素肌《はだ》　素顔　素焼き

子供ら　学生ら　これら　僕ら

学者ぶる　大人ぶる　兄貴ぶる　上品ぶる

読みきる　言いきる　書ききる

女らしい　学者らしい　本当らしい

というふうに比較してみると、共通した意味を持ち、共通のはたらきを果たしているこれらの「お・素・ら・ぶる・きる・らしい」などが、ことばの一つの単位として考えられそうである。これらのものと、辞との違いは、どこにあるのだろうか。

まず、こういうことが考えられる。それは、こういう接頭語や接尾語のついてできたことばは、それだけで一つの文節を構成するのみでなく、「お寺が」「学者ぶるだろう」のように、他の辞とともに一文節を構成することができて、その点一つの単語（詞）とまったく同じである。この点で、「初夏の」「本です」のように、すでに詞に

辞が結びついているものと、区別できそうに見える。ところが、辞のなかでも、特に活用する辞、すなわち後に言う「助動詞」のなかには、詞と結合してさらに文節構成上詞とまったく同じような資格をもつ語をつくるものがある。たとえば、「行く」という詞に、「た」という助動詞のついている「行った」は、それだけで一文節をなすのみでなく、さらに他の辞をともなって「行っただろう」「行ったが」などの文節をつくる。山田博士などは、助動詞というものを認めず、これを「複語尾」すなわち、活用する語の語尾が複雑に発達したものと考えているくらいである。こうなると、助動詞と接尾語とは、あい似た性質のものということになり、したがってこの点からは、接尾語と、いわゆる辞との区別（辞は普通後につくものだから、直接には、接頭語よりは、接尾語との区別）は、つきかねる。

そこで第二には、こういうことも考えられる。すなわち、辞は、大体同じような性質の詞には、一律に規則的につくことができる——たとえば「も」は、「足、顔、机、本、学者、金持」など、どの詞にもついて「足も、顔も、机も、本も、学者も、金持も」という文節をつくるし、また「です」も、このどれにもついて「足です、顔です、机です、本です、学者です、金持です」という文節をつくることができる。だから、これを、一つの文法上の通則としてまとめることができるわけだ。ところが、接頭語や接尾語は、そういう具合いには行かない。たとえば「素」という接頭語は、右のうち、「足」や「顔」について「素足」「素顔」ということばをつくることはできても、「素机」とか、「素学者」などということは言えない。また、「ぶる」という接尾語は、「学者」や「金持」について「学者ぶる」「金持ぶる」という語をつくることはできても、これまた「足ぶる」とか「本ぶる」などとは言えない。つまり、同じ性質の語にも、そのつき方には慣用による制限があって、はなはだ不自由なのである。これに比べれば、辞の方はずっと自由だと言える。それだけに、接頭語や接尾語の方は、一度結びついた以上はその結合が非常に固いのに対して、辞の方は、ややゆるやかで、遊離した感じがある。そこで、この点から両者を区別して、接頭語や接尾語の結びついたものは、それだけで完全な一語であり、それに対して、詞に辞の結びついたものは、やはり二つの語と考えなければならない、と言えそうにも思える。ところが、この基準は、実を言えば、はなはだあいまいである。結合が、自由だとか不自由だとか、あるいは固いとかゆるいとか言っても、それは程度の問題で、現に接辞の中でも、「お」や「めく」などは相当自由にいろいろの語に結合するし、逆に辞のなかにも、

「う」とか「り」(文語)とかのように、ある程度結合の上に制限のあるものがある(三〇二ページ参照)。こうなると、結局、以上二つの点からは、接頭語、接尾語と辞との差は、いわば程度の上のことにしか過ぎないということになりそうだ。はたしてそれだけのことなのだろうか。

さきに、詞辞の結合は、たとえば、

行く｜まい

という形で示されるように、詞の表す客体的なものを、辞の表す主体的なものが包む、という関係にあるのであって、ある事がら(行く)に、それについての話し手の推量(まい)が加わって表現されたものである、と言った。ところが、ある語に接頭語や接尾語のついたもの、たとえば「素肌」や「学者ぶる」などは、それ全体がやはり客体的なものを表現しているのであって、たとえば「行く」がそうであるように、「学者ぶる」ということも、私についても、あなたについても、Aについても、Bについても言えるわけである。「ぶる」は、決して、「まい」のように主体の立場だけを表現しているものとは考えられない。ここに、接頭語、接尾語と辞との相違点があると言える。

接頭語・接尾語を含む語と複合語

一体、この接頭語や接尾語は、単語として用いられることはないが、「ま夜中」の「ま」は、真の、「素肌」の「素」は、飾りのない、「こ松」の「こ」は、小さい、「春めく」の「めく」は、そういう状態である、「学者ぶる」の「ぶる」は、そんな態度をする、「女らしい」の「らしい」は、ふさわしい様子であるというような、一つの意味を、それぞれ、ちゃんと持っていて、本来、その性質は単語と同じであろうと思われる。もと、はっきり一つの単語であったことの考えられるものも多い。たとえば、「うち破る」の「うち」、「子ども」の「とも」、「二箱」の「箱」、「世帯じみる」の「しみる」、「年寄りくさい」の「くさい」など。だから、これらのついてできたことばは、結局、複合語と同じように考えていいことになる。現に複合語の場合でも、「雨合羽」の「がっぱ」とか、「鍋蓋《なべぶた》」の「ぶた」とか、「ひっぱる」の「ぱる」とかは、そういう形では単語として用いられることはないわけで、その点同じことだとも言える。だから、たとえば「学者ぶる」は、要するに何か「ぶる」(ふりをする)のであって、そのぶり方を学者という語がくわしく表現しているのであり、「女らしい」も、意味の決定的な部分は「らしい」にあって、これを「何らしい」かと説明するのが「女」という語だと言えよう。したがって、これを図で示すとすれば、複合語の場合と同じく、

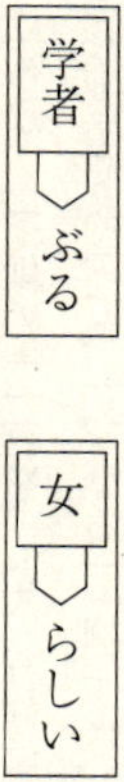

と、なろう。「学者」「女」は、「ぶる」「らしい」に統合されて、全体で一つの概念を表す。これに対して、接頭語の方は、

と、表すことができる。いずれにしろこれは、辞が、詞に添わって、外部から包みこみつつ主体的な表現をこれにつけ加えるのとは違って、両者が融けあって一つの概念を表すのであって、複合語を構成している一つ一つの単語と同様に、接頭語・接尾語は、どこまでも、一つの語の内部の構成要素と考えられなければならない。

ただ、ここに一つ注意すべきことがある。たとえば、「名づける」「切り倒す」とい

うような複合語の場合、その前項（前にくる語）である「名」「切る」という語に直接に修飾語を加えて、「子供の名づける」とか、「首を切り倒す」とか言うことはできない。それに対して、「子供に名づける」とか、「木を切り倒す」とかいう言い方なら、もちろん可能である。前に述べたように、複合語における意味の中心は後項（後にくる語）にあるので、この場合、「子供に」「木を」という修飾語は、それぞれ「つける」「倒す」に、意味の上から、かかっていくのである。

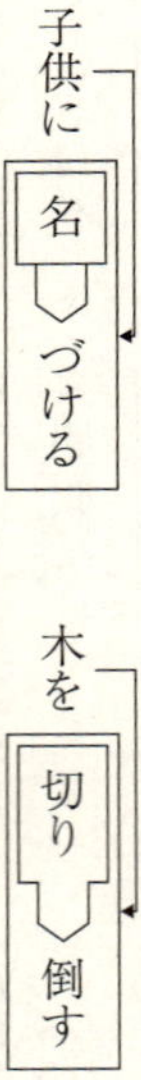

ところが、「子供の」「首を」という修飾語は、それぞれ「名」および「切る」に対する修飾語であって、「つける」「倒す」という語にかかって行くことはできない。（「首を――倒す」という関係は、意味的に成り立ち得ない）。そして、「子供の名」「首を切り」という全体を、「つける」「倒す」という語が含みこんで、一まとまりの単位を形成することは、意味的に不可能である。すなわち、

子供の名 → づける

首を切り → 倒す

という関係は成り立ち得ないのである。

しかるに、いま、たとえば「切りそこなう」「読み通す」というような複合動詞を考えてみると、この場合には、その前項「切る」や「読む」に対して意味的に結合し得る修飾語なら、「木を切りそこなう」「首を切りそこなう」「腹を切りそこなう」等々、あるいはまた、「本を読み通す」「手紙を読み通す」「速く読み通す」等々のように、自由にこれを加えることができるように見える。すなわち、ここには、

木を切り → そこなう

本を読み → 通す

のように、さきの場合には不可能であった、「修飾語をともなう前項を、そっくりそのまま後項が包摂する」という関係が成り立っている。

これは、結局、さきの複合語における後項「つける」「倒す」などの意味内容が、具象的、限定的であったのに対して、あとの複合語における「そこなう」「通す」などの意味内容は、この場合、かなり抽象的、形式的であって、それが右のような広い

包容力を示す結果になっているのだと思われる。こういう形式化された動詞を「補助動詞」と呼ぶことがあるように、これらは、意味の上では、むしろ上の動詞に従属するように見える。たとえば、「読み通す」は「通して読む」の意味に、「恋ひあまる」は「あまりて恋ふ」(参考、「あまりてなどか人の恋しき」)の意味に解し得る。したがって、その修飾語は、具象的な意味を持つ前項の動詞とまず結びつくことになるのである。しかしながら、この場合でも、後項が前項(すでに修飾語を含んで意味が特殊化している)を包摂するという関係には変りがない、と考えなければならない。だから、たとえば、「完全に切りさす」とか、「ごく一部読み通した」などという言い方が、(特別に皮肉などをこめて言う場合をのぞいて)普通はできないのは、「完全に切る」「ごく一部読む」ということと「さす」(中途でやめる)や「通す」(しまいまでする)との間に意味的な矛盾があって、こういう修飾語を含んだ前項は、もはや後項が意味的に包みこめなくなるからである。その点で、前項のとり得る修飾語には、この場合にもやはり意味上の制約があって、完全に自由ではなかったのである。

さて、このような抽象化された意味を持って複合語の後項になっている構成要素——たとえば補助用言のようなもの——と、いわゆる接尾語とは、実は、一つづきのものである。(もちろん、接尾語のなかにも、その性質上、いくつかの種類が考えられる。それらのくわしいことについては、拙著『語構成の研究』一三〇ページ以下を参照されたい)。だから、たとえば、

中流家庭の奥様風。
進歩派の学者ぶる
もの分かりのいい老人らしい話し方
あやしの山がつめきて、(『源氏物語』須磨)
(女君達)…世の常の女しく、なよびたる方は遠くやとおしはかるる御有様なり。(同、橋姫)

などにおける、「奥様風、学者ぶる、老人らしい、山がつめく、女しく」は、それぞれ接尾語を含んだ一語と見得るものだが、右のような場合には、意味上の結合の関係は、むしろ、

中流家庭の奥様｜風

進歩派の学者｜ぶる

もの分りのいい老人｜らしい

あやしの山がつ｜めく

世の常の女｜し

のように考えるべきものである。結果的に言うと、せっかく一語に合体したものが、一度結合を解いて、一方だけが上の（辞に統一された）詞と結びつき、その上で、これを内に含んだまま、ふたたび、さきのとおり合体したような形をとっているのである。前に、接頭語、接尾語は語の内部の構成要素であると言ったけれども、こういう点では、むしろ語をこえて機能する力があると言わなければならない。

こういうことは、本来、右のような補助用言や接尾語の場合にかぎって可能なはずなのであるが、文学における表現技巧としては、たとえば、

男子に清十郎とて自然と生まれつきて、むかし男をうつし絵にもまさり　（西鶴『五人女』）

のように、「うつし絵」という複合語の「うつし」に、修飾語「昔男を」を加えて「昔男を写した写し絵」という一語的なものをつくったりする。

ひとりのみながめふる家《や》のつまなれば人をしのぶの草ぞおひける（『古今集』）
春日野の若菜つみにや白妙の袖ふりはへて人の行くらむ（『古今集』）

などは、これをさらに複雑にして、「（長雨）降る」と古家の「古《ふる》」、「（袖《そで》を）振り」と「ふりはへて」（ワザワザ）などの語の意味をからみあわせながら、文の展開をはかったものである。『古今集』などでは、これを動植物の名や、地名など固有名詞的なものにまで利用して、

わが宿にたれをまつ虫（「待つ」をかける）
我のみや世をうぐひすと（「憂く」をかける）
妹とわが寝るとこなつの花（「床」をかける）
川風寒し衣かせ山（「貸せ」をかける）
まだきなき名のたつた川（「立つ」をかける）
まれに今宵ぞあふ坂の（「逢ふ」をかける）

のようなものが見える。感情をまったく含まないはずの地名などが、これによって、ある種の表情を帯びたものになる。そこにこの種の懸詞《かけことば》の機知的なねらいがあるのだが、しかし、こうなると、もはや、いわゆる「文法」の範囲をこえた問題になってい

ると言わなければならない。

ちなみに、「つなぐ」の「ぐ」、「やどる」「おわる」の「る」、「よどむ」の「む」、「すまふ」の「ふ」なども、かつては接尾語であったのだが、いまではもう、一般にそんなことを意識しなくなっている。しかし、「る」という接尾語などは、現在もなお「サボる」「ダブる」「デモる」などの語を構成しつつある。

以上において、大体どういうものまでを単語と認めるかを考えてきた。つぎに、こうして単語と認定されたものを、もうすこし、くわしく分類整理してみよう。

八　単語を分類すること

分類の目的

同じく単語と呼ばれるもののなかでも、その性質より見て、まず大きく二つに分けて考えるべきもののあることを、前に言った。一方を詞、他方を辞と名づけたわけである。つぎには、この詞および辞に属する単語を、さらにこまかく分けることができないかどうか、これを考えてみようと思う。一体、同じ詞や辞に属する単語のなかにも、その意味や、形や、文のなかでの働きの、いろいろ違ったものがあることは明らかだ。厳密に言えば、すべての単語はみな、それぞれ、すこしずつ違っている。それは、ちょうどわれわれの顔がみな違っているようなもので、完全に等価なことばなどというものは、あり得ない。しかし、そのなかから何か特徴的な共通点を見いだして、これをいくつかのグループに分類してみようというわけである。さきにも述べたように、複雑きわまる、ことばのいろんな現象を整理して、そこから一つの通則を見いだそうというのが文法研究の立場であるからである。

品詞分類以前

文法学というものが起こる以前から、ある種類の語を、他の種類の語と区別して考えるということは、あったようである。たとえば、よく知られているように、『万葉集』巻十九には、大伴家持《やかもち》の、ほととぎすを詠んだ歌、

ほととぎす今来鳴き初むあやめ草かづらくまでにかるる日あらめや（四一七五）

我が門ゆ鳴き過ぎわたるほととぎすいや懐しく聞けど飽きたらず（四一七六）

という二首が載せられていて、前者はわざと、「モ、ノ、ハ」という三個の「辞」、後者は「モ、ノ、ハ、テ、ニ、ヲ」という六個の「辞」を用いないで詠んだと、注が加えてある。こういう語が、歌を詠む上に、あるいは広く日本語の表現の上に、欠くことのできないものとして、特に注意されていた証拠である。さればこそ、これを欠いて歌を詠むには特殊な技巧を要したわけで、そこに、この歌の面白みがあり、また工夫があったのだと思われる。こういうことは、他の面からも考えられる。それは、例

の宣命書《せんみようがき》という記載様式である。つぎにあげるのは、九世紀のはじめごろに書かれた日本文で、『東大寺諷誦文稿《ふうじゆもんこう》』と呼ばれているものの一部だが、その様式は、

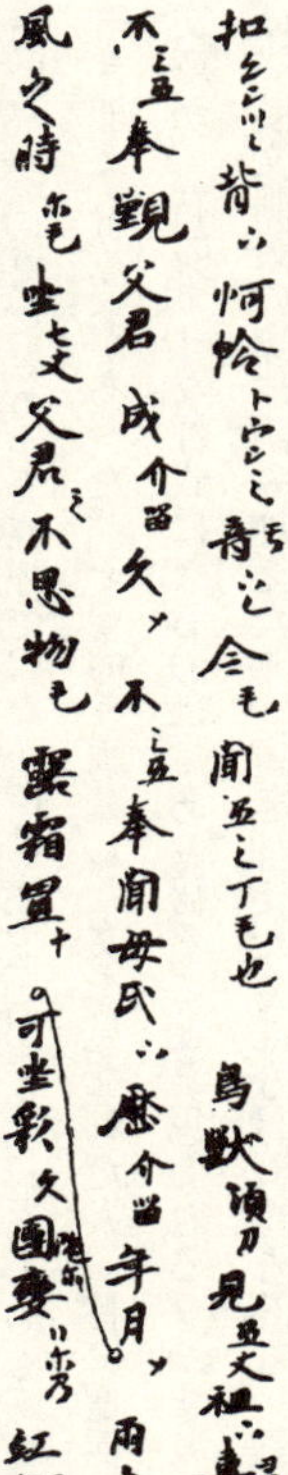

八世紀以前からあった宣命書を受けついでいる。一行目の後半からの、まとまった部分を普通の字体になおすと、つぎのようになる。

鳥獣スラ見テハ祖ヲ喜モノヲ不シテ奉観父君成ケル久ソ不シテ奉聞母氏ヲ歴ケル年月ソ

これは、亡くなった父母をなつかしんで書いた文で、「鳥獣すら祖《おや》を見ては喜ぶものを。父君を観《み》奉らずして、久しくぞ成りける。母氏を聞き奉らずして、年月ぞ経ける。」と読むのだろうと思われる。文字のならべ方は漢文式になっているが、辞にあたる語だけは仮名で小さく区別して書いてあるところが、注意されるのである。これは、後の『今昔物語』などの説話文学でも同じで、たとえば、

次ノ日、此ノ狗失ヌ。此レヲ怪ビ思テ、此ノ女童出シタル所ヲ見セニ人ヲ遣タリケレバ、人行テ見ニ、狗、

女ノ童ノ所ニ行テ、女ノ童ニ咋付ニケリ。然レバ女ノ童、狗ト互ニ歯ヲ咋違《クヒチガヘ》ムテナ死テ有ケル。

(『今昔物語』巻二十六)

のようにしるされている。仲のわるい女の子と犬とが、歯をかみ合わせて死んでいたという、すごい話で、「此レ」「怪ビ」「出シ」などのように語尾を仮名で送っているところもあるが、これまた、大体、詞にあたるものを漢字で、辞にあたるものを仮名で小さく、書き分けているのである。こういう書き方が、漢文の訓読からきたことは明らかだと思われる。

一体、漢語の文章には、日本語の辞にあたるものが、ほとんど文字の上に出てこない。だから、漢文を翻訳する際には、原文のわきに、小さく仮名(仮名は、もと漢字—万葉仮名—から出たものが大部分で、なかには漢字そのままの形のものもある)で、これを書き加える必要があった。そういう訓読した文を見なれた人、特に僧侶などが書いた文章が、右のような様式になるのは、あり得ることと思われる。つまり、辞というのは、漢文訓読の際に訓《よ》み加えたり、書き加えたりしなければならない語、つまり日本語にはあって漢語にはないもの、として、特に意識されたのだと思われる。

これを、仮名で書き加えないで、漢字のそばに点(星点という)や、その他の符号を打って示すことがあった。打たれる場所によって、その星点がどの語を示すかは、漢学者流と仏教者流とで異なり、そのなかでまた、それぞれの流派によって違ったきまりがあるのだが、たとえば漢字を□で示すとすると、

(1)

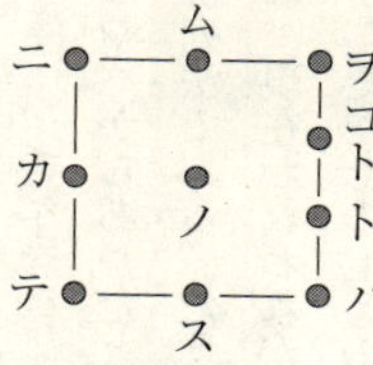

博士家の経点

(2)

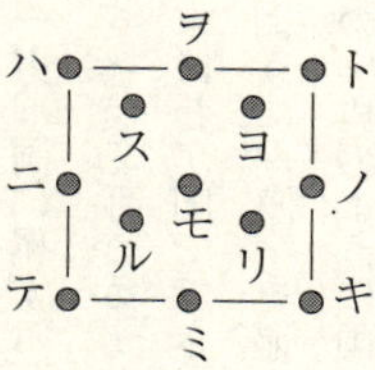

仏家の東大寺点

というような図表がそれぞれ幾枚かあって、ちょうど暗号でも解読するように、原文にほどこされた星点を、この規定に従って読んで行くと、漢文が日本語に翻訳できる仕組みになっている。右に掲げた(1)の方の博士家の点図の、右肩の二つをあわせて読むとヲコトとなり、左下から順に四隅《すみ》の点を読むとテニヲハとなるし、また、同じく(2)の方の仏家（東大寺所用）の点図の左側を下から読むとテニハとなるので、これを、「ヲコト点」とか、「テニヲハ点」とか、あるいはまた「テニハ点」とか呼ぶことになったらしく思われる。このテ、ニ、ヲ、ハという四つの辞が、辞のなかでもよく用い

られ、注意すべきものであったことは、さきの『万葉集』の「六個の辞」というなかにはいっているところからも、明らかだろう。やがてテニヲハ、あるいはテニハということばは、すべての辞（ただし活用する語の語尾をも含むことがある）を代表する名称として用いられるようになった。

新撰字鏡總目

一天	二日	三月
四肉	五雨	六風
七火	八連火	九人
十亻	十一親族	十二身
十三頁	十四面	十五目
十六口	十七舌	十八耳
十九黽	二十齒	二十一心
二十二手	二十三足	廿四皮
廿五毛	廿六色	廿七疒
二十八言	廿九骨	三十尸

一方、詞に属する語を区別して考えることも、相当はやくからあったと思われる。それを考える手がかりになるのは、古い辞書の、語の排列法である。たとえば、九世紀の末にわが国でできた『新撰字鏡《しんせんじきょう》』という漢字辞書は、現在われわれが使う字典と同じように、漢字を偏《へん》や旁《つくり》から引くようになっているが、ただその偏旁の排列法が、いまの字典のように画の少ないものから多いものへという順序ではなくて、意味によって類別してあるようである。すなわち、はじめ約三分の二は天・日・月・肉・雨・气・風……のような物の名を表す偏旁がならんでいて、これがほぼ、天体に関するもの、天然現象に関するもの、人間に関するもの、

人体に関するもの……というぐあいに類別されているのである。ところが、のこりの三分の一ほどは、こういう類別がなくて、一見雑然といろんな偏旁が並んでいるようなものだが、よく見ると、それらは大体において走・而・尤・彳・立というふうな、物の名以外のものが多いことがわかる。つまり、これらは、右のようなかたちで類別しようとするかぎり、そのどれにもはいらないもの、ということになるわけなのである。同じような事情は、もっと早く中国でできた『爾雅《じが》』という、語を意味で分類した辞書などにも認められるのであって、やはり、物の名以外の語は、釈詁・釈言・釈訓というような部を立てて、別にまとめてある。こうして、わが国でも相当はやくから、物の名を表す語と、それ以外の語とを区別する意識は、おぼろげながら生じつつあったのではないかと考えられる（拙稿「辞書と分類」『国語国文』、十九巻二号所収参照）。十二世紀の後半にできた『色葉字類抄《いろはじるいしょう》』という辞書になると、こういう物の名以外の語をあつめた部を、他の天象部とか人体部とかに対して、「辞字部」と名づけて区別することになる。あるいはこれを、「詞字」と呼んでいる書物（『塵袋《ちりぶくろ》』）もあるが、要するに「ことばの字」という意味である。

こうして、中世のころには、語を「物の名」「ことば」および「てにをは」に類別する考え方がようやくはっきりしたものとなってきたのであった。十六世紀の末にわが国にいたロドリゲス（Rodriguez）というポルトガル人の宣教師の書いた『日本文典』に、室町時代には、「日本人は、品詞を三つに分けていた」と伝えているのも、おそらくはこのことだろう。ただこれらは、主として意味によって分けたのであって、まだ、文法上の分類というほど厳密なものではない。

しかしながら、それとともに、「てにをは」というものと、「詞」との関係を、よほどはっきり対立的に考えるようになってきたことが、注意される。たとえば、鎌倉時代の著作と思われる『手爾波《てには》大概抄』という書物には、詞を、寺社に、てにはを、その仏閣や神社のかざりにたとえて、「詞には際限があるが、これを新たにし、自在にするものはてにはだ」と言っている。つまりてにはは、詞をうごかし、はたらかすものだという考え方である。こうして、てにをはを、ことばの運用ということに結びつけて考えた結果が、やがて現在でも、「これはまだ下書きですからてにをはが整っておりませんが……」とか、「彼の文章はどうもてにをはが合ってないね。」とかいうように、「てにをは」ということばを、広く「ことばづかい」とか、「表現」とか、あるいは「文法」とかいうのと同じ意味に用いることにもなったのだろうと思われる。日本語における辞の重要性を考えさせる事実といわなければならない。中世における右のような語の区別が、後の時代の、語の性格に基づいた分類法をよび起こす機縁になったことが認められるのである。

語分類のいろいろ

近世になって、十八世紀後半のころ、富士谷成章《ふじたになりあきら》という学者は、「名《な》」「装《よそひ》」「脚結《あゆひ》」「挿頭《かざし》」という四分類をしているが、「名」は、ほぼ右の「物の名」に、「脚結」は、「てにをは」にあたる。「装」というのは、「思ふ、落つ、はるかなり、早し」などの類であり、「挿頭」というのは、その他種々の語をふくむが、大体、文の上の方に現れる語を言うのである。すなわち、右に一括して「ことば」と呼ばれたものが、二分され、しかもその際、意味のほかに、ここには語の前後関係、接続関係ということが考え合わされてきているわけで、それを、古代の服装の名称にあてはめて、「装」を中心に、上にくるものを「挿頭」、下にくるものを「脚結」と名づけてあるのだ。そして、この説の見える『あゆひ抄』という書物には、「名をもって物をことわり、装をもって事をさだめ、挿頭、脚結をもってことばをたすける。」と言っている。

ここにおいて、語の文法的な分類らしいものが、はじめてなされたと言えよう。

成章にすこし遅れて出た鈴木朖《あきら》は、『言語四種論』という著述で、やはり、語を、「体の詞」「辞」「形状の詞」「作用の詞」の四つに分類しているが、しかしそれは、

- 辞《テニヲハ》
- 詞《コトバ》
  - 体ノ詞
  - 用ノ詞
    - 形状《アリカタ》ノ詞
    - 作用《シワザ》ノ詞

というように、まず辞と、他の三種の詞との、大きな対立を考えるのである。詞は、物事をさし表したものであるのに対して、辞は、さすところなく、「詞」についた、心の「声」であると言い、詞を玉とすれば、辞は、それを貫く緒のようなもので、詞は、辞なしには働かず、辞は、詞なしではつくところがない、というように言って、両者の本質を明確に言いきったところが注意される。もっとも、朖の師にあたる本居宣長も、「詞は布で、辞はこれを縫う手だ」という比喩《ひゆ》で、その関係を説明しているし、さらに言えば、これは、さきに述べた『手爾波大概抄』などの考えに基づくものであろう。時枝博士の詞辞に関する論もまた、朖のこの考え方を発展させたものであ

る。

つぎに、詞を、「体の詞」と「用の詞」（活語とも呼んでいる）とに分けたのは、活用の有無ということによったものであり、「用の詞」を、「作用」と「形状」とに分けたのも、活用の形によっているのである。活用ということを語分類の基準にすることは、すでに成章も、「脚結」の分類に際して実行しているし、やはり江戸末期の学僧、東条義門などは、これを分類の最初の基本的な標準に立てて、あらゆる語を、活用の有無によって、まず体言・用言に二分し、辞なども、活用のありなしでそのいずれかに属せしめてしまっているほどである（『活語指南』『玉緒繰分《たまのおくりわけ》』）。詞と辞ということのほかに、活用ということを語分類の基準にするのは、適切なことと思われる。

鈴木朖

一方、以上のような純粋に日本で起こった考え方に対して、江戸末期から、西洋文法流の分け方を日本語に適用することが、はじまった。その代表的なものは、大槻文彦の、名詞（数詞をふくむ）・動詞・形容詞・助動詞・副詞・接続詞・天爾遠波《てにをは》・感動詞の八つの種別をもうける方法である（『語法指南』）。この名目が、今にいたるまで、一つの標

大槻文彦

準として、ずっと行われてきているわけであるが、しかしまた、従来の考え方を生かした分類法も、それ以後いろいろ現れてきた。そのうち注意すべきものは、山田孝雄博士の分類法であって、博士は、さきに（九九―一〇〇ページ）述べたように、語を、観念語と関係語とに分け、さらに観念語を、自用語（自身独立してある観念を表し、文の骨子になり、また陳述の基礎になるもの）と、副用語（ある観念を表しているが、他の語と結合して、これに依存して文の成分になるもの）とに分け、自用語をさらに、概念語（概念だけを表すもの）と陳述語（陳述の力のあるもの）とに分ける。これを図示すると、

- 観念語
  - 自用語
    - 概念語……体言
    - 陳述語……用言
  - 副用語……副詞
- 関係語……助詞

ということになり、体言のなかに、右の名詞・代名詞・数詞、用言のなかに、動詞・

形容詞・存在詞（あり、なり、たり、じゃ、です等の語）、副詞のなかに、副詞・接続詞・感動詞、そして助詞のなかに、従来の「てには」が、含まれる。（助動詞は動詞の語尾と認める。）要するにこれは、さきの成章の四分法をつぐものと言える。

このほか、橋本進吉博士は、文のなかにおける語の意味の「断続《きれつづき》」を標準にして、まず詞を、

㈠切れたり続いたりし、かつ、そのしるしを持っているもの（活用で、それがはっきりする）。

「行く」「美しい」の類。

㈡切れ続きを示すしるしを持たないもの。

(イ)切れるか続くかはっきりしないもの（前後関係できまってくる）。「山」「私」の類。

(ロ)いつも続くもの。「しばしば」「いわゆる」「だから」の類。

(ハ)いつも切れるもの。「はい」「まあ」の類。

に分け、辞もまた同様に、

㈠切れ続きのしるしを持っているもの。「ない」「だ」の類。

㈡切れ続きのしるしを持たないもの。

(イ)切れ続きがはっきりしないもの。「まで」「ばかり」の類。

(ロ)いつも続くもの。「の」「へ」「けれども」「は」の類。

(ハ)いつも切れ、かつそこで言い切りになるもの。「よ」「わい」の類。

(ニ)切れるが、そこで言い切りになるとは限らないもの。「ね」「さ」の類。

のように分けている。

これ以外にも、語の文中における位置を標準にした徳田浄《きよし》氏の分類、語の機能を重視する鶴田《つるた》常吉《つねきち》氏の分類、やや変ったものでは、念詞（文節にあたる）と、原辞（念詞をつくる材料）とを区別する松下大三郎博士の分類や、発生論的な見方にもとづく安田喜代門《きよもん》氏の分類など、種々の考え方が発表されてきたが、その道筋はいろいろであっても、出てくる結果は、大体いずれも同じようなところに落ちつくようである。

すなわち、結果的に見て、

㈠まず、単語を詞と辞とに分けるということは、ほとんどすべての人がやっている。ただ、辞の内容は人によって少々異同がある。㈡つぎに、詞を体言と用言に分け、辞を助詞と助動詞とに分けて考えることも、多くの人に認められる。㈢さらに、以上のほかになお、副用言とか副詞というものを立てる人が多いし、さらに感動詞を立てる人もある。

大体こういうことになろう。

以上、ながながと単語分類の歴史をたどってきたのは、要するに、その方法には随分いろいろなものがある、ということを言いたかったからだし、また、われわれが、これから自身の手で納得のいくような単語の分類整理をほどこしてみようという際に、これら先人の業績が、すぐれた示唆を与えてくれることになろうと思われるからである。もちろん、あまりそれにひきずられないようには注意しつつ、しかも、適宜これを参考にして行くのが、われわれのとるべき態度であろう。

分類の基準

そもそも、単語のうち、特に詞だけをとって考えても、これをいくつかに分類しようという場合、その方法はいろいろあり得よう。たとえば、「木・胃」というような一音節の語、「色・行く・良い・また」というような二音節の語、「蛙《かえる》・走る・早い・やがて」というような三音節の語といったぐあいに、音節の数で分類するのも一つの方法だし、現代の辞書のように、語頭の音が同じである語ばかり集めるのも、一つの方法であろう。これらは、もっぱら語の形によったわけだが、また、意味によって分けることもできる。すなわち、古い辞書のように、天文関係、地理関係、動物関係、植物関係というように語を分類したり、抽象的な意味を表す語、具体的な意味を表す語というように分類したりするのも、一つの方法だろう。あるいはまた、本来の日本語、漢語由来の語、西洋語由来の語というように分けるのも、一つの分類法に違いない。ただしかし、ここでわれわれが考えようとするのは、どこまでも文法上の問題としての、単語の分類である。語が文を構成する場合に見られる、いろいろの意味や、他の語との関係を手がかりにしつつ、これを整理して、そこから、一つの通則的なものを帰納しようというのがねらいなのである。だから、直接これに関係しない、形の違い（音節数とか語頭音とか）や、意味の違い（天文・人倫・動植物など）、あるいは外来語か否か、というようなことを基準にした分類は、いまの場合、意味がないことになる。

ただ、同じく語の形に関することのように見えても、活用とよばれる現象は、さきに述べたように（一〇九ページ）その一つ一つの形が陳述のはたらきをも果たすものであって、一つの文法上の問題と見ることができる。したがって、ある一つの語がどういう活用をするか、ということを語分類の基準にすることは、意味があるわけである。（ちなみに、これに対して、「さけ（酒）」と酒屋《さかや》の「さか」、「むる（群る）」と「むら（村。家の群れたところ）」、「あかとき（暁）」と「あかつき」のような音の転換は、陳述の違いに応ずるものではなく、かつ、規則的なものとは、かならずしも考えられないから、少なくとも、ここで言うような文法上の問題にはならない。したがって語分類の基準とはしないのが普通である。）

さて、一つの文の脈絡のなかで、ある語が、他の語に対して意味の上でどんな関係に立つかを考え、そういう関係に立ち得るはたらきを、その語のもつ機能（Function）と呼ぶことにしよう。主語になったり、述語になったり、修飾語になったりするのは、その語の機能である。なぜなら、修飾するというのは、その語の意味が被修飾語の意味にはたらきかけて、これをくわしくすることであり、主語の述語に対する関係もまたこれに似ていることは、さきに述べた。述語は、これを受けて、ある意味を述べるのである。つまり、機能というのは、語と語との「関係としての意味」に関して言われる。したがって、一つの語がつねに全く孤立してあるならば、そこに機能ということは考えられない。また、二つ以上の語が集まって文を構成する場合、もし、すべての語がすべての語と自由に結合し得るものであるならば、各語が全機能をそなえていることになって、これを、語分類の基準にするわけには行かぬことになる。しかし、事実は、ある種類の語にはある機能が与えられており、他の種類の語ないしは、その語のある活用形には、また他の機能が与えられているというように、語によって機能が分担されているのである。したがって、あるグループの語は、あるグループの語と、一定の関係で結びつき得るけれども、他のグループの語とは、そういう関係では結びつき得ないというように、語の種類によって、その結合関係に一定の制限がある。だから、この機能というもの——たとえば主語になり得るか、修飾語になり得るか、述語になり得るかというようなこと——を基準にして語を分類することは、大いに意味のあることだと思われる。Function という考えは西洋の文法から学んだのではあるが、しかしすでにこの事実は、江戸の学者たちの分類のなかにも、ある程度、生かされてはいたわけだと言えよう。

ただ、ここに注意すべきことは、語の機能を分類の基準にした場合、一つの語が、かならずしも一つの機能のみをになうのではなく、いくつかの機能をあわせて持つことがあるという点である。たとえば、「書物」という語は、「書物が高くなった」のように主語にも、「ほしいのは書物だ」のように述語にも、「書物の表紙」「書物を買う」のように修飾語にも、なる。だからその際、一つの語の持つあらゆる機能を考えあわせた上で、そのもっとも特徴的な機能に着目して、分類して行かなければならないのである。

この「機能」という一つの基準だけで分類が一貫すれば、いちばんすっきりするのだが、実際は、これでは徹底しないところが出てくる。そこで、適宜、形などをも参考にして分類をしなければならないことになる。さきのボタンのたとえで言えば、はじめ一応色だけで分類してみても、実際に使う場合の便宜のためには、やはり、同じ色のものを、さらに形や大きさを考慮して分けておく必要ができてくる、というようなものだ。現在もっとも広く行われている橋本博士の分類などでも、やはり、そういう、二つ以上の基準を併用するという面のあるのは、やむをえない。一つの基準による分類を徹底させて、しかも、それが他の基準による分類とも正確に対応する、というようなことができれば理想的なのだが、それは、おそらく非常に困難なことであろう。

単語を機能・意味・形態などを基準にして分類したものを、品詞と呼ぶ。以下、なるべく一貫した立場をとるように努めながら、品詞の分類を試みようと思う。そのためには、まず、それぞれの語の機能や、意味や、形態を、もう一度たしかめてみる必要があろう。

九　単語の種類

(1) 名詞付数詞

名詞

お米　甥《おい》たち　山桜　こおり　昔　女房　信仰　科学　矛盾

スポーツ　京都　昭和　浅間山　チャーチル

これらは、いずれも、事がらや、人や、土地の、名を表した語である。もっとも、そのなかにはいろいろ種類がある。「お米・甥たち・山桜・こおり」のように、具体的なものを表す語もあれば、「昔・信仰・科学・矛盾」のように、抽象的な事がらを表すものもあり、「京都・昭和・浅間山・チャーチル」のように、ある特定の土地・年号・人名などを表すものもあれば、その他の語のように、どれと限らず一般に同じ種類の事物を表す語もあり、また、「甥」のように、男性を表す語もあれば、「女房」のように、女性を表す語もある。さらにまた、形の上から言うと、「お米」「甥たち」のように、接頭語・接尾語をもった語や、「山桜」のように、複合語であるものもあれば、「こおり」のように、もと「こおる」という語から出てきた語もある。——同じようなものに、「ひかり」「おび」「うたい」「すもう」（「すまふ」とは、もと力比べをすること）とか、「近く」「遠く」（「近し」「遠し」から）「あかし」（燈）などがある。いずれも、もと動作や状態を表す語から転じて、事物の名になったので、人の名には、ことにこれが多い。しげる、すすむ、まさる、ひろし、きよし等々。

このように意味や形はさまざまであるけれども、しかし、文法的性格という面から見ると、これらは、つぎの三点においてすべて共通している。すなわち、これらがいずれも、(1)詞であるということ、(2)活用しないこと、(3)主語にも述語にも形容詞的およひ副詞的修飾語にもなり、さらに、「京都、これが私の生まれた土地です。」「しげる、ちょっと来てごらん。」のように、独立語にもなり得る、ということである。その意味から言えば、「競走」のように動作に関することであろうと、「静けさ」のように状態に関することであろうと、また、もとは漢語であろうと、西洋語であろうと、それが、右のような性格を持つ語であれば、文法上では、すべての一つの種類の語として分類しておいていいわけだ。こういう種類の語を**名詞**と名づけることにする。たとえば右の「女房」という語は、古くは宮中に仕えた官女を表し、いまは妻を表すというように、その表す意味が変ってきた。しかし、右のような性格に変化がない以上、やはり名詞に属することには変りがない。

ところで、右にあげた、名詞のいくつかの性格のうち、(1)および(2)の性格を持つ種類の語は他にもあること、後に述べるとおりである。また、(3)の性格のなかでも、述語になったり、修飾語になったり、独立語になったりする機能は、このほかの種類の語にもある。そこで結局、名詞の一つの特徴的な点は、**主語になり得る**という機能にあるということになろう。そしてまた、述語の面から言えば、さき（六六ページ）にあげた四種類の文のなかの、(1)「何々が何々だ」の形の文の述語「何々」になり得るものであるということになる。もっとも、このように、名詞は、主語にも述語にもなり得る語であるが、しかし同時に、修飾語にもなり得る機能をそなえているのだから、たとえば、

日曜日、私は映画に行った。

使節団一行は、今羽田に到着しました。

彼は今日東京へ出発します。

こよひ来む人には逢《あ》はじ。

の「日曜日」「今」「今日」「こよひ」などは、文の成分としては、それぞれ「行き」「到着し」「出発し」「来《く》」という述語に対する副詞的修飾語になっているが、しかし、この語の品詞は、やはりあくまで名詞であると考えることができる。なぜなら、これらは、

もう日曜日もすんでしまった。　今日は日曜日です。

今日の司会者はだれですか。　弟の誕生日は今日だろう。

今が大切な時なのだ。　頼みこむなら今だ。

こよひは十五夜なり。　こよひの月夜まさやかにこそ。

のように、主語として用いられたり、述語や形容詞的修飾語として用いられたりする場合とまったく同じ意味において、この場合にも用いられているからである。これに対して、

そんなこととはつゆしらず。

ゆめ疑ふことなかれ。

などの「つゆ」「ゆめ」という語は、「露がおく」「夢を見る」などと用いられる語とは違って、「少しも」とか、「絶対に」とかいう意味になっており、その意味では副詞的修飾語としてのみ用いられて、主語や述語として用いられることはないから、もはや名詞ではない。

形式名詞

つぎに、

それこそ私の望むところです。

僕が知っているはずがないじゃないか。

御承知のとおりの怠け者で困ります。

あの男はものの言いようを知らないね。

すぐ行くように伝えます。

総会開催の件、御賛成の向きはその由お申しいで下されたし。

これらの傍点をほどこした語は、どう考えるべきだろうか。たしかに、これらの語の意味は非常に広くて、さきにあげた語のように、はっきりした概念を表してはいないし、したがってまた、その意味内容を言いさだめるための修飾語なしには、用いられることもない。しかし、さきに述べた名詞の機能は、いずれも、まさにそなえている。ただ、その意味内容が、よほど形式化していると考えられるから、これらを**形式名詞**と呼んで、やはり名詞の一種と考えてよいと思われる。形式名詞には、なおこのほか、「こと・ため・ゆえ・つもり・うち・所以《ゆえん》・間《あいだ》・分《ぶん》・節《せつ》・風《ふう》・段・体《てい》」など、いろいろ考えられよう。

向こうに見えるの**が**議事堂です。

の「の」なども、これにふくめて考える人もある。（もっとも、これを助詞の一種と考える人もあるが。）

数　詞

一つ　二番　三本　四冊　五里　六羽　いく人

などを考えると、これまた、その性格は、まさに名詞と同じである。ただ、燕《つばめ》でも雀《すずめ》でも鳩《はと》でも、種類のいかんにかかわらず、鳥でさえあれば、同じように二羽、三羽という語で表し得るというように、事物を、数量を量ったり順序を数えたりするという面から表した語であるという点が変っているだけである。その点、一般の名詞に比べて、より形式的であるとも言えよう。これらを特に数詞と呼ぶことがあるが、やはり名詞の一種と考えておいていい。

ちなみに、右の「番」「本」「冊」「里」「羽《わ(は)》」「人《にん》」(この他、軒《けん》・箱・両《りょう》・年《ねん》・組・艘《そう》・通《つう》・匹・枚など多数ある)のように、量ったり数えたりするものの単位を示す語を、特に助数詞と呼ぶこともあるが、これまた、要するに名詞が複合語の構成要素、ないしは接尾語になったものであると見ることができる。意味の重点は、むしろこちらにあると言うべきで、それはちょうど、

貴重本　後見人　本箱　隣組　積立金　小林君　親切さ　帰りしな

などの、複合語の名詞や、接尾語をもった名詞と、同じ事情にあると思われるものである。

(2) 代　名　詞

代名詞の特質

わたくし　あなた　これ　そこ　あちら

これらはいずれも、やはり、ある人や、事がらや、物や、場所を表す語であって、詞に属しており、活用することはなく、しかも主語になり得るという点などは、まさに名詞と同じ性格を持つ語のように考えられる。それならば、これもまた名詞の一種と見ておいていいかというと、ここに考えるべきことがある。

たとえば、中川という姓の人があるとする。これを、「中川」という名詞で表す場合には、この人が、話し手の立場にあっても、聞き手の立場にあっても、それ以外の第三者の立場にあっても、すべて同じく中川という語で表すことができる。一方、この同じ人が、また「わたくし」とか、「あなた」とか、「かれ」とかいう語で表されることがある。ところが、この場合は、だれの立場からでも自由に、これらの語で、ある一人の人物（中川君）を表すわけには行かない。話し手が中川君自身である場合にかぎって、「わたくし」という語で中川君が表され、また、中川君が聞き手である場合にかぎって、別の話し手の立場から、「あなた」という語で中川君が表される。つまり、これらの語には、つねに、それぞれ話し手の立場からの関係の識別が加わっていると言わなければならない。このようなことは、もちろん、表されるものが人である場合にかぎらない。一冊の書物を、「本」という語で表現する場合には、特に話し手の立場からの関係の規定はないが、同じ書物が、「これ」「それ」「あれ」などという語で表される場合には、そこにかならず、話し手との、それぞれ違った関係というものが考慮されている。これらの語が、事物を直接さし示して言う語だと言われるのも、この意味である。すなわち、これらは、そういう「関係」において事がらを表す語だから、ペンであろうと、机であろうと、ないしは一つの抽象的な事がらであろうと、話し手の立場から同じ関係にあると認めるものは、すべて同じ語（たとえば「それ」）で言い表すことができるのである。話し手にとって「聞き手」という同じ関係にある人なら、山田君でも木下君でもその他だれでも、「あなた」という語で表しうるのもまさに同じ事情である。こんなふうに考えてくると、これらの語は、やはりその性質において、名詞とは違っていると認めなければならない。そこで、これらを、特に「代名詞」と名づけて区別する。

代名詞は、普通、それが表している事がらの違いによって、人称代名詞（人を表す）と、指示代名詞（事物・場所・方向などを表す）とに、分けられる。（この指示代名詞という名称は適当ではないのだが、他に適当な名称も見あたらず、また、そう言い出せば、代名詞という名称そのものからして不適当だということにもなるので、いまは、慣用に従っておく。）そして、人称代名詞のなかでは、特に話し手自身をさすもの（第一人称）と、聞き手をさすもの（第二人称）と、話し手・聞き手以外の人をさすもの（第三人称および不定称）とを、区別して考える必要がある。ところで、「わたくし」が第一人称であることは明らかだが、それなら、「わたくしたち」はどうなるか。この語によって表されるものは、話し手自身だけではなく、その外の人々も含まれているように考えられよう。しかし、それらの人々を、すべて話し手が、いわば自分の分身のように考え、中心の「わたくし」というもので代表したかたちで表したのが、この「わたくしたち」という語なのである。だから、これまた第一人称の代名詞と考えることができる。たとえば、先生が、なにか悪質ないたずらをした生徒たちに訓戒して、

「あなたがたはもう一度よく反省してごらんなさい。わたしたちは自分のしたこ

とに責任を持ちましょうね。」

というように言うことがある。「あなたがた」という語で表されている場合と、「わたしたち」という語で表されている場合と、さされている実体は同じ「生徒たち」なのだが、そこには大きな表現性の違いが認められるだろう。前者は、生徒を単に聞き手としてつき放した言い方であり、冷たいものが感じられる。それに対して、後者は、むしろ話し手である先生みずから生徒のなかにはいって行き、生徒たちを自分の方に引きつけて表現したのであって、そこに、前者にはない温かみを感じとることができよう。

関係の識別

つぎに、第三人称の人称代名詞および指示代名詞に現れている、話し手の立場からの識別はどういうものかというと、これを、つぎのように考えることができる。すなわち、

このかた　これ　ここ　こっち　こなた〔文語〕

などという語（「近称」と呼ばれる）で、ある人ないしは、事物・場所・方向などが表

される場合、それは、話し手が、これらを、「話し手自身を中心とする円周内に含められるもの」と認定しての表現であると言えよう。一方これが、

そのかた　それ　そこ　そっち　そなた〔文語〕

などという語（「中称」と呼ばれる）で表された場合は、話し手が、これらを、「聞き手を中心とする円周内に含まれるもの」と認めての表現であると言える。話し手に近い場所にあるものが、「これ」という語で表され、ややこれよりも遠いものが、「それ」という語で表される、などとはかぎらないのである。空間的な距離の遠近は、ここでは、かならずしも問題ではない。話し手からまったく等距離にある二つのお菓子をさして、「これ、私いただきますから、それ、あなたおあがりなさい。」というように、一方が「これ」と呼ばれ、他方が「それ」と呼ばれることもある。要するに、話し手が、自分に属するものとして表現しているか、聞き手に属するものとして表現しているかの違いなのだ。ただ、言うまでもないことだが、「Aを中心とする円周内に含められる」ということと、実際問題としてその事物が、中心になっているA（話し手あるいは聞き手）の所有に属するか否かということとは、一応無関係である。もしそうでなければ、「これはあなたのもの、それはわたしのもの。」などと言うのが、お

かしいことになる。実際上の所有関係はともかくとして、少なくとも、このことばが発せられた際には、「これ」と呼ばれるものは話し手を中心とする円周内のものとして、「それ」と呼ばれるものは聞き手を中心とする円周内のものとして、話し手に識別されているのだと考えられる。

今度は、

かれ　あのかた　あれ　あそこ　かしこ〔文語〕　あっち　かなた〔文語〕

などという語（「遠称」と呼ばれる）で表された場合はどうだろうか。ちょっと考えると、これは、話し手にも聞き手にも属さないものを表すように見える。しかしながら、たとえば、いま一冊の書物が話題になっているとき、これを、「ああ、あれは私も読みました。」と言う場合、そこには、話し手との深い親近性が表されている。もしそれが、いままで話し手の全然知らない書物であるような場合ならば、現在その話をしている相手に属するものとして、「それはどんな内容の本ですか。」というように言うわけで、「あれ」と表現する方が、「それ」と表現するよりは、かえって話し手と密接な関係にあることを示すことになる。が、注意すべきことは、ここには同時に、その本と、聞き手との密接な関係もまた、考慮されているということである。話し手だけがよく知っていて、(あるいは、話し手だけによく見えていて)、聞き手はいっこう知らない(あるいは、見えない)というような人や物のことを、「かれが……」とか「あれは……」とか言うことはできないのであって、もしそんなことをすれば、いわゆる独り合点になってしまう。つまり、「かれ、あれ、あそこ、あっち」などの語は、ある人や、事物や、場所や、方向などが、いわば、「話し手と聞き手とを同時に中心にするような、大きな円周の中に含まれたもの」と認めての表現であるとも言えようか。話し手が、「あれ」と言えば、聞き手が、すぐに「ああ、あれか」と合点がいくようなものについてのみ、この語が用いられるのである。これらが、ときに、隠語として特殊な表現効果を持つのも、そのためだろうと思われる。なお、この場合もまた、空間的な距離の大小は、かならずしも本質的な問題ではないが、しかし、遠くなればなるほど、話し手とか聞き手とかの一方だけには属さずに、その両者にともに属すると認められる可能性が増大することは考えられよう。

最後に、

だれ　　どれ　　どこ　　どっち〔口語〕

たれ　いづれ　いづこ　いづち〔文語〕

などの「不定称」は、そのさし表す人や事物・場所・方向などが、はっきり定まっていないのであって、これこそ、話し手・聞き手を中心とする円周内の、どれにも含まれないものと言えよう。

以上のように、代名詞には随分いろいろのものがあり、ことに、第一人称および第二人称の代名詞には、本来の人称代名詞のほかに、

これは人の御際《おんきは》まさりてめでたく、かれは人も許し聞えざりしに、……（『源氏物語』桐壺）（これは藤壺、かれは桐壺更衣をさす）

のように指示代名詞から転じてきたものや、名詞から転じてきたものがあり、また、対等の間柄で用いるものの外に、身分関係に応じていろいろ違ったものが用いられたり、男の用いるものと女の用いるものと区別があったりして、たとえば第一人称だけでも、

わたくし　あたくし（女）　わたし　あたし（女）　僕（男）　おれ（男、もと女も）　わし（男、もと女も）　てまえ（男）　われわれ　拙者（男）　我輩（男）　自分（男）

等々、とてもあげきれないほどである。
以上述べた代名詞の主なものについて、まとめると、次ページの表のようになる。

「こそあど」の体系

これを見ると、代名詞――ことに指示代名詞には、非常に整然たる体系があることがわかる。すなわち、話し手の識別を表す中心的な部分は、「こ」「そ」「あ」「ど」（文語「いづ」）であって、これに「れ」「こ」「ち（ら）」（文語「（な）た」）がついて、それぞれ、事物・場所・方向が示されることになっている。「代名詞」の本質が、話し手の認定に基づいて事物をさし表すところにあると考えるとき、その中核は、実に、右の「こ・そ・あ・ど（いづ）」にあるのだと見ることができるのである。また、そう考えると、「この」「その」「あの」「どの」などの語も、――これらは普通、代名詞とは言われないけれども――話し手の立場からする認定の関係は、まったく右のものと同じであることがわかる。たとえば、

唯円《ゆいえん》　今日はよく晴れて比叡山《ひえいざん》があの様《よう》にはつきりと見えます。
親鸞《しんらん》　（坐《す》わる）あの山には今も沢山な修行者がゐるのだがな。

話し手の識別 ＼ さすもの		人称代名詞 人	指示代名詞 事物	指示代名詞 場所	指示代名詞 方向
話し手		わたくし わたし 僕			
		わ われ おのれ 予			
聞き手		あなた おまえ 君			
		な なれ そなた 汝			
話し手・聞き手以外のもの	話し手中心の円周内（こ）	このかた こいつ	これ	ここ	こっち こちら
		こ これ	こ これ	ここ	こち こなた
	聞き手中心の円周内（そ）	そのかた そいつ	それ	そこ	そっち そちら
		そ それ	そ それ	そこ	（そち） そなた
	話し手および聞き手中心の円周内（あ（か））	あのかた かれ あいつ	あれ	あそこ	あっち あちら
		か かれ あ あれ	か かれ あ あれ	かしこ あしこ	（あち） かなた あなた
	不定（話し手・聞き手中心の円周外）（ど）	どのかた どなた だれ どいつ	どれ なに	どこ	どっち どちら
	（いづ）	た たれ なにがし	いづ いづれ なに	いづこ いづく	いづち いづかた
共通点			れ	こ	ち （ら） た

（各欄とも上は口語、下は文語）

唯円　あなたも昔あの山に永くいらしたのですね。
親鸞　九つの時に初めて登山して、二十九の時に法然《ほうねん》様に遇ふまでは大ていあの山で修行したのです。
唯円　その頃《ころ》の事が思はれませうね。
親鸞　あの頃の事は忘れられないね。若々しい精進と憧憬《しょうけい》との間にまじめに一すぢに煩悶したのだからな。

（倉田百三『出家とその弟子』）

かなたにそびえる比叡山を、いま、親鸞と弟子唯円とは、ともにながめている。だから、「あの山」という語で表し得るのである。ところが、ここで話題にのぼった親鸞の修行時代のことは、唯円にとってはもっぱら相手（聞き手）に属することであるので、これを、「その頃」と表現したわけだ。これに対して親鸞は、その自分の修行時代のことは、すでに共通の話題となった以上、聞き手唯円も承知していると認めたので、「あの頃」という語で表しているのだ、と考えることができよう。こうして、右にあげたような語もまた、本質的には、やはり代名詞と同系列に属すべきものであると考えられるのである。つまり、「こ・そ・あ・ど」に、「の」という辞がついているわけなのだが、ただ口語では、文語と違って、「こ・そ・あ・ど」が単独で代名詞として用いられることがないので、これを二語に分けて考えることができず、「この」「その」「あの」「どの」で、それぞれ一語と考えなければならない。そうなると、これは、「主語になりうる」ものではなく、形容詞的修飾語としてのみ用いられる語として、他の代名詞から区別しなければならない。本書では、やはりこれを、連体詞として扱おうと思う。もっとも、たとえば、

年齢のいかんを問はず、或る人の階層制度の中に於ける位置は、その人が男か女かによつて変つて来る。日本の婦人はその夫の後に従つて歩き、社会的地位も夫より低い。（ルース・ベネディクト 長谷川松治 訳『菊と刀』）

のような場合、あとの方の「その」の「そ」には、さすもの（婦人）があるから代名詞であって、さきの方の「その人」の「その」は連体詞である、とする説もあるが、これは不徹底であって採用しにくい。

また、代名詞の本質を右のように考えてくると、「こんな」「そんな」「あんな」「どんな」、「こういう」「そういう」「ああいう」「どういう」、「こう」「そう」「ああ」「どう」、「これほど」「それほど」「あれほど」「どれほど」など、いずれもこの系列には

いるべき語だということになろう。ただ機能の面から見て、本書では、これを、それぞれ別の品詞に分属せしめることにする。その方が、一貫してわかりやすかろうと思うからである。これを、代名詞に入れるか、連体詞・副詞などに入れるかは、要するに、分類の基準をどちらにおくかの違いである。

	代名詞	連体詞	副詞
	わたくし　あなた……	ある　いわゆる　あらゆる　……	ゆっくり　もっと　やや　非常に　すこぶる　ついに……
コソアドの系列	これ　ここ　こっち	この　(こんな)　こういう	こう　これほど
	それ　そこ　そっち	その　(そんな)　そういう	そう　それほど
	あれ　あそこ　あっち	あの　(あんな)　ああいう	ああ　あれほど
	どれ　どこ　どっち	どの　(どんな)　どういう	どう　どれほど

しかし、いずれにせよ、この「こ・そ・あ・ど」が、単に語を受けるだけでなく、たとえば、

日本人は必ず精神力で物質力に勝つ、と叫んでゐた。なるほどアメリカは大国である、軍備もまさつてゐる。しかしそれがどうしたと言うのだ。そんなことは皆

はじめから予想されてゐたことであり、吾々は頭から問題にしてゐないのだ、と彼等は言つてゐた。（ルース・ベネディクト 長谷川松治訳『菊と刀』）

の、「それ」「そんな」のように、前の文全体を受けて、後の文の展開をはかるという意味で、非常に大切な働きを果たすものであることを忘れることができない。

体　言

以上に述べた名詞・（数詞）・代名詞をあわせて、「体言」と呼ぶことにする。体言の特質は、まず、活用しないこと、つぎに、主語になり得るということ、および「何々が何々だ」という形の、事物について述べる文の、述語「何々」になり得るということにある。ちなみに、体言の内容をもっと広くとって、「静か」「丁寧」「ほのか」など、普通に形容動詞の語幹と言われるもの、「あま」「ひろ」など形容詞の語幹と呼ばれるもの、「旅館」「駅長」などの漢語の接尾語、などをもこれに含めて考えようとする立場もある。これらは、主語にはなり得ないが、活用はせず、その性質は、たしかにいわゆる体言に近い。なかには、名詞との区別の立てにくいものもある。しかし、本書では、やはり一応、これらを体言のなかには入れないでおこうと思う。「体言的なもの」と呼ぶことにしたい。

(3) 動詞

活用する語

走る　聞く　近よる　旅立つ　そらとぼける　翁《おきな》さぶ
流れる　富む　似る　ある　関係づける　考察する　カーブする

これらの語のなかには、「走る」「近よる」のような、具体的な動作を表すものもあれば、「関係づける」「考察する」のような、やや抽象的な行動を表すものもあり、「流れる」のように、作用を示したり、「翁さぶ」「似る」のように、状態を示したりするものや、「ある」のように、存在を表すものなどもある。また、形の上からは、「旅立つ」「関係づける」「カーブする」のような複合語や、「そらとぼける」「翁さぶ」のように接頭語・接尾語を持ったものもある。このように意味や形はいろいろだが、われわれは、これらに一つのいちじるしい共通点のあることに気づくだろう。それは、同じ詞のなかでも、さきに述べた「体言」のようなものに対して、これらの語は、いずれも、場合に応じて語形変化をする、活用する、ものであるということである。

活用について

活用ということについては、さき（一〇九ページ）にもすこし触れたが、ここでいま一度くわしく考えてみることにする。たとえば、ここに「書か」「書き」「書く」「書け」という四つの語形がある。その場合、これを四つの別々の語と考えることも、できないことはない。しかし、これらの四つの語が表している事がら、すなわち「文字をしるす」ということには、どの場合にも変りがないのだから、これは根本は一つの語であって、それが場合に応じて違った形で用いられたもの、と考えることができる。では、一体どういう場合に形が変るかというと、「僕は手紙を書く。」「君も何か書け。」のように言い切りになる場合や、「彼は書かない。」「私が書き、彼が読む。」「彼が書けば……」のように、下の語に続いて行く場合であって、すなわち、切れるか続くかによって語形が変化するのであると、一応、形の上からは言える（一六一ページ参照）。ローマ字で kaka, kaki, kaku, kake, のように書いてみるとよくわかるように、これは要するに、語尾の母音が入れ代るわけなのだが、しかし、これらを単に、「切れ続き」による形式的な語形の異同、とだけ見ておくことはできないようである。「書く」という形には、そこで言い切るという話し手の気持ち、「書け」には、命令しつつ言い切る気持ち、「書き」には、そこでちょっと止める気持ち、がつけ加えられて表現されている。すなわち、それぞれの活用形というものには、概念化して表している事がらのほかに、それに対する、話し手の立場からの判断や情意、すなわち陳述が、同時に表現されていると考えないわけには行かない。「書け（ば）」「書か（ない）」のような形も、もちろん同じことで、この場合には、なお下に他の陳述を予想してはいるが、やはり、この「書け」「書か」にすでに一応の陳述が含まれていることは明らかである。いわば、kak-という部分が詞的な概念を表し、それに付加されるａｉｕｅなどの母音が、それぞれ辞的な陳述のはたらきをしているのだと言ってもいい。（そのあるものは、それだけで陳述が完成し、またあるものは、その下にくる助詞・助動詞などの辞といっしょになって、陳述が完成するのである。）こういう語形変化の系列を、**活用**と呼ぶのである。

活用ということを、右のように考えると、結局、活用する語というのは、つねにかならずしも辞のたすけを借りないで、それ自身で陳述の機能を持つところに、大きな特色があると言えよう。これらの語の機能としては、述語になり得るのはもちろん、「近よる人影」のように、形容詞的修飾語にも、「走れば追いつく」のように、副詞的修飾語にも、なり得る（この外にまた、「聞くは一時の恥」のように体言と同じ資格で用いられることもある）という点などをあげることができるが、そのなかで、もっとも特徴的なのは、「述語になり得る」という点である。もっとも、体言でも述語になり得ることは前述のとおりだが、その場合は、普通、「何々が何々だ」という形の文の述語「何々」になるのであって、別に「だ」というような「辞」を要する。それに対して、これらの語は、その活用形単独で述語になり得るのであって、これすなわち、右に言ったように、陳述が内に含まれているからに外ならない。つまり、これらの語は、さきにあげた四種の文のなかの、(2)「何々が、どうこうする」、(3)「何々が、ある」の述語、「どうこうする」「ある」などになり得るものである。

動詞の活用

右にあげたような活用する詞を、まず動詞と名づけておく。では、動詞と呼ばれる種類の語はいったい幾通りに語形が変るのかを、つぎに考えてみなければならない。

まず、そこで断定して言い切りになっている場合（たとえば「書く」）と、命令の意を含めた陳述で言い切っている場合（「書け」）とが、区別される。つぎに、後の語につづいていって、さらに何らかの陳述の加わることを予想している形には、後につづく語に応じて、いろいろの形が考えられる。たとえば、「ない」という辞がつづく際には「書か」という形をとって、「書かない」と言う。「ぬ」がつづくときも同じ形をとるわけである。つぎに、「ます」という辞がつづくときには、「書き」という形をとる。「つつ」「ながら」がつづくときも同じ形である。のみならず、他の活用する詞、たとえば「終る」というような語がつづくときも、この形をとるし、さらに、「僕があて名を書き、妹が切手をはる。」というように、そこでちょっとことばを切る場合にもこの形が現れる。つぎに今度は、「らしい・だろう・でしょう・まい・と・けれども・が・から・し・な・ので・のに・やら・か・ぞ・とも・ばかり・だけ」などの辞や、体言がつづく形は、いずれも「書く」であって、これは、さきの言い切りの場合と同じである。また、「ば」がつづくときの「書け」も、さきの命令の陳述を含んだものと同じ形になる。

なおこの外に、「た・て・ても・たり」という辞がつづく「書い」という形があるし、推量の陳述をする場合の形としては、「書こ」というのが考えられる。もともと、推量の陳述には、「書か」に「む」という辞が接したのだが、時代が下ると、その[mu]が[m]そして[n]に変化し、さらに[ɯ]という形に変って、「書かむ」＞「書かう」となった。この[kaka-ɯ]における[aɯ]の音が変化して遂に[o:]と、オの長音に発音されるようになったのである。それがいつごろからかは、はっきりわからないが、少なくとも室町時代の末期（十六世紀末）には、たしかに、こうなっていた。もっとも、この時代には、現在われわれが普通に発音する[o]よりはもうすこし口を開いて発音する[ɔ]のような音であったらしく、当時のローマ字書きでは、これをǒと書き、一方、[ou]や[eu]からきたオ列の長音（たとえば「思う《オモー》」「今日《キヨー》」など）はôと書いて、書き分けをしている。これを見てもわかるように、その間に区別があったのだが、近世にはいると、すでに現在と同じように[kako:]と発音されるようになって、今にいたっている。「歴史的仮名遣い」では、発音がこう変っても、文字の上ではやはり「書かう」と書き表していたから、それにのっとって文法上の活用形もまた、「う」がつづくものとして「書か」という形を考えたのだが、

「現代仮名遣い」では、これを「書こう」と表記するように決めた。これは、[kako:] の [ko:] という音を表すのに、かりに「こう」という仮名をあてたものに過ぎないのであって、「書コオ」としても「書コー」としてもよかったはずなのである。しかし、いずれにせよ、この「コー」という音のなかに辞の要素はすでに含まれているわけで、たまたまそれが、「お」や「ー」ではなく、「う」で表すことに決められた以上、この「う」がつづく場合の活用形として「書こ」という形を考えておいて差し支えないと思う。そこで結局、「書く」という語の活用形は、口語では、「書か・書き・書く・書け・書い・書こ」の六つあるということになる。

それならば、動詞ならどんな動詞でも、みな同じような語形変化をするかというと、もちろんそうではない。たとえば、「受ける」という動詞をとってみると、この語には、右の「う」という辞はつづかず、そのかわりに「よう」という辞がつづくことになっている。そして、これがつづくのは、「受け」という形である。そして、「書く」の場合には違う形がつづいた「ない・ます・た・まい・て・ても・たり・ながら・つつ」などが、この語の場合には、同じ「受け」の形につづくし、ちょっとことばを切る場合や、「とる」のような活用する詞につづいて行く場合にも、やはりこの形が用いられる。つぎに、言い切りの形は「受ける」で、「らしい・だろう・でしょう・と・けれども・が・し・な・ので・のに」以下の辞もこの同じ形につづくこと、「書く」の場合と同様である。さらに、「ば」がつづく形としては「受けれ」があり、命令の意を含めて言い切る形には「受け（よ）」があるから、結局この語は、「受け・受ける・受けれ・受け（よ）」の四つの活用形を持つことになる。同じようにして、「来る」「する」という動詞について、その語形変化を調べてみると、前者は、「こ・き・くる・くれ・こい」の五つ、後者は、「せ・し・する・すれ・しろ・せよ」の六つの形が考えられるという具合で、その様式には、実にさまざまなものがあることがわかる。こうして、すべての動詞について、そのどれとどれとが同じ型の語形変化をし、どれとどれとが違う型の語形変化をするかを調べて、全体を、活用形式の上からいくつかのグループに分けて整理することが必要になる。

六つの活用形

その際まず、活用形というものを、いくつ考えるかが問題だ。単に形の上から考えて、違った形だけをあげるという立場に立てば、ある動詞は六つ、ある動詞は五つ、あるいは四つというように、個々別々になる。ところが、一方また、「だろう」がつづく形、すなわち、「だろう」という辞による陳述を予想する形と、「けれど」がつづく（を予想する）形とは、外見上は同じ「受ける」という形であっても、そこに含まれている陳述は違っている――つまり違った機能をもった語形であるというふうに考えて、そういう、機能の違うものを全部別々の活用形としてあげるとなると、これは、とても十や二十ではすまないことになるだろう。いずれにしても、そういう違った活用グループどうしの相互関係を簡単に見分けることが、はなはだ困難になるのであって、そこにどうしても一つの基準を立てておく必要があるわけである。

　現在普通に、動詞の活用形として六つの形を考えるが、実はこれには大した理由があるわけではない。文語文法において、もっとも多様に語形変化をする動詞を考えると「死ぬ」「去《い》ぬ」という語があって、これが、

死な　（「ず・む・ば」などがつづく形）

死に　（活用する詞や、「き・たり・て」などがつづき、また、ちょっと言い止める形）

死ぬ　（言い切る形。「べし・らし・とも・な」などがつづく形）

死ぬる　（体言や、「が・に・を・か・ぞ」等々がつづく形）

死ぬれ　（「ば・ど・ども」がつづく形）

死ね　（命令して言い切る形）

という六つの違った形をとる。そこで、このもっとも多様なものを基準にして、ほかのより簡単なものは、これに合わせて形式を整えたというまでのことである。だから、たとえば文語の「書く」という動詞は、言い切るときや、「べし・らし・とも・な」などがつづくときの形も、体言や、「が・に・を・か・ぞ」などがつづくときの形も、同じ「書く」という形だが、「死ぬ」という動詞の場合にそろえて、さきの「書く」と、後の「書く」とを、二つ別の活用形として考えることになっている。さきの「書く」は、「死ぬ」に対応し、後の「書く」は、「死ぬる」に対応する機能を持つ活用形と考えるわけである。「ば・ど・ども」がつづく「書け」という形と、命令の陳述を含む「書け」とも同じ形だが、これまた、一つは「死ぬれ」に対応するもの、他は「死ね」に対応するものとして、別の活用形と考える。もっとも、この二つの「書け」は、今から少なくとも約千二百年前まで、すなわち奈良時代までは、事実、別の音をもつ形であった。それが具体的にどう違っていたかは、もう一つはっきりしないが、後者の「書け」の「け」の音は今と同じ発音［ke］であるのに対して、前者の「書け」の「け」は、［kë］か、［kɛ］か、［kwe］か、［kæ］か、［kəi］か、［kje］か、いずれにしろ少々変った母音をもったものであったことが、当時の仮名（万葉仮名）の遣いようから、わかっている。同じことは、「読め」などの「め」、「言へ」などの「へ」についても明らかになっている。だから、これら二つを区別して考えることは、奈良時代の文法としてはもちろん必要なことであるし、また、異なる機能をもつ活用形は、もし同じ形のものでも、それぞれ別にあげる、という立場をとるならば、この間に発音の区別のなくなった平安時代以後でも、両者を別の活用形とすることは、むしろ当然なことと言うべきだろう。ただ後の立場を徹底させるとすると、同じ「書け」でも、「ど」がつづく場合、「ば」がつづく場合、「こそ」の結びとなって言い切る場合を、（命令の陳述を含む「書け」と区別するように）、それぞれ別の活用形とすべきはずなのである。これをただ二つにだけ区別している点は、実を言えば不徹底な、便宜的な方法だと言わなければならない。現に活用研究の歴史の上で忘れてはならない、鈴木朖の『活語断続譜』という書物には、たとえば「飽く」という語について、はじめ、

	一等	二等	三等	四等	五等	六等	七等	八等
飽	ク	ク	ク	キ	ケ	ケ	カ	カ

の八つの活用形をあげ、のち、八等のカを七等のカと合わせてはいるが、それでもなお、七つの活用形を考えている。現在のものより一つ多いのは、言い切る形（一等）と、「べし・らん」などがつづく形（三等）とを分けているからであり、八つあったのは、さらに「ば・む・ず」がつづく形（七等）と、「しむ・す」がつづく形（八等）とを、区別してあげていたからである。しかし、七つにしても八つにしても、不徹底

基本形	kak-u	言いおさめる
中止形	kak-i	言い止める
連体形	kak-u	体言がつづく
丁寧形	kak-i	「ます」がつづく
否定形	kak-a	「ない」がつづく
完了形	kai	「た」がつづく
接続形	kai	「て」がつづく
推想形	kak-u	「らしい」がつづく
想像形	kak-u	「だろう」がつづく
仮説形	kak-u	「なら」がつづく
仮定条件形	kak-e	「ば」がつづく
確定条件形	kak-u	「ので」がつづく
志向形	kak-o:	
命令形	kak-e	

という点では五十歩百歩であって、陳述の違いに応じて活用形を立てるとすれば、たとえば口語では、「書く」という動詞を例にとると、の十四種類ぐらいが必要になって、それぞれ左側に記したように名づけられるべきことになり、また文語では、「死ぬ」を例にとると、

基本形	sin-u	言いおさめる
中止形	sin-i	言い止める
連体形	sin-uru	体言がつづく
否定形	sin-a	「ず」がつづく
完了形	sin-i	「たり」がつづく
過去形	sin-i	「き・けり」がつづく
推想形	sin-u	「べし・めり・まじ・らし」がつづく
想像形	sin-u	「らむ」がつづく
仮定条件形	sin-a	「ば」がつづく
確定条件形	sin-ure	「ば・ども」がつづく
仮想形	sin-a	「まし」がつづく
意志形	sin-a	「まじ」がつづく
命令形	sin-e	

の十三種類ぐらいが必要になって、それぞれ左側のように名づけられるべきことにな

るかと思われる。この排列の順序は、各活用形に含まれる陳述の質の違いや、その相互関係を考慮して立てたものであるが、その説明は長くなるから、今は省略する。（くわしくは、拙稿「日本語の活用」―講座「現代国語学」Ⅱ所収を参照されたい。）そして、これは一つの試案にすぎないのであるから、ここでは一応、従来の考え方に従って、六つの活用形を考えることにしておこう。

活用形の名称

さて、六つの活用形を考えるとして、その一つ一つをどういう名で呼ぶかが、つぎの問題である。右のように一等、二等……でもいいし、第一活用、第二活用……でもいいわけではあるが、「交響曲第六番作品六十八」などと言うよりは、「田園」と言った方がわかりやすく、「前奏曲変ニ調作品二十八ノ十五」よりは、「雨滴《あまだれ》の曲」の方が合点がいきやすいように、これもまた何かその特徴を表す名前をつけるのが便利である。現在、普通には、未然形・連用形・終止形・連体形・仮定形（文語では已然《いぜん》形）・命令形と呼んでいるが、これは大体、義門の命名した、将然言・連用言・截断《せつだん》言・連体言・已然言・希求《けぐ》言というのに従っているのである。この外にも、続詞段（連用形にあたる）、断止段（終止形にあたる）、続言段（連体形にあたる）とか、続用言、絶定言（終止形にあたる）、続体言、既然言など、いろいろ名づけた人があったが、いずれにしろ、これは、ある活用形の持つ一つの機能をもって代表的に名づけたものだから、名が、かならずしも実を表していない場合も、少なくはない。「死な」という形を未然形というのは、文語でこれが、「む・ば・ばや」がつづいて、未だ起こっていない事態を推量したり、仮定したり、希望したりするような陳述をなすことがあるからだが、同じ形はまた、「ず」という辞がつづいて、否定判断の陳述をする場合もあるわけで、もしその点を主とすれば「否定形」と言ってもいいことになる。ことに口語では、これはもっぱら「ない」がつづく形であって、「ば」がつづいて文語のように仮定を表すことはないのだから、未然形よりは否定形と呼ぶ方が、むしろふさわしい。「死に」「死ぬる」を連用形・連体形と言うのも、活用する詞（用言）に連なるとか、体言に連なるとかいう意味で名づけているが、前者が、中止した言い方になったり、後者にいろいろの辞が連なったりする点を表してはいない。また、「死ぬ」を終止形と呼ぶのも、「べし」「めり」などの辞がつづく場合は不適当な名称だし、「死ぬる」「死ぬれ」なども、上に特殊な辞（「ぞ・なん・や・か・こそ」）があると、これに呼応して文の「言い切り」に使われることもあるのだから、第二終止形、第三終止形と呼んでもいい場合があることになる。「死ぬれ」を已然形（「已」は「既」に同じ）と呼ぶのは、「ば・ど・ども」などの辞がつづいて、已に起こった事態を条件として述べる形であるからだが、中世ごろから、こういう言い方はだんだん少なくなって（同じ意味は、「死ぬるほどに」「死ぬるによって」、また、「死ぬけれども」などという言い方で表されるようになる）、現代の口語では、これに相当する形と考えられる「死ね」に「ば」がつづくと、もっぱら、ある事態を仮定するとこうなる、という場合の言い方になってしまったので、口語では、これを仮定形と呼ぶわけである。命令形と呼ばれる形も、かならずしも命令する場合のみではなく、「信ずるものに幸いあれ。」のように、希望を表したり（古く「希求言《けぐ》」と呼ばれたゆえんである）、「行きたければ行け。」のように、放任する意味を表したりもする。要するに活用形の名というのは、たとえてみれば、P大学前でもあり、Q区役所前でもあり、R神社前でもあるところの一つの電車の停留所を、かりに「P大学前」と名づけておくようなものなのだ。だから、たとえば、ある辞が、動詞の「終止形につづく」ということは、一度言い切りの陳述をした後に、さらにその辞の陳述をつけ加えるということではなくて、この辞による陳述を予想する形が、「言い切りの陳述をする場合の形と同じ形である」ということを表すにほかならない。他の活用形についても、もちろん事情は同じことである。

つぎに、この六つの活用形の並べ方である。これまた古くは、いろいろな順序を考えた人があるが、現在は普通、右（二〇三ページ）にあげたような順に並べられている。これは、活用語尾が五十音図の順に一致する場合が多く、また終止形をはさんで、連用と連体、未然と已然が対称的に並んでいて、便利な方法だと思われる。そこで、たとえば、「見る」「起く」（文語）という動詞の活用表は、次のように示されることになる。

（未然形）	（連用形）	（終止形）	（連体形）	（已然形）	（命令形）
み	み	みる	みる	みれ	み（よ）
おき	おき	おく	おくる	おくれ	おき（よ）

動詞活用の種類

さて、動詞の語形変化には、二つの大きな原則のあることが考えられる。一つは、

「書く」という動詞に見られたように、語尾の母音の転換によるものであり、いま一つは、たとえば右の「見る」という語の場合のように、変化しない「み」という部分に、「る」や、「れ」をあとに添え加える方法によるものである。(「みよ」の「よ」は、元来一つの辞であって、活用形の一部と考える必要はあるまい)。そうして、「起く」という語の活用のようなものは、この両原則を併用したものと考えることができる。その場合、六つの活用形に一貫して変らない部分、たとえば右の「おく」で言えば、「お」という部分を、**語幹**と呼び、「き・く・くる・くれ」のように変化する部分を、**語尾**と呼ぶ。ローマ字書きすれば、ok- が語幹、-i -u -uru -ure が語尾だと言えるのだが、仮名書きでは、こういう区別はできないから、右のように考えておくわけである。そして普通、活用表には、この活用語尾だけを示す。もっとも、「みる」のような語は、ローマ字書きすればともかく、仮名書きであるかぎりは、未然・連用両形には、語幹と語尾の区別がつかないから、全語形を活用表に出さざるを得ないことになる。なにしろ数多い動詞のことだからその活用語尾にはいろいろあるが、しかし、一つの動詞は、(「る」「れ」という添加される要素を一応別にして考えると)、かならず五十音図の一つの行のなかだけで活用する、――すなわちたとえば「行く」の語尾変化はカキクケコというカ行の範囲内にかぎられている、というのが、動詞活用のいちじるしい特徴である。そこで、これを、つぎのように、転換する母音の部分だけについて、統一的に示すことができるわけである。まず文語では、次ページの表のようになる。すべての動詞の活用は、この九種類のどれかの型に属することになる。普通これを、第一種活用・第二種活用などとは呼ばずに、五十音図の何段にわたって活用するかによって、つぎのように名づけている。まず、(1)(2)(3)は、いずれもａｉｕｅの四段に活用し、(4)(5)は、ｉｕｅあるいはｉｕｏの三段に、(6)(7)は、ｉｕあるいはｕｅの二段に、(8)(9)は、ｉあるいはｅの一段に、それぞれ活用するから、これを四段活用、三段活用、二段活用、一段活用と呼べばいいわけである。ただそのなかに、また型の違いがあるから、それを区別するために、ａｉｕｅｏの五段のなかのｕを基準として、それより上の、ｉ段だけで活用する(8)のようなものを上一段活用、下の、ｅ段だけで活用する(9)のようなものを下一段活用、と呼びわける。同じ理屈で、(6)は上二段活用、(7)は下二段活用ということになる。ところが、(1)から(5)までの四段ないし三段活用は、上下で区別するわけには行かない。そこで、同じ四段活用のなかで、(2)および(3)は、(1)に比してすこし違っている（(2)は終止形が、(3)は連体・已然両形が）という意味で、特

語幹例／語尾	(1)	(2)	(3)	(4)	(5)	(6)	(7)	(8)	(9)
語幹例	書 (kak-)	有 (ar-)	死 (sin-)	為 (s-)	来 (k-)	起 (ok-)	受 (uk-)	着 (k-)	蹴 (k-)
未然形	-a	-a	-a	-e	-o	-i	-e	-i	-e
連用形	-i	-i	-i	-i	-i	-i	-e	-i	-e
終止形	-u	-i	-u	-u	-u	-u	-u	-iru	-eru
連体形	-u	-u	-uru	-uru	-uru	-uru	-uru	-iru	-eru
已然形	-e	-e	-ure	-ure	-ure	-ure	-ure	-ire	-ere
命令形	-e	-e	-e	-e(yo)	-o(yo)	-i(yo)	-e(yo)	-i(yo)	-e(yo)
転換する母音	a i u e	a i u e	a i u e	i u e	i u o	i u	u e	i	e
活用の種類	四段	ラ行変格	ナ行変格	サ行変格	カ行変格	上二段	下二段	上一段	下一段

に変格活用と名づける。(2)に属するのは「有り」「居り」「侍り」「いまそがり」という ラ行に活用する四つの動詞だけ、(3)に属するのは「死ぬ」「去《い》ぬ」というナ行に活用する二つの動詞だけだから、それぞれ、ラ行変格活用、ナ行変格活用と呼ぶのである。同じようにして、(4)に属するのは「為《す》」という動詞（および、これと複合してできた動詞）だけ、(5)に属するのは「来《く》」という動詞だけだから、サ行三段活用・カ行三段活用と呼べばよいわけで、現にそう呼ぶ人もあるが、普通は、(4)が、(7)にくらべて連用形がすこし違い、(5)が、(6)にくらべて未然形・命令形がすこし違っているところから、サ行変格活用、カ行変格活用と呼んでいる。

(9)に属する動詞は「蹴《け》る」一語だけ、(8)に属する動詞も、さほど多くはないから、ある動詞の未然形（「ず」「む」がつづく形）の語尾の母音が、aかiかeかさえわかれば、大体、それがどういう種類の活用をするかは、右の表によって見当がつくことになる。なおそのほか、この表をながめていると、動詞の活用相互の間に、いろいろ面白い関係のあることがわかる。たとえば四段に活用するものは、いずれも未然形の語尾がaで、命令形の語尾がeであり、それ以外のものは、命令形が未然形と同じ形であるかわりに、「よ」が添えられる、とか、下一・二段活用以外は、連用形の語尾がみなiであるとか、「る」「れ」の添わるのは、みな母音uをもつ形であるとか、そのほか、いろいろ考えられよう。

さて、前の表で、あらゆる動詞の、あらゆる活用形が尽くされているかというと、実はそうではない。たとえば、「死ぬ」という動詞が「て」「たり」などの辞がつづく際に、ときによると、「死ん」という形をとる場合もあった。こういう現象は四段に活用する動詞にかぎって起こるのであって、その連用形に、右のような辞や他の動詞がつづく場合、時に応じて起こる一種の音の転化であった。これを**音便**と呼ぶが、これにも、いろいろあって、「書きて」＞「書いて」、「仰ぎて」＞「仰いで」、「放して」＞「放いて」、(「ござります」＞「ございます」)のように、「き」「ぎ」「し」(り)が「い」になるもの(**イ音便**と言う)、「問ひて」＞「問うて」、「揉《も》みて」＞「揉うで」、「及びて」＞「及うで」のように、「ひ」「み」「び」が「う」になるもの(**ウ音便**と言う)、「摘《つ》みたり」＞「摘んだり」、「飛びて」＞「飛んで」、「成りぬ」＞「成んぬ」、「死にて」＞「死んで」、(「あるめり」＞「あんめり」)のように、「み」「び」「り」「に」(る)が撥《は》ねる音になるもの(**撥音便**と言う)、「持ちて」＞「持って」、「従ひて」＞「従って」、「よりて」＞「よって」、(「行《い》きて」＞「行《い》って」)のように、

「ち」「ひ」「り（き）」がつまる音になるもの（促音便と言う）などがあり、また、その盛んになった時期も、イ音便・ウ音便など早いものは平安時代初期、促音便など遅いものは平安末期から中世にはいって、という具合に、いろいろになっている。いわゆる文語の文法というものを考えるとき、こういう形（音便形）を考慮することは、もちろん必要なことだろう。しかしこれは、いわば発音の都合上から音が変っただけのものなのであって、普通の連用形を用いても、この音便形を用いても、その機能の上に相違があったとは思えない。だから、特にこれを一つ別の活用形とはしないで、連用形の一種（一変形）と見なしておいてよかろうと思われる。

ところが、時代が下るにつれて、かえって、この音便形の使われる場合が多くなってきて、遂に現代の口語では、「て」「た」などの辞がつづくときは、「書いて」「行った」のように、かならずこの、もとの音便形にあたる形が用いられるようになり、「つつ」「ます」などがつづく場合の「書き」とは、はっきり区別されるようになってしまった。つまり、語形の違いが、それが含む陳述の違いに応じるものになったのだから、口語動詞の活用を考えるときには、これらを、二つの別の活用形と認めるのが本当であろう。ただしかし、文語の場合と同様に、口語でも、こういう活用形が区別されるのは、ある種の活用をする動詞にかぎられている。したがって、もしこれを二つに分けるとすれば、全体の統一という点からいって、他の、こういう語形の区別のない（つまり、同じ「起き」という形で「て」でも「ます」でもつづくような）動詞にまで、わざわざ活用形を一つふやさなくてはならなくなってくる。そうしてはいけないという理由はどこにもないが、一応、六つの活用形を考えることになっている文語文法との連関をたもつという点からいっても、やはりこの二つを一まとめにして、連用形と考えておいてもよいのではないかと思われる。語形の違うものを一つの活用形にまとめて考えるというのは、「する」の未然形や命令形の場合にも起こってくることである（し（ない）・しろ、せ（ぬ）・せよ）。

あい似たことは、「書こう」の「書こ」という形についても言われる。これが発音の変化によって生じてきた形であることは、さきに述べたとおりであって、その結果、「ない」などがつづく場合の「書か」とは別の形になったのだから、その点、右の音便形と事情はよく似ている。ただ音便の場合は、古くから発音どおりに仮名で書き表す習慣になっていたが、「書こう」の場合は、敗戦まで、歴史的仮名遣いで、実際には［kako:］と発音しながら文字は「書かう」と書くようにきめられていた。それを、現代仮名遣いでは、もうすこし発音に近く「書こう」と表記することにしたのだから、「書い」という活用形を認めるならば、同じく「書こ」という活用形を認めるのが当然だということになろう。すでに賀茂真淵も『語意考』という書物に、「ゆかん・ゆき・ゆく・ゆけ・ゆこ」という活用をあげている例がある。ただこれも、ある種の動詞に「う」がつづく場合にだけ、特に区別して認める必要のある形なのであって、他の種類の動詞では、未然形と呼ばれる一つの形で、「ない」や「よう」（これは「う」と等価値の辞と考える）がつづくのだから、右に、音便形を連用形の一種と考えたのと同じ理由で、これまた、未然形の一種と考えてよいのではないか、ということになる。いまはこの立場に従っておきたいと思うが、しかし、これを別の活用形として立てることも、さきに述べたとおり理由のあることで、そうするなら、これこそ未然形の名にふさわしく、それに対して、「書か」のような形は、否定形と呼ぶのが適当なことになるだろう。ただ、そうした場合には、かならず、同時にもとの音便形をも区別すべきであって、一方だけ認めて他を認めないというのは、理屈にあわないことになる。

以上のような立場で口語の動詞の活用をまとめると、次ページのようになる。

⑴の連用形に、-xとしたのは、もとの音便形にあたるもので、動詞によって、kai(書いて)、ton(飛んで)、kat(買って)のように、いろんな形で現れてくるものを示す。しかもこれは、単に語尾の母音だけの問題ではないから一応別にして、転換する母音だけについて考えると、⑴の活用は、a i u e o の五段にわたるのだから、これを五段活用と呼んでもよいはずである。ただしかし、この種の動詞にかぎって現われる-xは、-iと一まとめに考え、「う」がつづく場合の-oは、-aと一つにまとめて考えるという立場からは、むしろこれを、四段活用と呼ぶのが適当だろう。これらを別の活用形とするならば、当然、五段活用と呼ばれなければならない。ところで、「有る」という動詞もこの⑴に属すると思われるが、ただこれには、「有らない」「有らぬ」という言い方がないので、未然形に-aという形を認めることができないのである。四段活用と呼んでおけば問題はないが、五段活用と呼ぶなら、この「有る」は、やはり変格活用としなければならなくなるだろう。つぎに、⑵⑶は三段活用だが、文語にならって、サ行変格活用・カ行変格活用と名づける。⑷⑸の上一段・下一段活用はもはや説明の必要があるまい。サ行変格に属する動詞は「する」(および、これの複合したもの)、カ行変格に属する動詞は「来る」だけだから、文語の場合と同様、未然形(「な

	語幹／例	未然形（否定形）	連用形	終止形	連体形	仮定形	命令形	転換する母音	活用の種類
(1)	書 (kak-)	-a -o	-i -x	-u	-u	-e	-e	a・i・u・e（o）	四段（五段）
(2)	為 (s-)	-i -e	-i	-uru	-uru	-ure	-i(ro) -e(yo)	i u e	サ行変格
(3)	来 (k-)	-o	-i	-uru	-uru	-ure	-o(i)	i u o	カ行変格
(4)	起 (ok-)	-i	-i	-iru	-iru	-ire	-i (ro) (yo)	i	上一段
(5)	受 (uk-)	-e	-e	-eru	-eru	-ere	-e (ro) (yo)	e	下一段

い」がつづく形）さえわかれば、ほぼそれがどんな種類の活用をする動詞かは、この表で見当がつくわけである。そのほか、この表をながめていると、文語の場合と同様に、いろいろ面白いことに気づく。まず、口語の動詞は終止形と連体形がみな同形であることがわかる。だから、文語との連関さえ考慮しなければ、終止・連体の二つの形を一つに合わせてしまうことも考えられよう。つぎに、四段活用以外は命令形と未

然形がすべて同形であり（2）のように未然形に-i -eの二つがあれば、命令形もまた-i -eの二つがある）、かつそれらには、いずれも「ろ」「よ」「い」などが添わること、これは、文語の場合と思いあわせて、未然・命令両形の密接な関係を思わせるものである。

この五種類で口語動詞の活用は尽くされているのであって、文語動詞の場合に九種類あったのに比べると、随分簡単になっている。これは中世から近世にかけて、日本語に大きな変動が起こった結果なのだ。まず平安時代の末から、言い切りの場合に、終止形でなくて連体形を用いることがさかんになって、とうとう連体形が終止形にとって代ってしまうことになった。その結果、室町時代の終りごろには、「有」という動詞は「-a -i -u -u -e -e」と活用することになって、四段活用と同じになってしまった。いったい、われわれの心理には、少数の変則的な言い方を、多数の規則的な言い方になるべく引きつけて行こうとする、潜在意識的なものがいつも働いている。これを類推作用と呼ぶが、右の場合にも、もっとも数の多い四段活用動詞への類推もあったことは確かだろう。一方、「死ぬ」も、鎌倉時代ごろから、次第に四段活用への類推で、連体形が終止形と同じ-uになり、さらに已然形（仮定形）が-eとなって、近世後期に、関東の方からだんだんこれが一般的になってきて、現代にいたっている。こうして、文語のラ変・ナ変の両活用は、口語ではすべて四段活用になってしまった。

つぎに上二段・下二段の両活用は、終止形が連体形に同化された結果、まず、

-i	-i	-uru	-uru	-ure	-iyo
-e	-e	-uru	-uru	-ure	-eyo

と活用することになり、さらに一段活用への類推と、もっともしばしば現れる未然・連用・命令形の語幹を他の活用形にも一貫させようとの意識がはたらいて、結局それぞれ上一段・下一段の活用に一致してしまった。この、二段に活用した動詞を一段に活用させるということは、平安時代の末からぼつぼつ現れ（「閉ぢる」「替へる」などいう例が見える）、関東では、すでに中世に一般に行われていたと思われるが、保守的な京都では、これを俗な言い方と考えて、近世後期にも、なお標準的な言い方ではなかったようだ。しかし現在は、九州などにこの古い形が残っているだけで、一般には一段に活用することになってしまったこと、言うまでもない。なお、文語で下一段活用であった「蹴る」という動詞は、今は四段に活用する傾向が強くなっている。以上をまとめて示せば、

〔文語〕	〔口語〕
(1)四段	四段(1)
(2)ラ行変格	四段(1)
(3)ナ行変格	四段(1)
(9)下一段	四段(1)
(4)サ行変格	サ行変格(2)
(5)カ行変格	カ行変格(3)
(6)上二段	上一段(4)
(8)上一段	上一段(4)
(7)下二段	下一段(5)

ということになる。

右に述べたことに関連して、活用の行の問題がある。たとえば、「絶ゆ」という語は、文語では、「え・え・ゆ・ゆる・ゆれ・えよ」と活用するので、ヤ行下二段の活用と考えたが、口語では、「え・え・える・える・えれ・えろ/えよ」という活用だから、ア行の下一段と考えておけばいいことになる。このほか、さきに「書こう」の問題ですこし触れたように、中世から近世にかけて発音の面でも変動が起こり、その結果、中世の終りまでには、かつては区別のあったワ行の、ゐ［wi］、ゑ［we］、を［wo］の音が、ア行の、い［i］、え［e］、お［o］の音と同じになってしまった。さらに、近世にはいると、それまで区別のあったダ行のぢ［dʒi］、づ［dzu］の音も、ザ行の

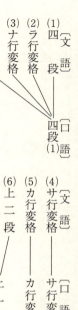

じ［ʒi］、ず［zu］の音と一つになってしまって現代にいたっているので、口語では、動詞活用の行が、文語とは変ってくることになる。すなわち、文語では、たとえば「植う」「据う」は、

ゑ　ゑ　う　うる　うれ　ゑよ

と活用するワ行下二段活用であり、「用ゐる」「率ゐる」は、

ゐ　ゐ　ゐる　ゐる　ゐれ　ゐよ

というワ行上一段活用だったが、口語では、それぞれ、

え　え　える　える　えれ　えよ　えろ

い　い　いる　いる　いれ　いよ　いろ

というア行の活用になっているし、「恥づ」「閉づ」なども、文語では、

ぢ　ぢ　づ　づる　づれ　ぢよ

というダ行上二段活用だったが、口語では、

じ　じ　じる　じる　じれ　じよ　じろ

と、ザ行に活用することになる。これらでは、活用の行が変っても、「五十音図の同一行に活用する」という原則は変っていないわけだが、いちばん大きな問題は、つぎ

のハ行、ワ行の混同という事実にあるだろう。

だいたい、ハ行の音は、平安時代ごろまでは、すべてファ［Φa］フィ［Φi］フ［Φɯ］フェ［Φe］フォ［Φo］というふうに発音された。この［Φ］の音は、英語などの［f］の音とは違い、両唇摩擦音《りょうしん》、すなわち上下のくちびるを、すこしつぼめつつ軽く合わせて発音する音であったのだが、これが語頭に出てくる場合は別として、語中や語末に出てくる場合には、そのくちびるのつぼめ方がだんだん緩くなって、とうとう［wa］［wi］［ɯ］［we］［wo］のように発音されることになった。この傾向は、随分早くから見えているが、一般化したのは平安末期からで、その結果、語中語尾の「は・ひ・ふ・へ・ほ」の音は、「わ・ゐ・う・ゑ・を」の音と同じになってしまい、文字には「かは（河）」「思はず」というように書いても、実際は「カワ」「思ワズ」と発音することになった。これに、さらに前述のワ行・ア行の混同がからみあって、結局、中世には、語中語尾のハ行とワ行とア行の音——くわしく言うと、「は・わ」、「ひ・ゐ・い」、「ふ・う」、「へ・ゑ・え」、「ほ・を・お」の仮名が語中・語尾に出てくると、それぞれ同じ音に発音されることになって、現在にいたっている。すなわち、現在では、それぞれ、わ［wa］、い［i］、う［ɯ］、え［e］、お［o］という音になっているわけである。（なお、語頭のハ行音は、中世まで［Φ］の子音を保っていたが、近世になって、今と同じ［h］の音になった。）そこで、たとえば「耐ふ」のように、文語では「へ・へ・ふ・ふる・ふれ・へよ」と、ハ行に活用した動詞が、口語では「え・え・える・える・えれ・えよ/ろ」と、ア行に活用することになって、かつては区別のあった「絶える」の活用と同じになったのはもちろんのこと、「思ふ」のように、「は・ひ・ふ・ふ・へ・へ」とハ行の四段に活用したものが、口語では、「わ・い・う・う・え・え・お」と五十音図のワ行とア行との二行にわたって活用するような形になる。そこでこれをアワ行四段（または五段）活用と呼ぶ人があるのだが、こうなると、もはや「動詞は五十音図の一行に活用する」という原則は、あてはまらなくなったように思われよう。

いかにも五十音図というものを現在のままの形で考えるかぎり、こう言わざるを得ない道理である。しかしながら、そもそも五十音図というのは、平安時代に梵語《ぼんご》学の知識を応用して、その当時にあったかぎりの音節を、母音（横の行）と子音（縦の行）との関係から組織立てて、一つの図表にしたてたものである。だから、さきに述べた［ke］と［kë］の区別などは、これが作成された時代にはすでになくなっていたから、図表の中には現れていないし、また、理屈の上から言えば、ヤ行の第二段に[ji]、ワ行の第三段に[wu]の音があるはずだが、これもわが国には実際には存在しなかった音韻だから、やはり図に現れてはいない（ブランクにするかわりに、ア行のイ・ウの文字が当てはめてある）。だから、この図表のできた時代のことばを基準にしている文語の文法を考えるには、この図表はまさに適当なものなのだが、その後、音の上に大きな変動の起こった結果生まれてきた現代の口語を考えるためには、現代語の音韻組織に即した新しい五十音図というものが考えられていいはずである。前述のように、平安時代にあったワ行の「ゐ・ゑ・を」の音は、現代ではすべて「い・え・お」と同じ音になってしまっているのであり、「ゐ」「ゑ」という文字は不要になってしまった（「を」も、本当はいらないはずだが、現代仮名遣いでは、助詞の「を」を示すときにだけこれを残している）から、現代の五十音図のワ行は、当然、「わ・い・う・え・お（を）」というように改訂されなければならないはずである。こうすれば、右の「思う」「買う」などの活用は、ワ行四段活用と呼んでいいことになり、「動詞は五十音図の一行に活用する」という原則は、口語の場合にも依然保たれることになる。

自動詞と他動詞

文語と口語とで、動詞の活用は右のように違ってきたが、そのほか、同じ文語のなかでも、時代によって、「恐る、忘る、垂る、分く、埋む」(四段と下二段)、「忍ぶ、生く、帯ぶ、学ぶ、恨む」(四段と上二段)のように、同じ意味を表しながら違った活用をする動詞があり、口語でも「足る」と「足りる」、「飽く」と「飽きる」のように、意味は同じで活用の違ったものがある。この場合は、「足る」「飽く」という四段活用の方が古いのだが、この方は、今では関西で主として使われることになり、関東ではもっぱら「足りる」「飽きる」という上一段活用が使われている。やがては関西も、この方に同化されてしまうかも知れない。「借る」と「借りる」も同じ関係で、関東で「借りた」というところを、関西では四段活用だから、音便形で「借った」と言う。「カッテキタ」というと、関東では「買ってきた」の意味になるので(この方は関西では「買《こ》うてきた」と言う)、関西人が標準語を使うと、いったい金を出したのか出さなかったのか、少々面倒なことにもなりかねない。「犯す」「訳す」「解す」なども、だんだんサ行変格よりは四段に活用させる場合の方が多くなってきている。

こういう活用の違いは、また、いわゆる他動詞と自動詞、すなわちその作用が他に影響を及ぼして行く意味を表すものと、他に影響を及ぼさない意味を表すものとの、対立に応じることがある。たとえば、「並ぶ」「付く」「裂く」「届く」などは、他動詞の場合には下二段（口語では下一段）に活用し、自動詞の場合は四段に活用する。かと思うと、「欠く」「砕く」「抜く」「折る」などは、逆に四段活用の場合が他動詞で、下二段（口語は下一段）の場合が自動詞になっている。「生く」も、下二段（口語は下一段）活用する場合と上二段（口語は上一段）活用する場合とで、他動詞・自動詞がわかれてくる。もっとも、このように活用の違うのもあれば、また、「あの子はよく笑う」（自）、「人の失敗を笑う」（他）の「笑う」や、「門をひらく」（他）、「花がひらく」（自）の「ひらく」、「給料を増す」（他）、「人口が増す」（自）の「増す」のように、他動詞と自動詞とで、まったく同じ活用をするものもあって、まことにさまざまである。

この自動詞と他動詞との対立ということに関連して、つぎのようなことが考えられる。

生む　とどむ　始む　曲ぐ　定む　変ふ　終ふ　（他動詞）
生まる　とどまる　始まる　曲がる　定まる　変はる　終はる　（自動詞）

文語におけるこれらの対立を見ると、いずれも、他動詞に「る」という接尾語が添わったものが自動詞、という関係になっている。また、

驚く　照る　迷ふ　聞く　絶ゆ　燃ゆ　過ぐ　（自動詞）
驚かす　照らす　迷はす　聞かす　絶やす　燃やす　過ごす　（他動詞）

これらを見ると、今度は、自動詞に「す」という接尾語が添わったものが他動詞、という関係になっている。だいたい、この「る」「す」という接尾語が付いて自動詞と他動詞がわかれてくることは、

起こる　直る　残る　足る　倒る　のがる　崩る　（自動詞）
起こす　直す　残す　足す　倒す　のがす　崩す　（他動詞）

などの対立を見てもわかる。

そして、たとえば右の「生まる」について言えば、これはもちろん自動詞だが、そもそもわれわれがこの世に生まれてきたのは、親によって「生まれ」た結果なのであって、つまり、この「生まる」というのは、元来は、そういう、他から動作をこうむる受動の意味と、自動詞的な意味とを、同時に持ったような言い方であったと思われる。「遠ざかる」の「さかる」も同じことである。「さく」というのは、「天の原ふりさけ見れば」の「さく」であり、「裂く」「割く」「避く」の「さく」、すなわち「離す」ことであって、「さかれ」た結果が「さかる（離れる）」という自動詞になるわけだ。こういう、自分でそうする意味と、他からそうされる意味とをあわせ持ったような形を、細江逸記博士が、ギリシア語の文法などで説かれる「中相」（middle voice）というものに当てはめて考えられているのは、非常に興味ふかい。そうして、一種の受身ではあるが、何によってそうさせられるのかがわからず、「自然にそうなる」というのが、「泣かる」「偲《しの》ばる」のような、いわゆる自発の言い方であり、自然にそうなるということはまた、そうする能力をそなえているということでもあって、ここから可能の意味にもなり、さらに、ある人の動作を直接的に表現せずに、「……の能力がある」というように婉曲《えんきょく》に言うと、敬意をもった表現、すなわち「敬語」

（三一〇ページ参照）にもなってくるのである、と考えることができよう。

一方また、他からある動作をこうむるということは、逆に言えば、他にそういう動作をすることをゆるす――もっと積極的に言えば、他にそういう動作をさせておく――ことであろう。たとえば、散髪にいって髪を「刈られる」というのは、いわば髪を「刈らせる」ことである。中世の軍記物に、「敵に内兜《うちかぶと》を射させて」などと言うのは、「射られ」たことを、武士詞《ことば》で、わざとこんなふうに強がって表現したものである。能動の言い方と、受動の言い方との、密接な関係を考えることができよう。「母が子に乳を飲ませる」ということは、もしそれによって困惑する母の立場から言えば、「母が子に乳を飲まれる」ということにもなる。右に述べた中相というのは、元来、ある動作の結果が、他に向かわずに行為者自身にもどってくる（反照する）という言い方なのであって、ここから、一方では自動詞や受動の言い方が分化して行き、また他方では、他動ないしは能動の言い方とも関係してくるのだ、と考えられる。

　ところで、右の「る・らる・す・さす」（文語）「れる・られる・せる・させる」（口語）や、「しむ」などは、従来、助動詞、すなわち辞であると考えられてきた。（もっとも、「生まる」「照らす」などは、それで一語であって、「る」「す」は接尾語

と説いている)。しかしながら、たとえば、

賊捕らへらる。〔文語〕

子供でも読まれるような本はありませんか。〔口語〕

私は先生の御在世中のことが偲《しの》ばれてなりません。〔口語〕

帝、義朝を御前に召さる。〔文語〕

Aさんはもう出かけられました。〔口語〕

母が姉に弟の服を着せさせる。〔口語〕

君も御物語せさせ給ふ。〔文語〕

人を喜ばしむ。〔文語〕

などの傍点の語を、はたして辞と考えることができるだろうか。辞というのは、前述のように、客体に対する話し手の立場の直接的な表現である。「京には見えぬ鳥なり」の「なり」、「彼は行くだろう」の「だろう」などは、「京には見えぬ鳥」「彼は行く」という客体的な事がらに対して、話し手が、断定したり推定を下したりして、これを包みこむかたちで陳述をつけ加えているのだから、まさに辞であったわけである。ところが、右の「捕らへらる」の「らる」、「着せさせる」の「させる」などは、決し

て、これで話し手の、事がらに対する立場を表明しているものとは考えられない。いずれも、「賊」とか「母」とかいう、話し手以外のものについての事がらを述べているのであって、この「らる」や、「させる」が、「賊が捕らへ」とか「母が姉に弟の服を着せ」とかを総括しているとは考えられない。たとえば、「賊（が）捕らへらる」というときは、「賊（が）捕らはる」と同じく、もちろん賊が被害者であるが、これから「らる」をはぶいて「賊（が）捕らふ」となると、今度は賊が加害者になって、事がらそのものが変ってしまう。これに対して、「賊が捕らへむ」という場合には、これから「む」をはぶいても、賊が加害者であるという事がら自体に変りはない、というわけである。ここに「む」のような辞と、「らる」や「さす」のような語との違いがある。

ただ、「私には先生御在世中のことがしきりに偲《しの》ばれる」というような場合、「れる」が、私すなわち話し手の立場の表現であるようにも見えよう。しかしこの場合は、「偲ばれる」の主語は「先生御在世中のこと」であり、「れる」は、そういう客体化された事がらについての表現であると見なければならない。また、「帝、義朝を御前に召さる」「君も御物語せさせ給ふ」「Aさんはもう出かけられました」の、「る」「さす」「られる」は、たしかに話し手の敬意に基づいての表現ではあるが、しかし、これを、「久しくなり侍りぬ」「承り候」の「侍り」「候」や、口語の「ます」「です」などが、話し手の敬意の直接的表現であるのにくらべると、違った点のあることがわかる。すなわち、これはやはり、帝や君やAさんに関する事がらの表現であって、「おぼす」「おはす」「いらっしゃる」などという語と同様に、「呼ぶ」「する」「出かける」という第三者の動作を、敬意に基づいて特殊なとらえ方をした上での、客体的表現であると考えなければならない（この点については、三二〇ページ以下の「敬語について」参照）。要するに、右の「捕らへらる」「読まれる」「偲ばれる」「召さる」「出かけられる」「着せさせる」「せさす」「喜ばしむ」のような、客体的な事がらについての表現は、いずれも、これ全体で「詞」——すなわち、受動・可能・自発・他動の意味を持った動詞である、と考えるべきであろう。それはちょうど、「捕らはる」（文語）「読める」「着せる」（口語）などが一つの動詞であるのと同じである。したがってまた、右の「る・らる・す・さす」（文語）「れる・られる・せる・させる」（口語）は、「生まる」「照らす」の「る」「す」などと同様に、接尾語であって、主体の立場を表す「辞」というものからは、除外して考えるのが適当だろうと思われる。これらが従来、いわゆる助動詞と同じ範疇《はんちゅう》に入れられながら、しかも少々性質の違うものであることは、山田博士も、橋本博士も注意されていた。それが、この時枝博士の考え方によって、明快に解決されることになったのである。なお、このことについては、二九七ページ以下にふたたび説く。

形式動詞と「あり」(「ある」)

つぎに、たとえば、

百聞一見に如《し》かず。

知りもしないでえらそうに言うな。

滄《そう》海変じて桑田《そうでん》となる。

湯がつめたくなる。

ひたいに手をあてて念じ入りてをり。

花が咲いている。

の、「如《し》く」「する」「なる」「をり」「いる」などは、動詞ではあるが、その意味内容は非常に広く、したがって希薄になってしまって、いつも、なにか補足、あるいは限定する語を必要とする。さきに形式名詞というものを考えたように、これらを形式動詞と呼んでおく。

「理由は言いかねる。」「本を読みさして、寝てしまう。」「車が走りだす。」「写真機を買いたがる。」の、「かねる」「さす」「だす」「たがる」なども、これらに比べるとちょっと似た点があるが、形式動詞は、意味内容が抽象的で漠然《ばくぜん》とはしていても、やはり一つの動詞と考えられるのに対して、右の「かねる」以下は、上の語と複合して一語になってしまっているのだから、「補助動詞」もしくは接尾語と考えた方が適当だろう。（一四三ページ参照）

最後に、「あり」「ある」という語は、普通、動詞に入れてはいるが、なんらかの具体的な動作や作用を表すものではなく、ただ存在するということを表現するだけのものである。それで、山田博士は、特にこれを「存在詞」と名づけて、動詞とは別にしている。さらに、これが、

人の心こそうたてあるものはあれ。（『源氏物語』葵）

戸が開けてある。

の、「あり」「ある」のようなものになると、進んで、ほとんど陳述を主に表現する、

辞的な性質の強いものになっている。これなども、いわば詞と辞との中間的な性格の語と言えようか。「花が咲いている」の「いる」なども、似た点がある。

(4) 形容詞

形容詞と動詞の違い

強し　怪し　ほの白し〔文語〕　貧しい　ばからしい　待ち遠しい〔口語〕

これらの語のなかには、「強し」「やさしい」のような事物の性質を表すものもあれば、「怪し」「貧しい」のような状態を表すものもある。(もっとも、性質と状態とは厳密に区別できないことが多い)。また、形の上から言うと、「ばからしい」「ほの白し」のように接尾語や接頭語を持つものもあれば、「待ち遠しい」のように二語の複合によってできているものもある。しかし、これらを通じて、われわれは、一つの共通点を認めることができる。これらが、いずれも詞であり、かつ活用するということである。しからば、これも動詞の一種であるかというと、そうは簡単に決められない。

まず意味の上から言って、右に述べた動詞と、これらの語との間には、いくらか違いがあろう。すなわち山田博士は、動詞が、事物の性質や状態が推移的、流動的のものとして意識内に描かれたものを表した語であるのに対して、これらは、静止的、固定的な、時間的推移に関しないものとして心の内に描かれた、性質状態を表す語である、とする。言われる意味は、たとえば、ここに赤い柿《かき》の実があるとき、これを、「柿の実が赤い。」と言えば、それはただ柿の実が現実に赤い状態にあるということを、静止的に考えて表したものであるのに対して、もしこれを、「柿の実が赤らむ。」と言ったときの「赤らむ」には、それが赤くなかった状態から推移してだんだん「赤い」状態になっていくという、時間的な移り変りが意識されているということである。客観的には同じ「赤い」という性質や状態が、話し手にとって、固定的なものと意識して表現されるか、流動的なものと意識して表現されるかの違いが、両者の間にある。後者が動詞と呼ばれるに対して、前者のようなものがいわゆる**形容詞**である、というのが山田博士の考え方だ。これは興味ふかい考え方ではあるが、しかし、かならずしもこれだけでは解決がつかないように思われる。たとえば、「あり（ある）」というのは、右の点からは、動詞と考えにくい点もある。かといって、形容詞だとも言いにくい。そこで、山田博士は、前述のように、特にこれを存在詞と呼んだ。また、「彼はよくできる」の「できる」とか、「猿に似ている」の「似る」とかいうのは、どうだろうか。成績がよいという状態、似ているという状態を、静止的に表していると考えられるのであって、「貧しい」などと同じ性質の語のように思える。しかし、普通これを形容詞には入れていない。なにか他の面からも、この種の語と、動詞との違いが考えられないものだろうか。

形容詞の活用

右にあげた「強し」以下の語は、さきに言ったように、語形変化をする。たとえば、文語の「強し」という語は、

強く（「ば・とも」がつづいて仮定条件を表す。「て・して」がつづく。「力強く、顔いかめし。」のように中止法になる。「強く押す。」のように副詞的修飾語として活用語がつづく。）

強し（言い切りになる。「や」などがつづく。）

強き（体言がつづいて形容詞的修飾語になる。「が・を・に・か・ぞ」がつづく。上に「ぞ・なむ・や・か」などの辞があるとき、それを受けて文の言い切り

になる。）

強けれ　（「ば・ど・ども」がつづいて既定の条件を表す。上に「こそ」がきたとき、これを受けて文の言い切りになる。）

の四つの語形をとる。また、「怪し」という語も、右と同じ語がつづく際に、「怪しく」「怪し」「怪しき」「怪しけれ」という、同じく四つの語形をとる。これは、もちろん単なる語形の異同ではなく、それぞれが、みずからのなかに陳述を含むと考えられることは、動詞の場合と同様だ。つまり、形容詞もまた、詞辞の両方にまたがる語というべきである。

さて、これらの語の活用表を作成するとすれば、四つの活用形だけを考えたら十分なわけだが、普通は、これを、動詞の六つの活用形に当てはめて考えることになっている。だから、その名称も動詞の場合と同じものを用いる。ただし、動詞の場合と少々違うのは、たとえば動詞には、「ば」「ず」「む」などの辞がつづく形として未然形というものを考えた。ところが、形容詞には、「ず」「む」などが直接に接続する言い方がなく、また、動詞の「未然形＋ば」に相当する仮定条件を表す言い方は、形容詞では、「強くは《ワ》」であって、「強くば」ではなかった。これは、係助詞「は」が形容詞の連用形「強く」に接したものと解される。そうすると、形容詞には特に未然形というものを認める必要がないことになる。近世になって、これが、動詞の場合に類推して「強くば」のように読まれるようになったので、未然形「強く」を認める考え方が行われたことがあるが、それはむしろ、後世の誤解によるものである。本来、「強く」は連用形としてだけ認めておけばよいので、形容詞の活用形には、未然形を立てる必要がない。（なお、接続助詞の「ば」と係助詞の「ば」とは、本来ふかい関係がある。このことについては、のちに三三四ページに述べるところを参照されたい。）また、形容詞には、命令して言い切る形はないのだから、命令形という活用形もブランクになる。ところが、今もし、「強し」という語で表されるような性質を、推量的に、あるいは否定的に、あるいはまた回想的に述べようとすれば、どうすればよいか。右に言ったように、この四つの活用形では、どれも、「む」「べし」「けり」「ず」といった辞はつづかない。そこで、これを補うために、いわゆる存在詞「あり」が用いられる。つまり、連用形「強く」に、この「あり」の接合した形に、これらの辞がつづくことになる。この「強くあり」(tuyoku-ari) という形は、複合の結果「強く」の語尾の母音uがおちて、「強かり」(tuyokari) という形で用いられることが多い。この「あり」が介入してくるというのは、静止的、固定的な性質状態を表す形容詞の性格から見て、右のような陳述をする際に、この語を添えて「……という状態で存在する」というように、継続的な状態として表現する必要があったためかと考えられるが、また一面、この「あり」は、前述のように、よほど辞的な性格の強いものになっていると も考えられる。活用語というのは、みずからのなかに辞の要素を含んでいることは、さきに述べたとおりだが、この、「強かり」における「あり」には、そういう辞的な要素になっていると考え得る面もあるだろう。いずれにせよ、これは、一つの語として扱うべきものと思われる。

この「強かり」は、「あり」と同じく、

強から（「ず・む・じ・まし・で・なむ」などがつづく。）
強かり（「き・けり・ぬ・つ・けむ」などがつづく。）
強かり（「強し」と同じ機能をもつ。）
強かる（「べし・まじ・らむ・めり・らし・なり」などがつづく。）
強かれ（「強けれ」と同じ機能をもつ。）
強かれ（命令の意味で言い切る。）

と、活用するが、これらは、いわば、さきに述べた四つの活用形では果たし得なかった機能を補うために生まれてきた活用形なのだから、これをさきの「強く・強し・強き・強けれ」という活用形に合わせたものを、「強し」という形容詞の活用と考えておいていいことになる。つまり、動詞の未然形にあたる形として「強から」、連用形にあたる形として「強く」「強かり」の二つ、連体形にあたる形として「強き」「強かる」の二つを、考えておくのである。もっとも、右のように補助的なものだから、「強かり（終止形）」「強かれ」のように、「強し」「強けれ」と全く同じ機能を果たす活用形は、必要がないので、ほとんど用いられることがない。なお、同様に、「怪し」については、「怪しから・怪しかり・怪しかる・怪しかれ」という補助活用が考えられるわけである。

さて、活用表を作ることになると、動詞の場合同様、語幹・語尾の区別が問題だ。「強し」の場合は、「強《つよ》」を語幹、「く・し・き・けれ」を語尾と考えて問題ないが、「怪し」のようなものは、「怪し」という部分が共通なのだから、これを語幹と考えることができそうである。たとえば「さ」という接尾語が、「強」という語幹について「強さ」という名詞を造るように、現に、この「怪し」について「怪しさ」という名詞を造るところからも、こう認めてよさそうである。ところが、もしこの「怪し」を語幹にすると、活用語尾は「く・○・き・けれ」となって、終止形の語尾がゼロになる。これは異例であって、他との統一という面から見て少々困ることになる。そこで、たとえば動詞「見る」においては、未然・連用形に、語幹語尾の区別のない「み」という形をそのまま活用表に出したように、この場合も、語幹は「怪《あや》」、語尾は「しく・し・しき・しけれ」と見ることにする。すなわち、

	語幹例 ＼ 語尾	未然形	連用形	終止形	連体形	已然形	命令形	活用の種類
(1)	強 (tuyo-)	-kara	-ku -kari	-si (-kari)	-ki -karu	-kere (-kare)	-kare	ク活用
(2)	怪 (aya-)	-sikara	-siku -sikari	-si (-sikari)	-siki -sikaru	-sikere (-sikare)	-sikare	シク活用

動詞には活用の種類が九種あったのに対して、これらの、形容詞と呼ばれる語の活用の様式は、すべて右の二種類のいずれかになる。両者を区別する特徴的な点は、(2)

の語尾に「し」という要素がはいることにあるから、連用形の活用語尾をもって⑴をク活用、⑵をシク活用と呼び分ける。

さて、この活用表を、動詞の活用表にくらべると、非常に大きな相違点のあることがわかる。それは、動詞がすべて五十音図の一行に活用したのに対して、これらの語の活用語尾は、カ行・サ行の二行（「強かり」「怪しかり」というラ行の活用をも考えれば三行）にわたって活用するということである。この活用原則の相違こそ、両者を分つ、もっとも特徴的なものであって、つまり、形容詞というのは、詞であって、五十音図の二行以上にわたって活用する語を言うと、ひとまず定義していいことになるだろう。

もっとも、右の活用表にあげたもので、形容詞の全活用形が尽くされているわけではない。動詞の場合と同様、形容詞にも、ときに音便形の用いられることがあった。その種類としては、「怪しく」＞「怪しう」のように、連用形の語尾の「く」が「う」になるウ音便、「強き（人）」＞「強い（人）」のように、連体形の語尾の「き」が「い」になるイ音便などがあるが、やはり発音の都合による変形に過ぎないから、この扱い方は、動詞の場合と同じでよいと思われる。

ところが、中世ごろから、連体形にはかえってこの「イ音便形」が用いられることがだんだん多くなり、そして、連体形が終止形を同化する現象は形容詞にもやはり起こって、結局、終止形にもまた、このイ音便形が現れるようになって、現在にいたっている。また、「ございます」がつづく場合には、「強うございます」のように、ウ音便が用いられる。さらに、連用形に「は」を添えて仮定条件を示す言い方は次第になくなり、同じ意味は、従来の已然形にあたる形に「ば」が接して表されることになって、已然形は仮定形と呼ばれることになる。一方、補助活用の方も、未然形に「強から（む）」＞「強から（う）」＞「強かろ（う）」という変遷があり、連用形すなわち「た」という辞がつづく形は、もっぱら促音便形「強かっ（た）」が用いられるにいたったほか、従来からあまり用いられなかった終止・已然・命令形はもちろん、連体形も用いられなくなって（連体形は、従来主として推量を表す辞が連なる形だったが、その意味は「強い」に「ようだ」「だろう」を加えて表すことになったからである）、結局、口語形容詞は、

強く（「て・ても」などの辞がつづく。「ある・ない」などの辞がつづくか活用する詞がつづく。中止法になる。）

（強う）（「ございます」がつづく時しばしば現れる。）

強　い　（言い切り。「らしい・けれども・が・のに・か・ぞ」等々がつづく。体言がつづく。）

強けれ　（「ば」がつづく。）

強かろ　（「う」がつづく。）

強かっ　（「た・たり」がつづく。）

の五つ（ないし六つ）に語形変化することになったから、これを、やはり六つの活用形に当てはめて活用表を作ると、

語幹例＼語尾	未然形	連用形	終止形	連体形	仮定形	命令形
強 (tuyo-) / 怪し (ayasi-)	-karo	-kat / -ku / -x	-i	-i	-kere	

-xは「強う」「怪しゅう」のような、音便形の語尾を示す。

という簡単なものになる。文語ではシク活用を区別したが、口語では「怪し」までを語幹と考えていいことになったので、もはや二種の活用形式の区別は不必要になり、

あらゆる形容詞は右のように活用することになった。しかしながら、五十音図の二行(ア行とカ行)にわたって活用することは文語と変りないわけで、やはりこれが、動詞と形容詞とを区別する特徴的な点であると言える。

形容詞の機能

このようにして、要するに、形容詞というものを、動詞と区別して考えなければならない。ただ形容詞が、やはり活用する語であるということ――つまり、みずからのうちに辞の要素を含み、単独で述語になり得る語であることに、変りはない。動詞が、さきの四種の文のなかの(2)「何々がどうする」(3)「何々がある」の述語になり得るものであったのに対して、形容詞は、(4)「何々がどんなだ」の述語「どんなだ」になり得るものだと言えよう。そしてまた、この単独で述語になるという点が、英語などの形容詞(adjective)と大いに違う点である。すなわち、"*cold* war"と「冷たい戦争」のように、形容詞的修飾語になることは両者共通だが、前者は、"It is *cold*"のように"is"という語の助けを借りなければ述語になれないのに対して、日本語の形容詞は、「今日は寒い」のように辞の助けを借りずに述語になることができるのである。

形容詞はすべて形容詞的修飾語になり得るが、逆に、形容詞的修飾語はすべて形容詞だということにはならないこと、もちろんである。また、その連用形はすべて副詞的修飾語になり得るし（それで、これを副詞形とも呼ぶ）、さらに文語では、「強きをくじき、弱きをたすく。」のように、連体形が体言と同じ資格で用いられることがある。これは、いわば体言（右の例で言えば「者」）の省略された形で、口語では「の」という語が必要になる。

なお、「強くない」という場合の「ない」は、ちょうど前述の存在詞「ある」の裏返しになったものと言える。すなわち、「ここに本はない」の「ない」のように、具体的な性質や状態を表すのでなく、ただ非存在という概念だけを表現する段階から、さらに進んで、ほとんど否定的陳述を主に表す、辞的なものになったのだと考えられる。これまた、詞・辞の中間に位するものとして、「ある」とともに、少々別にして考えるべきものだろう。しかし、いずれにせよこれは、やはり連用形につづくものと見てよいだろうと思う。

形容詞の語幹と語尾

最後に、形容詞の語幹だが、これは、動詞の語幹などにくらべて、よほど独立的であると言える。それは、たとえば「気短」（名詞の下について名詞をつくっている）、「浅瀬」「遠のく」「甘ずっぱい」（名詞・動詞・形容詞の上についている）、「深さ」「深み」（接尾語と合して名詞をつくっている）、「うすうす」（二つ重なって副詞になっている）、「ながのいとま」（「の」という辞を伴って形容詞的修飾語になっている）、などを見ても考えられることである。「あなおもしろ」「おおさむ」のような言い方は、文の終止に使われているように見えるので、ことにこの感がふかい。ただしかし、この言い方が、右のような「表出文」にかぎられていることには注意すべきだろう。「（景色）面白し。」「（今日は）寒い。」というような理性的な判断文とは違って、この「おもしろ」「さむ」などは、何かに対して述語格に立つ語ではないのである。独立語格に立つもの、あるいはむしろ、感動詞すなわち辞に近いものだと言えよう。少なくもこれは、決して判断を表す辞によっては包まれていないもの、と見なければならない。

ともあれ、動詞の場合に比して、形容詞の語幹は、語尾と遊離的に意識されることはたしかであって、

しろし　しどけなし　いまはし　めづらし　つゆけし　かごとがまし

みだりがはし　いまめかし　﨟《らう》たし〔以上文語〕　あかい　大人しい
切ない　いやらしい　おしつけがましい　ながたらしい　脂っこい
塩っぽい　あくどい

などの傍点の部分が接尾語であることを考えるのは、わりあいに容易である。ただ、このなかの、「ない」や「らし」「らしい」は、辞の「ない」（私は行かない。）や、「らし」（富はかたより行くらし。）、「らしい」（彼も行くらしい。）と区別しなくてはならない。後者は、主体の否定や推量を表しているのである。また、「彼も行きたいだろう」において、「だろう」と推量するのは話し手自身だが、「たい」と希望するのは、話し手ではなく、彼すなわち第三者についての表現だから、これまた辞ではなく、詞すなわち「行きたい」という形容詞の接尾語、と考えるべきものである。文語の「たし」や「まほし」も、「汝都に帰りたくば」「中将見まほしうせられければ」などの例があるように、やはり客体的なものの表現であって、希望の意味を表す接尾語と考える方が適当だということになる。これに関連して、「落花雪の如し。」などの「如し」だが、これまた客体的なもの（たとえば落花）の状態を表しているのだから詞と考えなければならない。とすれば、さきの形式動詞のように、概念内容が非常に希薄で、つねに修飾限定する語を必要とする形式形容詞とでも考えるか、あるいは、いっそ形容詞を構成する接尾詞と考えてしまってもよいのではないかと思われる。ただ、「勝敗すでに決せるもののごとし。」の「ごとし」などには、辞的な性格が強いと思われる。

もっとも、以上に述べたように、形容詞は活用する語なのだから、みずからのなかに辞の要素を含んでいると、考えなければならない。そうすると、右のうち、「し」「い」が、たとえばその判断を表す辞であって、この花はあか[い]のように考えるべきかというと(永野賢氏「言語過程説における形容詞の取り扱いについて」『国語学』第六輯)、これには問題があろうと思う。いまは、やはり動詞の場合と同様、「面白し」「あかい」という詞のなかに辞の要素が含まれている、すなわち[あかい]と考えておきたいと思う。「い」には、客体的なものと主体的なものとが融合していると考えるのである。

(5) 形容動詞

形容動詞を肯定する立場

静かなり　堂々たり〔文語〕

にぎやかだ　盛んだ　いやだ〔口語〕

まず、これらは、一つの単語であるのか、それとも二つの単語であるのかが問題である。もし「宝なり」「書物だ」のように、詞と辞との結合であるとすれば、これらは一つの文節であって、単語として扱うことはできなくなるわけだ。従来、常識的には、つぎのように考えられてきた。すなわち、(a)「宝」や「書物」のような語は、名詞であるから、「が・の・を」などの辞をつけて、「宝を求む」「書物が少ない。」というように言えるし、ことに、主語になることができる。これに対して、右の「静か・にぎやか・盛ん・いや」などは「静かが……」「にぎやかの……」「盛んを……」などという言い方はないし、主語になることもできない。つまり、これらは名詞として考えられる語ではない。(b)つぎに、「宝」や「書物」は、名詞であるから、「いみじき」「珍しい」などの形容詞的修飾語をとって、「こはいみじき宝なり。」「これは珍しい書物だ。」のように言える。しかるに、「静か」や「にぎやか」は、こういう形容詞的修飾語をとって、「海はいみじき静かなり。」「ここは珍しいにぎやかだ。」のようには言えない。しかも、かえって「海はいみじく静かなり。」「ここは珍しくにぎやかだ。」のように、副詞的修飾語をとることができる。これは、「静かなり」「にぎやかだ」が、すでに一つの活用する語になっている証拠である。もっとも、副詞的修飾語をとったり、「が・の・を」などがつかなかったりするというのは、この「静か」「にぎやか」がそれ自身一つの副詞であるからではないか、と考えられるかもしれない。しかしこれは、「はるかに」「つくづくと」が、「はるかへだたって」「つくづくながめる」のように、ときに「に」や「と」をつけずに用いられることがあるのと違って、「静か」「にぎやか」という形で用いられることはないのだから、これだけを副詞と考えることはできない。かならず、「静かだ」「にぎやかだ」の形で考えられなければならないのである。こう考えて、これらの語を特に**形容動詞**と呼ぶことにしている。

一応もっともな議論のように見えようが、要するにこれは、「静か」「にぎやか」などが、それだけでは名詞のような単独の用法を持たない語だ、というところに論拠を置いたものである。ところが実際は、これらの語にも、

かりそめの住まひ　まれの細道　単純の美　堂々の陣容　過分の要求

のように、「の」という辞がつづく場合や、

簡素を好む。派手がお望みでしたら……　彼の親切が忘れられない。正直は美徳です。

のように、いわゆる名詞と区別しにくい場合がたくさんある。ことに、

鼓角の音の今しづか。　凪は静か、波もおだやか。　ええ、私は達者。

これは本当にきれいね。

のように述語に用いられる例は、さきの形容詞の場合にくらべてさらに一般的でもあり、独立性のつよいことを思わせる。これらは特殊な場合であるとして、簡単にすませておくわけには行かないものがあるだろう。

形容動詞を否定する論

一般に、われわれの普通の言語意識として、この「静か」「にぎやか」というようなものは、「親切」「達者」「きれい」などとともに、明らかに一語として考えられ、辞書にもそのような形で載せられている。これは文法を扱う上の重要な根拠であると

して、時枝博士は、これを一つの単語として認めようとする。また、単独で用いられるか否かということは大した根拠にはならないわけで、そう言い出せば、「行か」のような形も、辞を伴わずに単独で用いられることはないのだから単語でない、ということになりかねない。ただ、さきのような点で名詞とは区別しなければならないから、これを「体言」とよんでいる。（時枝博士の体言というのは、「活用しない詞」の意味であって、一般に名詞・数詞・代名詞を総称するいわゆる体言よりは少し範囲が広いことは前述した。）これらの語が体言的であることは明らかであって、金田一京助博士のように「準名詞」の名をもって呼ぼうとする人もある。おそらく、これらの語のなかの、「か」（しずか）「らか」（あきらか）「やか」（はなやか）などの要素（接尾語）が、そういう性格を与えるものだろうと思われる。また、「親切」「きれい」「堂々」のような漢語が体言的であることは、現在でも「キャッチする」「アウフヘーベンする」のように、外来語が体言的な資格で採り入れられることを見てもわかるだろう。結局、右のような語は、体言的なのではあるが、ただそれは、一つの性質・状態を形容的に表すのであって（だから山田博士はこれを「情態の副詞」と考えている）、そういう属性をもった実体そのものを表すのではない。「宝」とか「書物」とかのように、実体視された事がらを表す語は、「が・の・を」のような辞を伴うことができ、主語、すなわち話の主題になることもできるのだが、それに対して、「静か」「にぎやか」のような語には、こういう辞がつかず、ことに主語になることができないというのは、要するに、右のような性格の違いによるものであると思われる。そしてまた、前述のように、これらの語は、連体修飾語をとらず、かえって連用修飾語をとるというのも、まったく同じ事情に基づくものと考えられる。つまり、「いみじく」という連用修飾語は、「静かだ」にかかるのではなく、「静か」という、状態を形容的に表す語の意味を修飾しているものと考えられるのである。

以上のようにして、「静か」「堂々」「盛ん」「にぎやか」「親切」「きれい」などを、一つの単語（広義の体言）と認めるとすれば、その下についている「なり」「たり」「だ」などは、当然、話し手の判断を表現している辞と考えられることになろう。こうして、いわゆる形容動詞というものは、詞と辞とに分割解消されてしまう。たしかに、「彼は勉強家だ。」「彼は勤勉だ。」という二つの文を並べたとき、その「だ」が、話し手の断定を表しているということは、両者に共通して感じられよう。だから、右は、そういうわれわれの素直な意識に即するとり扱い方として、適切なものである。

さきに述べた考え方が、もっぱら、ことばの現象面をそのままに整理し、説明しようとするのに対して、これは、むしろその背後にある意識を追求しようとするのであって、そういう考え方の違いが、ここに現れているわけである。（参考・水谷静夫氏「形容動詞弁」『国語と国文学』昭和二六年五月号）

やはり認めておきたい

この考え方によると、たとえば、

(a) 大切なのは健康だ。
(b) 彼は非常に健康だ。

この二つの「健康だ」は、まったく同じように、「健康」という詞に「だ」という辞が添わっている、と理解されることになる。ところが、これまたわれわれの素直な意識において、この二つの「健康だ」を、まったく同じ表現だとは感じないことも、事実だろう。「だ」が陳述を表現していることはたしかだが、ただその陳述のしかたが少々違っている。これは、前述のように、(a)の「健康」は実体そのものを表し、(b)のそれは性質・状態を形容的に表していることと関連するのだが、これを、単なる意味の違いとしてすましておくべきかどうか。そういう内容の違いが、たとえば主語にはなり得ないというような、機能の上の違いとしても現象面にも現れてきた場合に、これを文法上のとり扱い方において区別することもまた、許されていいのではないかと思われる。

さて、さきに「静か」「にぎやか」のような語は、ある性質・状態を、実体化しないで表現したものだと言った。もちろん性質・状態でも、「白さ」「静けさ」のように言えば実体化して表現することができるのだが、右のようなものは、そういう方法による概念化はほどこさずに、ただ形容的に表現したものである。そこで、実在の性質・状態の表現となるためには、これらに、さらに「(そういう状態に)ある」という、存在を表す語(詞)がつけ加わる必要があるのだが、その存在を表す詞は、実は、「だ」のなかにとけこんでしまっていて、切りはなして考えることができなくなっていると見ることができる。それは、ちょうど、形容詞「白し」「赤い」において、「白」「赤」のようなものがいくら体言的であることを認めても、これを「白」「赤」という詞と、「し」「い」という断定を表す辞とに分解してしまうことができなかったのと同様である。この「し」「い」や「だ」に、辞の要素の含まれていることは認め得ても、これらはまた、同時に客体的な状態をも表現しているものであると考えられるから、全体を辞としてしまうことは躊躇される次第なのである。

いったい、こういう表現は、元来、「静かに」「堂々と」のような性質・状態を形容的に表す副詞的な語に、「あり」という語がついた、「静かにあり」「堂々とあり」のようなものが転じてできたものだ。静かにあり＞静かなり（sidukani-ari ＞ sidukanari）、堂々とあり＞堂々たり（dōdōto-ari ＞ dōdōtari）。この点、さきに形容詞の補助活用として説いた「美しかり」と同じ事情だと考えられるのである。ことに漢語には、実に豊富に状態を表す語があるが、これを採り入れて国語にするために、もっぱらこの方法が行われた。それらが今日までも残っていて、いわゆる形容動詞には、語幹に漢語を持ったものが多いのである。ところで、「あり」というのは、前述のように、元来は存在を表す「詞」だが、その表す属性の概念が非常に希薄になって、なにか実質を表す語の添えられることが必要になり、さらに進んでは、ただ陳述を表すだけの、「辞」的な性格のものとなる場合があった。右の「あり」は、ちょうどその中間的なものではないかと思われる。つまり、まだ純粋に陳述だけを表すものにはなり切っていないで、「静かに」という語に対しては、そうした状態にあることを表現する形式動詞としての働きをも、保っている。そういう「あり」の要素が、「静かなり」の「なり」には含まれているのであろう、と考えられるのである。口語の形容動詞、たとえば「静かだ」は、「静かにてあり＞静かである＞静かでぁ＞静かだ」のような経過をたどって生まれてきたものだが、その「だ」には、やはり右の「なり」と同じ性格が考えられよう。ただ、右のような事情だから、たとえば「彼女は美人だ」「形は四角だ」のように、「美人」「四角」を、実体を表す名詞であると考えるか、属性の形容であると考えるかに従って、「だ」が純粋の辞であるか、ないしは「美人だ」「四角だ」が、一つに融合した形で性質・状態を表すと同時に、主体的な判断をも表現していると考えられなければならないかが、わかれてくるものが相当にある。そういう中間に揺れ動くものがあるというのが、むしろ、この種の表現の本性をよく表していると思われる。もしこれをすべて[詞][だ]の形で処理するならば、同時に形容詞もまたすべて[詞][い]の形で処理するのが当然だということになるだろう。（参考、春日和男氏『存在詞に関する研究』）

なぜ形容動詞という品詞を立てるか

以上、要するに、「静かなり」「にぎやかだ」というようなものは、やはり、一つの単語と認めておきたいと思う。したがって、その「なり・だ」は、動詞・形容詞の場合と同様に、接尾語であって、同時に辞の要素をも含むものであり、

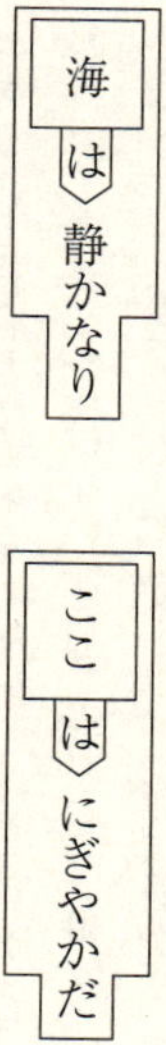

のように図示されるのであって、

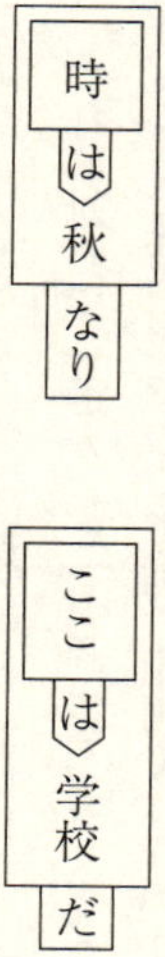

とは、区別して考えた方がよいと思われる。

さて、「静かなり」「堂々たり」というような一つの語を考えた場合、これが、ある性質・状態を表現するものであることは以上述べたとおりだが、その活用を考えてみると、

静かなら　静かなり　静かなり　静かなる　静かなれ　静かなれ

堂々たら　堂々たり　堂々たり　堂々たる　堂々たれ　堂々たれ

となる。これは、ラ行変格の動詞とまったく同じことで、この点からは、この種の語も動詞の一種と認められそうである。ところが、吉沢博士や橋本博士によって、つぎのようなことが明らかにされた。すなわち——

動詞の連用形は一般に中止形として用いられるけれども、右のような語には、その用法がない。つまり、「海は静かなり、波は穏やかなり。」のようには言えない。ところが、それに対して「静かに」「堂々と」というような形を考えることができる。もっとも、これは活用形でなくて別の副詞ではないか、と疑ってみなければならないが、「誠に」「ついに」あるいは「しみじみと」「ふと」などの副詞とくらべてみると、後者は、「あり」と複合して「ついなり」「しみじみたり」などの語を形づくって活用語になるというようなことはないから、これと、「静かに」「堂々と」などとは、やはり別に考えてよいものである。そうして、「海は静かに（にて、にして）、波は穏やかなり。」、「態度堂々として、声量また豊かなり。」などにおける「静かに」「堂々と」という用法は、形容詞の連用形が、「丈高く、色黒し。」のように中止形に用いられるのとまったく同一だから、これを一つの活用形（中止形）と認めてよい。また、「静かに読む。」「堂々と論ず。」のように、副詞的修飾語として用いられるのも、形容詞の連用形が「美しく咲く。」のように副詞的に用いられるのとまったく同様だから、これまた、一つの活用形（副詞形）と認めてよい。（これに対して「美しかり」に対する「美しく」は、形容詞「美し」の活用形であって、「美しかり」の活用形ではない。これは「美しかり」が、本来、形容詞「美し」の補助活用として生まれてきたものであるから、形容詞で表すことのできるものは、活用形が必要でないのである）。こうして、「静かなり」「堂々たり」などの語は、連用形に「静かに」「堂々と」という特殊な活用形をもつことになって、ラ行変格活用の動詞とは違ったものになってくる。しかもまた、命令形がある点や、相当多くの助動詞がつづく点では動詞に近いが（本来の形容詞には命令形がなく、かつ二、三の限られた助動詞にしかつづかない）、一方、連用形が副詞形として用いられる点や、語幹に単独の用法がある点、および性質・状態を表現するという点では、形容詞に近い。結局、形の上から言っても機能の上から言っても、動詞に似て動詞にあらず、形容詞に似て形容詞にあらず、その両性格を合わせ持ったような、一種の語と認めなければならない。

以上が大体、形容動詞とよばれる一つの品詞が特に設けられている理由である。そうして、右のように考える結果、従来、副詞と考えられてきた「静かに」「穏やかに」「明らかに」「判然と」「堂々と」のような語は、みな、この形容動詞の副詞形ということになってしまう。

そこで、活用表を作ってみると、

	語幹例＼語尾	未然形	連用形	終止形	連体形	已然形	命令形	活用の種類
(1)	静か (sidukan-)	-ara	-ari -i	-ari	-aru	-are	-are	ナリ活用
(2)	堂々 (dōdōt-)	-ara	-ari -o	-ari	-aru	-are	-are	タリ活用

この二つは、連用形以外は、実は同じ型の活用、つまり動詞のラ行変格型なのだが、連用形を考慮に入れて「静か」「堂々」を語幹と考えるから、「なり」「たり」が語尾となって、(1)をナリ活用、(2)をタリ活用と呼ぶ。（ナリ活用の連体形には「―の」と

いう形をも認めてよい。)

一方、口語の形容動詞としては、「静かだ」のような形のものが考えられるほか、書きことばには、タリ活用の形容動詞が用いられることもあるが、これは、「堂々とした態度」とか「判然たる証拠」とかいうような場合、すなわち連用形・連体形に限られている。さて、「静かだ」は、

静かだっ　(「た」がつづく形)
静かだ　(言い切る形。「から・けれど」や、感動を表す「もの・こと」がつづく形)
静かな　(体言や「ので・か」がつづく)
静かなら　(「ば」がつづく形)

のように活用すると考えられる。もっとも、このうち、「ーだ」の形を持つものは、前述の「ーにてあり」からきたもの、「ーな」の形を持つものは、「ーにあり」からきたもので、本来はその系統が違うのだが、今は、おたがいに補いあって一つの活用の体系をなしていると考えられる。(同じことは形容詞などにもあったわけで、「ーく」の形と「ーし」の形とは、本来は別の系統の語であったと思われるのだが、今は一つになって「く・し・き・けれ」という活用の体系をなしているのである)。ところで、

文語の場合に「に」という特殊な活用形が認められたように、口語にもまた、「静かに話す」の「静かに」のような副詞形を認めることができる。さらに、文語では、この「ーに」の形が、中止形としても用いられたのだが、口語では、これが「て」という辞と合体して「ーで」という形をとって（「静かにて」＞「静かで」）、「海は静かで、波は穏やかだ。」のように、同じく中止形として用いられるほか、また、「静かである」「静かでない」のように「ある」「ない」がつづく形としても用いられる。そこで、以上七つの活用形をまとめて活用表を作ると、

語尾／語幹例	未然形	連用形	終止形	連体形	仮定形	命令形
静か (sizuka-)	-daro	-dat -de -ni	-da	-na (-no)	-nara	○

ということになる。「突然だ」などには、「突然の」という連体形を認めることができよう。

これを見ると、この種の語は、その活用形が七つあり、かつ連体形・終止形の形が違っている点、仮定形に「ば」をつけずに用いる点などで、動詞とも形容詞とも違っ

ているのであって、やはりこれを、一つ別の品詞として立てるのが適当だと思われる。このほか、「こんなだ・あんなだ・どんなだ・同じだ」なども、この種類の語と考えられそうだが、ただ、その活用は、

－だろ	－だっ	－だ	○	－なら	○
	－で				
	－に				

のように、連体形は、語幹がそのまま用いられて、語尾が考えられない。特殊活用をするものとでも言うべきだろうか。もし、こういう特殊なものを認めるとすれば、「少しだ」「やっとだ」「こうだ」「そうだ」「ああだ」など、いろいろ考えられよう。「こんな」「そんな」「あんな」などは、それぞれ右の「こうだ」「そうだ」「ああだ」の特殊な連体形として考えることもできるかも知れない。

なお、「雨が降りそうだ。」「顔色が草のようだ。」の「そうだ」「ようだ」も、雨とか彼とか顔色とかについての状態を、客体的に表現しているもので、詞に属するが、この「よう」は、「君の言いようが悪い」の「よう」のように、形式名詞とは考えにくいものである。時枝文法流の体言と考えれば、それに「だ」という辞がついた形と

して問題がなくなるが、以上述べてきたところからすれば、「そうだ」「ようだ」で、一つの形容動詞を作る接尾語と考えるべきかと思われる。ちなみに、「彼も行くそうだ。」「彼も行くようだ。」の「そうだ」「ようだ」になってくると、「彼も行くらしい。」の「らしい」などと比べあわせて、第三者たる彼の状態を述べているのか、それによって引き出されてきた話し手の推測を表しているのか、判断がはなはだむずかしくなってくる。やはり、このようなものは、一応通説どおり辞としておいてもいいのではないかと思う。

問題はまだ残っている

いずれにしろ、この形容動詞、ことに口語のそれは、明治時代から今日まで半世紀にわたっていろいろと論じられながら、いまだに結論に達しないという、実にやっかいなことばなのである。どうやら、このことばは、わりきって考えると、かならず何かしら無理が残るのであって、決定的な議論が出ないということが、すなわち、このことばの本性をよく示しているのではないか、と考えざるを得ない。そもそも、こういうものを一単語と認めるべきかどうか、認めるとしても、はたして「―に」「―

と」のようなものが活用形と考えられるかどうか（これには、たしかに疑問の余地がなくはない。しかし、よしこれが活用形でないとしても、動詞とは違う性質を持つものとして、形容動詞という一品詞を立てるべき理由はあるが）、というような問題は、決してまだ解決されていないことを、くり返し言っておきたい。

用言

以上に述べた動詞・形容詞・形容動詞の三つには、共通するところがあるので、これをあわせて**用言**と呼ぶ。その特徴は、詞であって、活用をするということ、みずからのなかに辞の要素を含んでいるということにある。そこで、機能の上から言うと、用言は、述語になる場合、体言のように「だ」という述語格に立っていることを示すための辞を必要とすることがない。活用形が、自身述語格に立っていることを示しうるのである。つまり、用言というのは、さきにあげた四種の文のなかの、(2)「何々がどうこうする」(3)「何々がある」(4)「何々がどんなだ」の、述語「どうこうする」「ある」（動詞）、「どんなだ」（形容詞・形容動詞）になり得るものである。しかし、もちろん、その他、形容詞的修飾語にも副詞的修飾語にもなり、また主語と同等の資格で用いられることもあることを忘れてはならない。

これで、体言・用言という術語の意味が明らかになった。そこで、さきにあいまいな言い方ですませておいた形容詞的修飾語、副詞的修飾語の定義は、つぎのように言い換えることができる。「体言を修飾するものを、形容詞的修飾語と言い、用言またはこれに相当するものを修飾するものを、副詞的修飾語と言う。」

(6) 連体詞

この　ある（時）　さる（人）　いわゆる　あらゆる　とんだ（災難）　大した（問題）

これらの語は、いずれも事がらの性質を表すもの、すなわち詞であって、活用はしない。それならば体言かというと、主語になり得るという性格はない。一つの文のなかで、ただ形容詞的修飾語としてだけ用いられるものである。もちろん、形容詞的修飾語として用いられるものは、「逝《ゆ》く（春）」「やさしい（ひとみ）」「立派な（人物）」「私の（父）」などいろいろあるが、これらは、それぞれ他の機能をも持つ語が、体言がつづくためにこういう形をとっているもの、あるいは、詞と辞の結合したもの、として考えられる。ところが、たとえば「この」のような語は、元来は、さきに述べたように、コソアドの系列に属する語であって、文語の代名詞「こ」に、辞「の」の接したものではあるが、口語では、もはや切りはなし得ないものとなって、つねにこういう形でだけ用いられ、しかも、つねに体言の上にあって、これを指示するところの働きだけを果たすものになっている。（同じようなものに「その」「あの」「どの」「わが」などがある）。また、「ある」「さる」は、元来は動詞「有り」「然《さ》り（さあり）」の連体形だが、いまはそういうもとの意味はなくなって、ただ「或《ある》」の意味にだけ用いられ、「いわゆる」「あらゆる」も、もとは「言はゆ」「有らゆ」という動詞―「ゆ」は後の「る」にあたる接尾語（助動詞ではないこと前述のとおり）で、「言われる」「有られる」という受動や可能の意味の動詞――であった。「世にいわゆる」とか「ありとあらゆる」とかいう言い方には、いくぶんもとの意味がうかがわれるが、現在では、その連体形にあたるものが孤立して残って、いずれも体言を修飾するはたらきだけを果たしている。そこで、こういう形容詞的修飾語としての機能だけをもつ単語を、特に**連体詞**または副体詞と名づけておくわけである。

「とんだ」「大した」なども、右と同様に考えられるし、その他、「こういう」「そういう」「ああいう」「どういう」「たった」なども、同じ種類のものと考えられよう。しかし、「例の・またの・ほんの・ずぶの（素人）・こんな・そんな・あんな・どんな（形容動詞の項参照）・ばかげた・ちょっとした」などになると問題があるし、「大きな」「急な」あるいは「当（会場）」「翌（二日）」「故（島崎藤村）」などは、形容動詞の連体形および接頭語であって、連体詞と認めることはできない。

(7) 副　詞

はなはだ　やや　すこし　非常に　もっと　おもむろに　しばらく
ゆっくり　どっと

これらの語もまた、ある事がらのあり方を表し、また、活用をしない。しかし、体言とは考えられないものであって、修飾語としてだけ用いられる。ただこれらの語は、

非常に静かな場所。　形やや大なり。　もっとゆっくり歩こう。

のように、体言以外のものを修飾する点が、連体詞とは違っている。つまり、つねに副詞的修飾語として用いられる語であると言える。もっとも、「顔色が青くなる」の「青く」のようなものも、副詞的修飾語として用いられてはいるが、これは、他にも

いろいろな機能を持っている「青い」という形容詞の、一つの活用形（副詞形）と見るのであって、品詞としてはあくまで形容詞であり、それに対して、右にあげたような語は、副詞的修飾語としての機能だけを持つという点で、一つの品詞を立てて、これを副詞と呼ぶのである。

副詞のなかには、「はなはだ・やや・すこし・非常に・もっと」のように程度を表すものと、「おもむろに・しばらく・ゆっくり・どっと」のように情態を表すものとがある。いずれも用言を修飾するわけだが、そのなかで「程度を表す副詞」は、同じ副詞仲間の「情態を表す副詞」を修飾することがある。つまり、後者の表す事がらのあり方の意味を修飾するものと考えられる。さらに特殊なものとしては、「すこし右」「もっと前」のように、体言を修飾していると見るべき場合もある。ただ、これもまた程度を表す副詞にかぎられており、かつ、その体言は、「右」とか「前」とか、あるいは「東・隣・一人・百円・昔」というような、場所・方向・数量・時間などの、相対的な概念を表すものであって、そこに、やはり動作とか状態とかの概念が含まれていることによるのだろうと思われる。

陳述副詞

最後に、「もし」「たとい」「決して」などの語をも、従来、やはり一種の副詞と考えてきた。ただその機能が、右のもののように用言・副詞を修飾するのとは違って、陳述の方法を修飾し、「もし……ば」「たとい……でも」「決して……ない」のように、それと一定の呼応をするので、特に陳述副詞と名づけている。さて、たとえば、「電車が決して動かない。」という文の構造を考えてみると、これは、「電車が速く動かない。」という文が、

［電車が速く動か］［ない］

と理解されるのに対して、

［電車が決して動か］［ない］

と理解することはできないこと、明らかだ。「決して動く。」などということばは、考えられないからである。もっとも、「電車がしばらく動かない。」という文も、

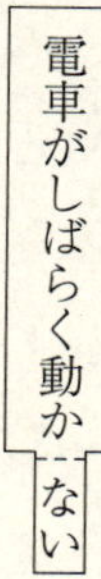

と理解することはできない。「しばらく動く」ということを話し手が否定しているのではないからだ。しかし、この場合は、「しばらく」という副詞は、「動かない」という詞・辞の結合したもの、すなわち「不通だ」という詞に相当するものに、意味の上からは、かかって行くのであって（二〇八ページ参照）、この文は、「電車がしばらく不通だ。」という表現に置き換えることもできる。

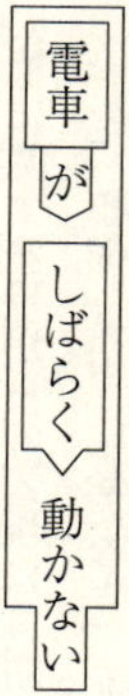

それに対して、さきのものは、「電車が決して不通だ。」などという表現に置き換えることは、決してできない。つまり、

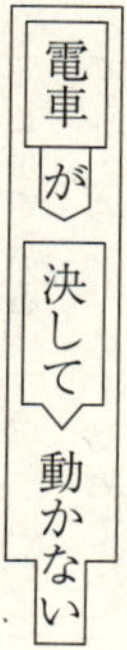

という形で理解されるものではない。結局、この「決して」という語は、辞によって総括されるものではなくて、こういう、いわゆる入子型構造の外にあって、直接「な

い」という陳述（辞）と呼応しているのである。だから、その陳述の辞が体言についている場合であろうと、用言についている場合であろうと、陳述副詞はこれにかかって行くことができる。「もし」「たとい」や、その他「多分・恐らく・もちろん・きっと・とても・めったに・せめて・どうぞ・いかで」などについても、事情は同じことである。一般に、詞は詞と呼応し、辞は辞と呼応するのが原則だから、これら辞に呼応する語は、やはり辞であると考えるべきだろう。つまり、陳述副詞は、第二人称や第三人称に関する事がらの表現には用いられないのであって、おもに話し手の気持ち（否定・断定・想像・希望・仮定など）を表すものになっている。「決して」と言えば、そこに、すでに話し手の否定的な気持ちが表現されているのである。いわば、陳述が上下にわかれて表現されているのであって、「決して……ない」「きっと……だ」でもって一つの辞と考えてもよかろうかと思われる。文語に、

男どもな歩きそ。（『竹取物語』）

のように、「な……そ」の間に動詞の連用形（ただしサ行変格・カ行変格の動詞は「なせそ」「なこそ」のように未然形）をはさんで、禁止の意味を表す言い方があった。古くは、「な行き」のように、「な」だけで、また、後には、「行きそ」のように「そ」だ

けで、同じ意味を表したこともあるが、この「な」なども、やはり右の陳述副詞と同じような辞で、「な……そ」でもって一つの禁止の陳述を表す辞であると考えられよう。

副用語

さきに述べた体言・用言などは、みずから、文の根幹をなすとも言うべき主語や述語になり得るものだった。それに対して、今述べた連体詞や副詞は、主語や述語にはならず、もっぱら形容詞的または副詞的修飾語として、つねにそれらに依存するという形でだけ用いられるものである。そこで、いま、さきの体言・用言のようなものを、自立的に用いられる語すなわち「自用語」と名づけるならば、これに対して、連体詞や副詞は、一括して、副次的にだけ用いられる語すなわち「副用語」と名づけることができよう。

副用語は、活用しないという点では体言に似ている。しかし、体言は、あとに何か辞がつづき、それによってはじめて、その語が主語格か、修飾語格か、述語格か、いずれの格に立っているかが示されたのに対して、副用語の場合は、そういう判断を表す辞を別につけ加えないで、連体詞は形容詞的修飾語の格に立ち、副詞は副詞的修飾語の格に立っているということが示されている。つまり、「花咲く。」と言った場合、花が主語の格に立っているという話し手の判断を示す辞「が」が、ゼロの形で表現されているのとは違って、副用語には、修飾語の格に立つことを示す辞の要素が、本来、その語のなかにそなわっているものと考えられなければならない。だから、これを、［いわゆる〉］［ゆっくり〉］のように図示することができる。そして、いわゆる陳述副詞は、むしろ辞として別に考えるべきこと、さきに述べたとおりである。

(8) 接続詞

接続詞は辞である

いまここに、「電車が動く。」「人が走っている。」という二つの文があるとする。この二つをまとめて、連続的に表現しようと思えば、

電車が動き、人が走っている。

というように、上の文の述語「動く」を中止形にすればいいわけだ。しかし、これではただ街の光景を客観的にながめて、並列的に描写しただけだが、もしこれを、

電車が動くので、人が走っている。

電車が動くのに、人が走っている。

というように表現すれば、ここには、話し手の態度がつけ加えて表現されている。つまり前者は、「電車が動く」ということと、「人が走っている」ということとの間に因果関係を認めて、電車が動くから、それに乗り後れまいとして人が走っているのだ、と表現したものだし、後者は逆に、電車はもう動くから、いくら走ったって乗れはしないのにかかわらず、人が走っているというように、話し手が表現しているのである。そういう主体的な判断が、「ので」と「のに」という辞によって表現されているわけである。さて、今度はこれを、

電車が動く。だから人が走っている。

電車が動く。それに人が走っている。

と表現した場合は、どうか。この「だから」「それに」という語の表現しているものは、何かの事がらに関することではなくて、やはり、辞と同じく、話し手の態度や立場であることがわかる。そして、こういう話し手の態度というものは、「電車が動く」、「人が走っている」という二つの事がらによって引き出されてきたものだから、結果

から見ると、この「だから」や「それに」が、二つの文を接続させるはたらきをしているように見える。しかし、本来これなしに、

電車が動く、人が走っている。

というように、ただ連ねただけでも、そこに因果関係を認める話し手の立場に応じては、この二つの文は、意味の上で接続し得るものなのだし、語勢やイントネーションで、さきのような気持ちを表すこともできる。ただ、これをはっきり示す「だから」「それに」「そして」というような表現がつけ加えられることによって、接続関係が一層明瞭《めいりよう》になるのである。

右のように、二つの独立する「文」が接続する場合にかぎらない。

ノート及び本　　山また山　　驚きかつ恐れる　　静かなしかも便利な旅館

のように、単語と単語の接続、

滞納も又は延納も認めない。

講義のノート並びに適当な参考書を持参してもよい。

意味を考え、あるいは用例を調べた上でなければ、結論が出せない。

雨が降っていたし、その上風もひどかった。

水心あればすなはち魚心あり。

のように、文節・連文節、ないしは従属節や対立節の接続の場合でも、同じことが考えられよう。いずれも、傍点の語なしに、

静かな便利な旅館

講義のノート、適当な参考書

のように単語や文節を並べただけでも、

意味を考え、用例を調べる。

のように中止形を用いるだけでも、あるいはまた、

雨が降っていたし、風もひどかった。

水心あれば、魚心あり。

のように接続の助詞によるだけでも、十分にその接続は表現し得るわけである。そういう接続の関係を一層明らかにするのが、これらの語の機能であると考えられる。そこで、これらの語を**接続詞**と呼ぶ。

用言の連用形が接続を表現するというのは、その活用形に含まれた辞の働きによるものだし、「ば・で・ので・のに」のようなものが辞であることは、これまた明らか

である。つまり、接続という機能は、もともと辞が受け持つのであって、右の「ノート・本」のように単語がただ並べられたときは、これがゼロの形で表されていると見ることもできる。こう考えてくると、接続の機能を果たしている接続詞というものは、詞ではなく、やはり辞に属すると考えるのが適当だろう。すなわち、さきに述べたように、これらの語は、何かの事がらを表現しているのではなくて、むしろ、それに対する主体の態度や立場を表現しているものと、考えられるようである。

ところがここに、接続詞という特別の品詞を否定しようという考え方がある。たとえば、「歌い且つ舞う。」という場合、「且つ」という語が「歌う」と「舞う」とを接続させているわけではない——これは、まえにも述べたことである。それなら「且つ」にはどんな働きがあるかというと、これは、上の「歌い」という語の意義を借りて自己の意義に利用し、その上で、下の「舞う」の意義を修飾するものであって、副詞である。また、「山また山を越えて行く。」の「また」のようなものは、動作観念の重複を表す副詞である。だから、この意味に衝突するような場合、たとえば、「山また山が高い。」というようには言えないのである。要するに、これらはすべて副詞であって、むしろ接続副詞とも呼ぶべきものである、というのである。ところで、いまもし、これらが副詞であるとすれば、当然「詞」なのだから、そこに客体的な事がらが主として表現されているはずだが、「且つ」や「また」が、「歌う」「舞う」「山」という事がらのほかに、なにか特別の事がらを表現しているとは考えにくい。やはり、さきに述べたように、そういう事がらを話し手がどうとらえているかが、主として表現されたもの、すなわち辞と考えるべきものと思われる。たとえば、

ラグビーは明治大学がまた優勝した。

野球に勝ち、またラグビーにも勝った。

という二つの文において、前者の「また」は、「優勝する」ということが前年と本年と二度くりかえされた、ということを表現している副詞だが、それに対して、後者の「また」は、「野球に勝った」という事がらに、「ラグビーに勝った」という事がらをつけ加えて表現しようとする話し手の気持ちを表すものであって、「ラグビーに勝つ」ということが二度くりかえされたことの表現ではない。この「また」は、したがって、「且つ」という語（接続詞）に置き換えることもできるが、前者の「また」は「ラグビーは明治大学が且つ優勝した」などと置き換えて言うことはできない。つまり、後者の「また」は明らかに接続詞だと考えられる。

接続詞の成り立ち

もっとも、接続詞の「また」は、副詞の「また」と深い関係があるだろう。おそらくは、これから転成してきたものだろうと思われる。陳述副詞の「もっとも」などでは、こういう経過がはっきりたどれる。すなわち、これは元来、「もっとも安くはあるが、品《しな》がよくない。」というように、「安くはある」ということを、一応なるほどそのとおりだが、と認めて、「品がよくない」ということを注釈的につけ加える言い方であった。それが、さきに「品がよくない」ということを述べたあとで、すぐ断り書きとして「もっとも安くはある」というぐあいにつけ加えて述べられるときに、「但し」という接続詞と同じような性格を持つようになって、だんだんそれが、接続詞として固定したのだと考えられる。（参考・渡辺実氏「陳述副詞の機能」『国語国文』昭和二四年四月号）。こんなぐあいに、接続詞には、本来は他の品詞に属していた語が、その大部分だと言っていいほど多い。右の「また」「且つ」や、「すなわち」「なお」などは詞（副詞）からきたものだし、「及び・されど・さりながら・しかるに・しかれども・並びに・したがって・すると・因って・故に・ところが・それに・それで・そこで・それだから・それだのに」などは、いずれも、詞に辞の添わったものからきている。「あるいは」というのも、元来は「有るいは」であって――「い」というのはずっと古く用いられた強く指示する助詞――、「有る人（物）は」というような意味で並列的に用いられたのであった。そして、接続詞というものは、つねにそれに先立つ叙述を必要とし、これを受けているものであって、右にあげた接続詞に含まれる「しかる・する・それ・そこ」などは、本来いずれも上に述べられた事がらを受けているのだが、もはや概念内容が希薄で、詞とは認めにくくなったものである。（もっとも、そこにまったく詞的な要素がないとは言えない。）

　ちょうどそこに棒切れが落ちていた。それで泥棒に一撃をくらわせた。

という場合の「それ」は、明らかに上の棒切れをさす代名詞であって、「一撃をくらわせた」という述語の副詞的修飾語になっている。しかし、

　突然彼がなぐりかかった。それで僕も対抗上、彼に一撃をくらわせた。

という場合の「それ」が、本来は代名詞であって、「彼がなぐりかかった」という事実をさすものであったということは、接続詞としての、「前の文を受けて後の文につづける」という機能のなかにうかがわれはするが、この場合、もはやこれを、「そ

れ」と「で」とに分解して考えることはできなくなっている。「それで」で、一つの接続詞と見るべきものである。右の文はまた、

突然彼がなぐりかかった。で、僕も……

というように表現することもできる。つまり、影のうすくなった本来の詞の部分をふりすててしまって、実質的な辞だけが残った形である。同じようなものに、「が」「だが」「では」「でも」「だから」「けれども」「だけれど」などがある。これらはいずれも、詞と結合して接続助詞として用いられるものだが、特に、詞につづかず独立的に用いられたとき、これを接続詞と考えるのである。両者はともに辞と見得るわけだが、右の、独立して用いられるか否かというところに、その相違点を認めるのである。

接続詞の機能

この接続詞というものは、右のような性質を持つところから、さきの文を受けて後の文の展開をはかるという上に重要な役割を果たすものであることは、さきに「文章の構造」というところで述べたとおりである。小学校三年生ぐらいまでの子供の文章には、

あさ七時におきました。そしてかおをあらいました。それからごはんをたべました。するとお友だちがよびにきました。それでいっしょに学校へいきました。

というように、「そして」「それから」が、むやみに多いことは、だれでも気づくことである。これは、子供の行動や考え方というものは、各個ばらばらなものの連続で、そこに一定の方向を持った因果関係というものがない。それを無理につなぎ合わそうとするところから、接続詞がやたらに出てくるのだろうと考えられる。(波多野完治博士『文章心理学』参照)

接続詞を使うのと同じような効果をもたらすのが、上の語や文を受ける代名詞(これが接続詞とふかい関係にあることは、右に述べた。)を用いたり、あるいはまた、さきに引いた芥川龍之介の文章にあったように、上の文の語をくりかえして使ったりする方法だが、いずれにせよ、これによって、文章は、はなはだ懇切丁寧な、わかりよいものになる。接続詞・代名詞のような主体的なものを表す語によって、話し手(筆者)の考え方、論理の進め方がはっきり表面に出てきて、読者がこれについて行くことが容易になるからである。たとえば、谷崎潤一郎が口語訳した『源氏物語』などには、いかに多くの、原文にはない接続詞が、訳者の解釈によって加えられているか—

—これはもちろん、接続詞というものが、中世以後の日本語に、にわかに多く用いられるようになったことにもよるが——を見ても、その間の事情がわかるだろう。

一面また、接続詞が多いということは、文を冗漫な、重厚味のないものにすることもたしかだ。きびきびした、緊張した文章には、「したがって」「そこで」というような順接の場合はもちろん、「しかるに」「だが」という逆接の場合にすら、接続詞が省略されることが多い。聞き手(読者)は、たえず緊張しながら話し手(筆者)の論理の展開を追わざるを得なくさせられるのである。言うまでもないことだが、それが過ぎると、ひとりよがりな、きざな文章になる。接続詞の用い方には十分の注意をはらうことが必要だ、ということになるだろう。

(9) 助動詞

助動詞の分類

(本)だ　(行か)ない　(美しい)らしい　(書き)ます　〔口語〕

(山)なり　(見)む　(好ま)ず　(咲き)けり　(歩む)べし　〔文語〕

これらの語は、いずれも、なにか客体的な事がらを概念化して表しているのではなくて、話し手の立場、すなわち断定やら、否定やら、回想やら、意志・希望やら、推量やら、命令やら、敬意やらだけを、直接的に表現するものだから、辞に属すると考えられる。そして、さきに文の構造のところで述べたように、これらは一つの詞を総括し、さらに、詞・辞の結合を含んだ詞相当のものを総括し、結局、文全体に統一を与える、という大切なはたらきを持つものである。もっとも、辞に属すると考えられるものは、単に右にあげたような語ばかりではなくて、さきの接続詞のようなものや、つぎに述べる「が」「さえ」「も」「か」のようなもの（助詞）や、「まあ」「いいえ」のようなもの（感動詞）もある。しかし、接続詞や感動詞が、単独で、他の詞と結合しないで、一文節として用いられるのに対して、これらの語は、かならず詞と結合して一つの文節を形づくっている点が違う。ただ、この独立性がないという点では助詞も同じことだが、助詞は活用することがないのに対して、これらの語は活用するという点で、また違っている。つまり、辞であって、独立性がなく、かつ活用する語、ということになるわけで、これを特に**助動詞**と名づける。

助動詞として一括して考えられる語には、右にあげたもののほか、口語・文語にわたって随分いろいろある。そのうち、「れる・られる・せる・させる・たい」（口語）、

「る・らる・す・さす・しむ・まほし・たし・ごとし」（文語）のようなものは、すべて詞（接尾語）に属するものとして除外するものとしても（二二八ページ参照）、なお多数のものがある。そこで、これをなにかの基準を立てて分類しておくのが便利だろう。

まず、右に言ったように、助動詞は活用をするから、その活用のしかたによって分類することができるはずだ。いったい、助動詞につく語は、動詞の場合にくらべて非常にかぎられていて、ある語は、ある助動詞にはつくが他の助動詞にはつかない、というような場合が多く、動詞の場合のように一律にはいかないが、ほぼそれに準じて、やはりつぎのように六種類の活用形を考えることになる。たとえば、「たり」という文語の助動詞は、

未然形　たら（「む・ず・じ・ば」などがつづく形）
連用形　たり（「き・けり」などがつづく形）
終止形　たり（言い切りの形。「とも・や」などがつづく形）
連体形　たる（体言につづき、「ぞ・なむ・や・か」を受けて文を終止し、「べし・らむ・なり・が・に・を・かな」などがつづく形）

已然形　たれ（「ば・ど・ども」がつづき、「こそ」を受けて文を終止する形）
命令形　たれ（命令の意を含めて言い切る形）

という六つの活用形を認めることができよう。これは、動詞のラ行変格活用と一致することになる。つぎに「べし」という助動詞の活用は、同じようにして、

（未然）	（連用）	（終止）	（連体）	（已然）	（命令）
べから	べかり	べし	べき	べけれ	○

となって、これは形容詞のク活用と一致してくる。ところが、「ず」という助動詞は、

			ぬ	ね	
ざら	ざり	ず	ざる	ざれ	○

という、形容詞にちょっと似た特殊な活用をするし、「じ」という語のごときは、「じ」という一つの形以外には考えることができない。つまり、語形が変化しないわけであって、そんなものをなぜ助動詞すなわち活用する辞とするかが、問題になろう。しかし、これにも、「かくよそに見侍らじものを。」のように体言「もの」がつづく形は、同じ「じ」であっても連体形に相当する機能を持った「じ」と考え、「風にこそ知られじ。」のように「こそ」を受けて文を結ぶ「じ」は、已然形に相当する機能を

持った「じ」と考えて、ここに、

○　○　じ　じ　○

という、まったく奇妙な活用をする助動詞を認めることになる。こんなぐあいにして、文語助動詞を、その活用によって、動詞型・形容詞型・形容動詞型、および特殊型に分けてみると、つぎのようになる。もちろん、完全に一致しない点のあることは承知しておかなければならない。

I 活用による分類表〔文語〕

活用の型		助動詞	未然形	連用形	終止形	連体形	已然形	命令形	
動詞型活用のもの	下二段型	つ	て	て	つ	つる	つれ	て(よ)	先に除外したものを入れるとすれば「す・さす・しむ・る・らる」はここに入る
		むず	○	○	むず	むずる	むずれ	○	
	ナ行変格型	ぬ	な	に	ぬ	ぬる	ぬれ	ね	
	ラ行変格型	たり	たら	たり	たり	たる	たれ	たれ	
		り	(ら)	り	り	る	れ	(れ)	
		めり	○	めり	めり	める	めれ	○	
		けり	(けら)	○	けり	ける	けれ	○	
		はべり	はべら	はべり	はべり	はべる	はべれ	○	
		なり(伝聞)	(なら)	(なり)	なり	なる	なれ	○	

分類	型	語						備考
	四段型	さぶらふ	さぶらは	さぶらひ	さぶらふ	さぶらふ	さぶらへ	さぶらへ	
		む	○	○	む	む	め	○	
		らむ	○	○	らむ	らむ	らめ	○	
		けむ	○	○	けむ	けむ	けめ	○	
形容詞型活用のもの	ク活用型	べし	べから	べく べかり	べし	べき べかる	べけれ	○	「たし・ごとし」はここに入る
	シク活用型	まじ		まじく まじかり	まじ	まじき	まじけれ	○	「まほし」はここに入る
形容動詞型活用のもの	ナリ活用型	なり（指定）	なら	なり に	なり	なる （の）	なれ	なれ	
	タリ活用型	たり（指定）	たら	たり と	たり	たる	たれ	たれ	
特殊な活用をするもの		ず	ざら	ず ざり	ず	ぬ ざる	ね ざれ	ざれ	
		き	（せ）	○	き	し	しか	○	
		まし	（ませ）	○	まし	まし	ましか	○	
		らし	らしから	らしかり らしく	らし （らし）	らしき （らし）	○ （らし）	○	
		じ	○	○	じ	じ	じ	○	

口語の助動詞についても、同じく分類がほどこせそうだが、こちらは一層、活用形が不揃いであって、やや困難である。たとえば、「ない」という助動詞は、

未然形　なかろ（「う」がつづく形）

連用形 ─┬ なく（中止する形。用言がつづく形）
　　　　└ なかっ（「た」がつづく形）

終止形　ない（言い切りの形。「から・けれど・か」などがつづく形）

連体形　ない（体言がつづく形。「ので・だけ」などがつづく形）

仮定形　なけれ（「ば」がつづく形）

のように活用するから、形容詞型と言えよう。しかし、「う」「まい」のようなものは、いずれも終止・連体の二つ、しかも、

○　○　う　う　○　○

○　○　まい　まい　○　○

のように、まったく同じ形の活用形しか考えることができない。そこで、一応分類してみるとすれば、つぎのようになる。

Ⅱ　活用による分類表〔口語〕

活用の型	助動詞	未然形	連用形	終止形	連体形	仮定形	命令形	除外したものの中

形容詞型活用のもの	ない	なかろ	なかっ なく	ない	ない	なけれ	○	「たい」はここに入る
	らしい	○	らしかっ らしく	らしい	らしい	○	○	
形容動詞型活用のもの	ようだ	ようだろ	ようだっ ようで ように	ようだ	ような	ようなら	○	
	だ	だろ	だっ で	だ	な（の）	なら	○	
特殊な活用をするもの	ぬ	○	ず	ぬ（ん）	（ぬ）ん	ね	○	
	た	たろ	○	た	た	たら	○	
	（で）す	（で）しょ	（で）し	（で）す	（で）す	○	○	
	ます	ませ ましょ	まし	ます	ます	ますれ	ませ まし	
	そうだ	○	そうで	そうで	○	○	○	
	う	○	○	う	（う）	○	○	
	よう	○	○	よう	（よう）	○	○	
	まい	○	○	まい	（まい）	○	○	

動詞型の活用をするものは認められないが、さきに除外した「れる・られる・せる・させる」は、そこに入ることになろう。

つぎに、助動詞は、かならず詞と結合して用いられるから、それがどんな詞の、どんな活用形につくかによって、表Ⅲ・Ⅳのように分類することもできる。（表のなか

で、括弧に入れたのは注意を要するもの）

Ⅲ　接続による分類表〔文語〕

接続する品詞＼その活用形	未然形	連用形	終止形	連体形	已然形
動詞につく	（り）	たり	なり（伝聞） らし べし まじ らむ めり		（り）
形容詞にもつく		ぬ			
形容動詞にもつく	ず む じ まし むず	き けり つ けむ はべり さぶらふ		なり（指定） （らし） （べし） （まじ） （らむ） （めり）	
体言・助詞につく	なり たり らし はべり さぶらふ				

除外したもののうち、「る・らる・す・さす・しむ・まほし」は未然形に、「たし」は連用形に、「ごとし」は連体形に、それぞれつくということになるはずである。

IV 接続による分類表（口語）

接続する品詞＼その活用形	未然形	連用形	終止形	連体形
動詞につく	ない ぬ よう（まい）	ます	（まい）	
形容詞にもつく			らしい （だ）（です）	
形容動詞にもつく	う	た	そうだ	ようだ
体言・助詞につく	だ（で）す らしい			

除外したもののうち、「れる・られる・せる・させる」は未然形に、「たい」は連用形につく、ということになるはずである。

つぎに今度は、たとえば「行かざるべからむや」のように助動詞がかさねて用いられたとき、どういう順序にかさねられるかということによって、橋本博士は表Vのように文語の助動詞を分類されたことがある。（『助詞・助動詞の研究』）

V　助動詞相互の承接による分類表〔文語〕　断定および敬語の助動詞は、はぶく。

(1)	(2)	(3)	(4)	(5)	(6)	(7)	(8)
ぬ り	たり	つ	ず ざり	べし べかり まじ まじかり	めり	けり き	らし らむ けむ む まし じ

もし除外したものを入れるとすれば、「す」「さす」「しむ」が(1)に、「る」「らる」が(2)に、「たし」が(3)になって、上の(1)は(4)になるはずである。

さて、以上にいろいろ違った分類を紹介したが、これらを比べあわせてみると、そこに一脈のあい通ずる点があるのは面白い。たとえば、右のV表において、第一段、第二段、第三段に属するものは、「I活用による分類表」によると活用形がほぼそろっているし、また「Ⅲ接続による分類表」によると、いずれも用言の連用形につくものである。以下、第四段は未然形に、第五段は終止形に、第六段は連用形と終止形に、第七段は未然・連用・終止形につくということになるが、下の段に行くほど、だんだん活用形のそろわないものが多くなっている。つまり、連結の終りの方にくるものほど、下につづく助動詞が少なくなるので、いろいろな活用形をそろえる必要がなくなるのだと、橋本博士は説明している。

なによりも興味ふかいのは、さきに除外した「す・さす・しむ・る・らる・たし・まほし」などの語を、もし助動詞としてとり扱うとすれば、これらは、I表によると、いずれも活用形がよくそろい（上五つは動詞下二段型、下二つは形容詞型）、Ⅲ表によると、用言の未然形（「たし」は連用形）に接続し、助動詞相互の接続（V表）では、用言に最も近い第一、第二、第三段にくるものである、というふうな共通点を持っているということである。だいたい、これらの語は、従来から、助動詞のなかでも特殊な一類のものとして扱われてきた。たとえば、「子供が球を打つ。」の「打つ」に、「ず」という助動詞をつけて「子供が球を打たず。」と言っても、「子供」と「打つ」の関係は変らない。しかるに、これに、「す」や「る」をつけて「子供が球を打たす。」「子供が球を打たる。」のように言うと、「子供」と「打つ」の関係は、すっかり違ったものになる。また、「水を飲む。」の「飲む」に「たし」をつけると、「水が飲みたし。」となって、従来の副詞的修飾語が主語になる、というような点が注意されていた。つまり、「ず」は、話し手の立場の表現であって、そとからこれを総括するのであるから、これがついても事がらの関係――つまり格関係は、変らない。それに対して、「す」や「る」は、右のように格の関係を変えてしまうのである。いま、右のような事実とこれとを、思いあわせるとき、この「す・さす・る・らる・しむ・たし・まほし・せる・させる・れる・られる・たい」などが、いずれも、実は接尾語であると考えることによって、用言にすぐ接する点や、活用形のそろっている点などとともに、すべては了解できることになろうと思われる。すなわち、これらこそ、山田博士のいわゆる複語尾の名にふさわしいものであって、二二八ページ以下にも説いたように、主体の立場を表すところの辞でなくて、詞に属すべきものであると考えられるのである。

さて、普通に助動詞は、その表す意味の相違によって分類されている。つまり、助動詞はすべて、ある判断を表しているものだが、さらに、それが表す話し手の立場の相違によってこまかく分類するわけで、これは、辞というものの性質より見て、意味のあることと思われる。

指定の助動詞

だ〔口語〕　なり　たり〔文語〕

これらは、いずれも事がらの指定に関する判断を表すものであって、そこに詞的な要素を認めることもできよう。体言につき得るという点でも、助動詞のなかでは、やや特殊なものである。形容動詞の語尾と深い関係があることはさきに述べたが、時枝博士は、「私が子供のとき」などの「の」は、「である」という指定の意味をもち、「子供の本」の「の」などとは違うというので、これを「だ」の連体形と認めているし、同じようにして、「浮き草の身」の「の」も「浮き草なる」または「浮き草としての」の意味で、やはり指定の陳述を表しているから、これを「なり」の連体形と見てもよいわけだ。これまた、さきに、ナリ活用形容動詞の連体形に「の」を認めてもよいかも知れない、と述べたことと関連する。

口語の「だ」は、形容動詞のところで説明したように、「にてあり∨である∨でぁ∨だ」という経過をたどって生まれてきた（西部方言で使う「じゃ」「や」という指定の助動詞も、もと、この「でぁ」から出ている）ものだが、連体形の「な」「の」、仮定形の「なら」などは、「にあり∨なり」の系統からきたもので、元来は系統が違う。それがまざりあって、現在では一つの活用の体系を作っているのである。「だろう」は、本来、「だ」の未然形に「う」の接続したものだが、現在はもう、一つの助動詞（推量）と認めてもよいものになっている。そうして、「なら」とともに、用言に直接つくところなどにも、特殊な性質が現れている。

なお、指定の「なり」は普通、用言の連体形に接続するが、別に、終止形に接して「雁《かり》が音《ね》聞ゆなり。」のように言うことがある。これは伝聞（……と聞いている。……だそうだの意）を表すと言われているが、この場合の動詞は、「鳴く」「音す」というように聴覚に関するものが非常に多いことが注意される。

打消の助動詞

ない　ぬ　まい（口語）　ず　じ　まじ（文語）

これらは、いずれも否定的な確定の判断を表している。ただ、「美しくない。」「これは本でない。」などの「ない」は、普通、形容詞と認められているが、さきに述べたように、よほど辞的になっていると考えられる。時枝文法のように、「これは本である。」の「ある」を助動詞（指定）と認める立場からは、それの裏返しであるこの「ない」も、助動詞と認めることになる。

「ず」の活用は、サ行・ナ行の入りまじった特殊なものだが、これは古く、「な・

に・ぬ・ね」とナ行四段に活用した、打消しの意味を表す語があり、のち、この「に」に形式動詞の「す」の加わった「にす」＞「ず」（打消の推量を表す「じ」もこれに関係があろう）が、未然・連用・終止形にとって代って、いま見るようなものになったのだと思われる。口語の「ない」も、もとをただせばこの「な」の系統に属するものである。「ず」の補助活用「ざり」が、「ずあり」からきたことは言うまでもない。この点だけでなく、「ず」は、形容詞とよく似た性質を持っている。「問わず語り」「猫要らず」なども、形容詞の連用形が名詞に転成する（たとえば「遠く」「早く」）のと同じように考えられよう。

口語の「ぬ」の活用は、文語「ず」の連体形が、例によって、終止形にとって代ったものだが、東部方言では主として「ない」を用い、西部方言でこの「ぬ（ん）」を用いるということは、随分古くから認められる。現代方言に

おける、その使用の境界線を前述の「だ」と「じゃ（や）」の境界線とともに示すと、前のページの図のようになる。

過去及び完了の助動詞

た〔口語〕　き　けり　ぬ　つ　たり　り〔文語〕

これらは、右と違って肯定的な確定の判断を表すが、文語の「き・けり」は過去の助動詞、「ぬ・つ・たり・り」は完了の助動詞と呼ばれている。だいたい、この過去とか完了とかいうのは、ある一つの動作・現象が、実際に過去にあったとか完了してしまっているとかいうことを表すというよりは、話し手が、それをどうとらえて表現しているかを——つまり、それを回想したり確認したりする、主体の立場を表現するものである。文法上の時と、客観的な時間とは、区別して考えなければならない。だから、本当は、過去とか完了とかいう言い方は適当ではない。たとえば将棋をさしていて、「負けた！」と言う。実際にはまだ負けていなくても、敗戦を確認すれば、「負けた」というように表現するのである。

さて、口語の「た」は、文語の「たり」の終止形が連体形に同化されて「たる」となり、さらにその語尾「る」のおちた形だが、この「たり」は、元来は「てあり」からきている。だから、もとは一つの客体的な存在や状態を表す語であったのだが、その「あり」が、だんだん辞的になって、結局、話し手の「確認する」気持ちを表すようになったのである。これは、形容動詞の場合と考えあわせて了解することができよう。同じようなことは、「り」についても認められる。たとえば、「行けり」というのは、本来「行く」の連用形に「あり」が接した「行きあり」からきたものと考えられる（yukiari ＞ yukeri）。だからこれも、もとは、やはり一つの状態を客体的に表す形であったと思われるが（山田博士は動作存在詞と名づける）、「あり」がだんだん辞的になって、やがて主体の確認を表す語となり、結果から見て、「行く」の已然形「行け」に助動詞「り」が接続する、というように説明されることになったのだ。ところが、実際を言うと、この「行き」の［ki］の音と、「あり」の［a］の音とが融合した結果生まれてきた「行け」の［ke］の音は、さきに述べた、「け」の仮名に二類の区別のあった時代の音で言うと、四段活用の命令形の語尾に一致するもので、已然形の語尾とは違っていた（二〇〇ページ参照）。つまり、結果的に言って、「り」という助動詞は、已然形の「行け」ではなくて命令形の「行け」に接続する、ということになる。命令形に接続する助動詞というのは他になくて、変に思えるが、これは前述のような経過で生まれてきた「行けり」のような形を、形の上から言えば「命令（の陳述を含む）形と同じ形」に「り」が接続していることになる、と言っているだけなのだ。この事情は、已然形に「り」が接続するといった場合でも、やはり同様なのである。動詞の活用形のことを説明したところ（二〇四ページ）を参照してもらえば、すぐ了解がつくと思う。

「たり」や「り」など完了の助動詞と言われるものは、右のような成り立ちを持っているところからも考えられるように、現にそういう状態にある（＝「……てある」「……ている」）という意味を表し、また、一つの動作がすんでしまったという、完了の意味をも表す。しかし、その場合でも、単に過去のことではなくて、現在その結果が残っているという意味あいが含まれる。そして、さきに言った確認というのも、もちろん、そういう客体のあり方からみちびき出された、話し手の立場である。

「き」「けり」は、回想して述べるという主体の立場を表すので、回想の助動詞とも言われるが、この二つの間には、すこし表現の違いがある。「き」が、過去のことを単に過去として回想するのに対して、「けり」は、過去からあったことに、いま気づいた、というように、いつも過去を現在に結びつけて回想する意味を表す。

　枯枝に烏のとまりけり秋の暮

のように、詠嘆的な気持ちを表すのも、そのためである。前者が口語の「だ」にあたるとすれば、後者は、「たのである」にあたると言ってもよい。そこから、ある点で完了の助動詞にも似た性質をもつ場合があり、また、これが、解説的な「語り」の口調に用いられることにもなる。『竹取物語』では、「今は昔竹取の翁といふものありけり。」のように「けり」を用いた文章で、古くからの「語り」を承けつぐ部分が述べられて、全体のわく組みをなしていることが、はっきりわかる。（くわしくは、岩波文庫『竹取物語』解説参照）

なお、「き」には、未然形に、「いつはりのなき世なりせば」のように用いられる「せ」という形があったらしく思われる。

口語の「た」は以上の、完了・過去の両方の意味を、一つで兼ねて表している。

推量の助動詞

う　よう　だろう　らしい　ようだ　そうだ〔口語〕

む　まし　けむ　らむ　らし　めり　べし　むず〔文語〕

以上に述べたのは、いずれも確定的な判断を表すものだったが、それらに対して、これらは不確定な判断を表す助動詞である。つまり、想像・推定・予想というような主体の立場を、主として表すものである。さきに否定的な判断という意味で「ない」「ず」などとともにあげた、「まい」「じ」「まじ」などは、ここに入れてもよいわけである。

ここに一括してあげたもののなかで、またすこしずつ意味の相違があること、言うまでもない。ごく特徴的な点をあげておく。

まず「む」は、未来のことを推量的に表すほかに、「またかへり見む。」のように意志を表し、さらに、当然というような意味を表すこともある。「じ」は、ちょうどこれの打消しにあたる。口語の「う」は、この「む」から、[mu]＞[m]＞[n]＞[u]のような経過をたどって生まれてきたものだが、現在は、主として意志を表している。そこで、推量を表すには、指定の「だ」にこの「う」の接続した、「だろう」が用いられる。これはもう、ほとんど一語の助動詞と認めてもよいほど、強く熟合してしまっている。さて、中世になって「む」が「う」になった結果、それまでの

「受けむ」「起きむ」「為《せ》む」のような言い方は、「受けう」「起きう」「為う」となり、実際にはウキョー、オキュー（のち、オキョーとなる）、ショーのように拗《よう》長音に発音されることになった。ところが、「射む」「居む」のようなものは、「イョー」となって語幹と語尾の区別がつかなくなるので、特に語幹の「イ」を保存するために、これに、あらたに「ヨウ」をつけるような形になって、ここに「よう」という助動詞が生まれてきたらしく思われる。口語では、「う」と「よう」とで、接続する動詞の種類が、前者は四段に、後者はそれ以外にというように、違っている。

「まし」は、実際はそうでないこと、または実現しそうに思われないことを、仮定する言い方と言われるが、「……であったらなあ」という気持ちから、希望ないしは予想する気持ちを表すことにもなる。

「けむ」は、過去のことを推測し想像するに対して、「らむ」は、主として現在のことを推量する。主観に基づいた、やや不確実な推量である。

それに対して、「らし」は、なにか客観的な根拠をもった推量で、例の、

　春過ぎて夏来るらし白妙の衣ほしたり天の香具山（『万葉集』）

の「らし」なども、「白妙の衣がほしてある」ということに基づいて「夏が来るよう

だ」と推量したのである。口語の「らしい」は、もちろん、これの連体形「らしき」の音便形「らしい」からきている。

彼の態度はいかにも男らしい。(形容詞の接尾語)

向こうに立っているのは男らしい。(助動詞)

の、二つの「らしい」を区別すべきことは、さきに述べた。

「めり」は、「……のふうだ」「……の様子だ」「……と見える」といった程度の推量で、ただ表現を婉《えん》曲にするためだけに用いたような場合もある。「ようだ」は、右の「らし」ないしは、この「めり」に相当しよう。「むず」は、強い推量または意志を表す。

これに対して「べし」は、理論的に考えて「であろう」と推量するほかに、「……ができる」という可能の意味、「……しなければならない」「……するはずだ」「……がよい」というような当然ないし義務・勧誘というような意味、「……しよう」という決意、および命令の意味などを表すと言われる。もちろん、こんなふうに厳密にわかれているわけではなくて、いずれも微妙なニュアンスの相違なのだから、実際の用例においては、この二つ三つにわたる意味を表現していると見られることがしばしばあることは、言うまでもない。なお、さきに述べた「まじ」が、ちょうどこの「べし」の打消しにあたると考えられる。

以上、大体、助動詞を四つほどに分類してみた。それぞれ、指定の助動詞、打消の助動詞、過去及び完了の助動詞、推量の助動詞と呼ぶことができよう。もっとも、これは便宜的な名前で、ことに推量の助動詞のなかは、こまかく分ければ、またいくつかにわかれよう。また、「まい」や「じ」「まじ」のように、両方の分類にはいるべきものもある。しかし、名称がかならずしもその実体のすべてを言い表すものでないことは、活用形の名称の場合と同様であることさえ承知しておけば、問題はないだろうと思われる。そうして、この意味による分類を、さきの、活用による分類、接続による分類、助動詞相互の接続による分類と見あわせてみると、そこにまた、いろんな一致点を見いだすことができるはずである。われわれは、これによって、ことばの意味と形態と機能との密接な関係を理解することができる。

さて、これでおもな助動詞は尽くされたかというと、そうではない。日本語において非常に重要な意味を持つ「敬語の助動詞」が残っている。ところが、これを説くためには、敬語というもの全体についてまず概観しておくことが必要になる。この機会を借りて、つぎに敬語というものを簡単に説いてみることにしよう。

敬語について

敬語が、日本語の一つの特性をなすものだということは、よく言われるが、実は、これに気づいたのは当の日本人でなくて、かえって外国人だった。はやく中世にも、当時わが国にきていたキリシタンの宣教師が、これに注目しているし、明治以後にも、チェンバレン、アストン、ホフマンというような人たちが、これをとりあげて問題にし、そんなことから、だんだん敬語の研究がさかんになってきたようなわけである。つまり、こういうものを持たないヨーロッパ語の国々の人たちの目に、はじめて、特殊なものとして映じたのであって、われわれ日本人にはあまりにも普通のこととして、特に注意をひかなかった。それほど敬語というものは、日本語にふかくしみこんでいるのである。さて、敬語の研究の上に一つの時期を画したのは、時枝博士の学説だった。それ以前から、敬語には、「尊敬」と「謙譲」と「丁寧」とがある、ということは注意されていたが、その三つが、大体、同列に考えられてきた。ところが、時枝博士は、さきの二つと、あとの一つとの間には根本的な違いがある、すなわち、前者は詞に属し、後者は辞に属するものだということを明らかにしたのである。

ことばは、さきに言ったように、かならず話し手Aと聞き手Bとの間に成り立つが、さらにここに、話題に上っている人物としてCとDとを考えてみる。たとえば、いま、話し手Aが、「Cが来る。」と言ったとする。これは、全然敬語を含まない表現である。つぎに、「Cがきます。」と言ったとすると、これはたしかに敬語的な表現だが、この場合、「ます」によって表されているものは、いったい、だれに対する敬意かというと、それは決してAの、Cに対する敬意ではない。Aの、聞き手Bに対する敬意だと考えなくてはならない。それが、こういう丁寧な言い方になったわけだ。つまり、話し手の敬意の直接的な表現が、この「ます」であって、だから、これは辞に属するものと言うべきである。「来る」という語に含まれた話し手の判断に、さらに場面（聞き手）の制約によって、右のような敬譲の陳述がつけ加わったのだと考えられる。つぎに今度は、「Cさんがおいでになる。」と言った場合、「Cさん」「おいでになる。」などというのは、やはり敬意を持った表現だが、しかし、これは、辞のような、聞き手に対する敬意の直接的表現ではなくて、話題の人物Cへの敬意に基づいた表現だと言える。

だいたい、右に「敬意」というのは、身分の上下とか尊卑とかの認識に基づく尊敬の気持ちであるよりは、むしろ、関係の相対的な隔たりを意識することによって生まれてくる、敬遠または「隔て」の気持ちであると考えた方がよいと思う。敬語というと、なにか敬まった言い方をするときだけの問題のようであるが、そうではない。右のような、親疎の関係の認識によって、話し手Aが、相手Bや、あるいは話題の人物Cを、どれだけ遠ざけ、または近づけて待遇するかによる、いろいろの表現を言うのであって、その意味では、むしろ待遇表現と呼んだ方が適当なのである。そこで、右の場合は、Aが、自分とCとの関係が隔たっていることを認識した結果、Cという人物およびその行動を、単なる「C」や「来る」とは違って、特殊なしかたでとらえて、これを「Cさん」「おいでになる」というように表現したものだ、と考えられる。それはちょうど、「見る」という事がらは、「見物する」とも「鑑賞する」とも「ながめる」とも表現できるが、話し手は、場合に応じて、たとえば、「村芝居を見物する」「新劇を鑑賞する」というように、語を選択し、使いわける――まさか「村芝居を鑑賞する」などとは言わない――ようなものだ。つまり、この「Cさん」「おいでになる」などは、すべて客体的な事がらの敬語的表現であって、詞に属すると考えるべきものである。だから、もしこれに、聞き手Bに対する隔ての気持ちをつけ加えて表現するならば、「Cさんがおいでになります。」と言わなければならない。

最後に、「Cが、Dさんから物をいただく。」と言えば、これは話し手Aが、話題のCD二人と自分との関係を考え、Cの方が、Dよりも自分により近い関係にあると認定して（図1）、CD間の物の受け渡しの事実、すなわち「CがDから物をもらう」ということを、その関係を表すのにふさわしい語をえらんで、「CがDさんから物をいただく。」と表現したのである。同じ事がらを、Dを中心に言えば、「DさんがCに物を与える。」となり、Dをさらに遠ざけて言えば、「DさんがCに物をお与えになる。」となる。また逆に、Cの方が、Dよりも自分から遠い関係にあると判断すれば（図2）、同じ事がらが、「CさんがDに物をおもらいになる。」「DがCさんに物をさしあげる。」というように表現することになるわけである。「CさんがDさんから物をいただかれる。」と言えば、Dがいちばん遠く、Cは、Dよりは話し手Aに近いが、しかし、やはりある隔たりがあることを意

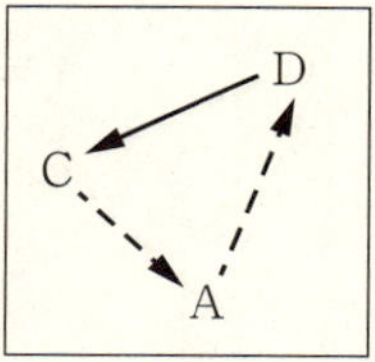

図1

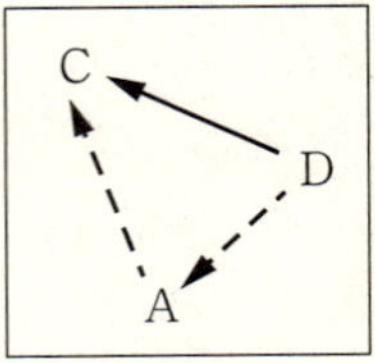

図2

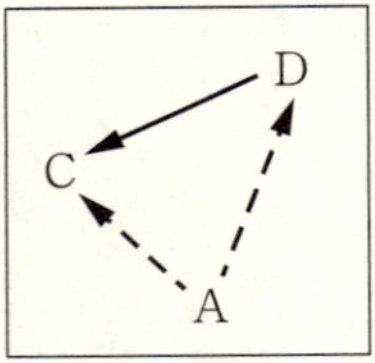

図3

識しての表現になる（図3）。いずれにせよ、これらの「いただく」「与える」「お与えになる」「おもらいになる」「さしあげる」「いただかれる」などは、物品を受け渡しするという事がらの表現の種々の変容なのであって、詞に属するものと考えなければならない。これらにさらに、聞き手Bに対する隔ての気持ちを添えるならば、「CがDさんから物をいただかれます。」とか、「DがCさんに物をさしあげます。」とかのように、別に辞の要素を加えて言わなければならない。

敬語がやっかいなのは、この話し手の、話題の人物のとらえ方が、聞き手を考慮することによって、場合場合で変ることがある点である。たとえば、話し手Aにとって、話題の人物Cが会社の部下であるとする。このCのことを、同じく社員であるBに話すときには、Aはもちろん、「Cが昨日そう言っていた。」というように、敬語なしで言う。もし、「そうおっしゃっていた。」などと、敬語で、隔たりのある表現をすれば、まことに他人行儀な、親しみのない言い方になって、かえって変なことになってしまうだろう。ところがなにかの機会に、社員Cの父親とAとが話をすることがあって、Cのことが話題にのぼったとすると、Aは、その父親に向かっては、「C君が昨日そうおっしゃっていました。」のように、Cに敬語を使ってものを言う場合がある。すなわち、父親に隔てを置いてものを言うために、Cを、その父親の側のものとして、平素とは違う隔たりを置いてとらえることになるからである（図4）。この場合、会社におけるAとCとの地位の上下などということは、別の問題である。また、こんなことがある。たとえば、母親Aが、息子Cのことを、娘Bに話している場合ならば、「あの子は、すぐ、お父さまに申しあげたのだがね。」というように言う。つまり、一家内のこととして、Aは、聞き手がBである関係上、父親Dを遠ざけ、Cを自分の側に引きつけてとらえるのである（図5）。そこから、「お父さま」とか「申しあげる」とかいう言い方が出てくる。ところが、もし、同じことを、他人である担任の先生に言う場合ならば、母親は、決してこんな言い方はしない。「あの子は、すぐ、父親に話したのでございますが。」というよう

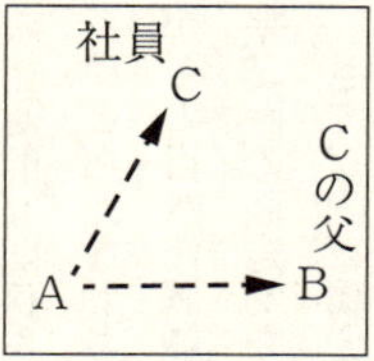

図4

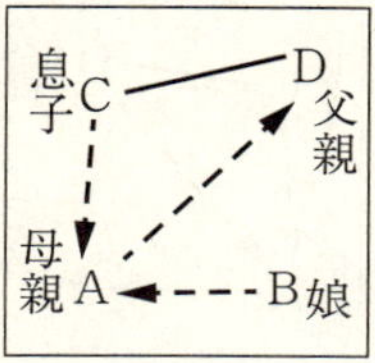

図5

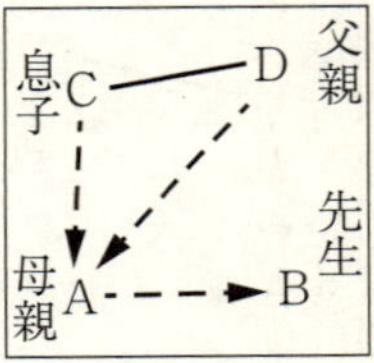

図6

に、聞き手の先生Bに隔てを置かんがために、父親Dをも、息子Cとともに、すべて自分の側に引きつけて表現するのである（図6）。

このように、日本語の敬語というのは、話し手（または筆者）と、話題の人物や事がらとの関係が、聞き手（読者）との相対的な関係を考慮することによって、その場その場で、（話し手に）親疎いろいろにとらえなおされて表現されるものなのである。それは、あくまで、人と人との間がらの自然な認識に基づくものであって、決して、地位や身分の上下とか、階級的な差とかの固定的な関係に基づく表現でないことを、ただしく理解しなくてはならない。

さて、詞に属する敬語は、以上の事情から明らかなように、場面に適した語の選択の問題であって、本来、語彙《ごい》の問題である。そのなかには、

殿下　うへ〔文語〕　いらっしゃる　召しあがる　おはす〔文語〕　宣《のたま》ふ〔文語〕　給ふ〔文語〕　拝見する　いただく　きこゆ〔文語〕　申し上ぐ〔文語〕　まかる〔文語〕　参る〔文語〕

のように本来「隔て」の気持ちを含んだ語のほか、

御車　お立派だ　ごゆっくり　お暑い　粗品　おぼし嘆く〔文語〕

のように、「隔て」の気持ちを表す接頭語をつけたり、

あなたさま　父上　行かれる　読みたてまつる〔文語〕　思ひ聞ゆ〔文語〕　縫はす〔文語〕

のように、「隔て」の気持ちを表す接尾語をつけたりしたものがあって（もちろん、「お兄さま」「おいであそばす」のように、接頭語と接尾語とを、ともにつけたものもある）、やや文法とかかわりあうところもあるが、しかし、これらの選択そのものに文法的な通則を立てることは困難である。文法の問題となるのは、むしろ、つぎに説く敬辞に関することである。

敬語の助動詞

聞き手に対する敬意を表す語、すなわち敬辞には、どんなものがあるかと言うと、

ます　（で）す　ございます〔口語〕　はべり　さぶらふ〔文語〕

などの、敬語の助動詞と称せられるものを、代表的なものとして、あげることができる。文語の「さぶらふ」は、時代的には「はべり」より後になって、さかんに用いら

れた。どちらも、もと、伺候するという意味の動詞からきているのだが、ことに「はべり」は、まだ「あらせていただく」「……させていただく」というような、へりくだりの意義を保存して、詞的な性質が強いように思われる。（拙稿「侍りの性格」『国語国文』二二ノ一〇参照）。しかし、一般には、これらは、いずれも助動詞、すなわち辞と考えられており、そうすると、用言の活用形に含まれた陳述や、体言の下にくる指定的陳述に、つけ加えて表現されることになる。時枝博士は、こういう敬辞を、指定的な陳述（「だ」「あり」またはゼロ記号で表される）が、場面によって変容したもの、つまり、それに置き代えられたものと説明した。たとえば、「妹なり。」が「妹に侍り。」となるのは、「妹にあり」における辞的な「あり」が、「侍り」という敬辞に置き代えられたものだという。右にも言ったように、「侍り」「候ふ」には、「汝の持ちて侍るかぐや姫奉れ。」「皇子御誕生候ふぞ。」のように、動詞「あり」に置き代え得るような、詞としての用法があって、それがだんだん辞的になって行くことは考えられる。また、「本だ」が「本です」になるのは、場面の制約によって、「だ」が「です」に置き代えられたと見ることも可能であろう。

ただ本書のように、用言の活用形にはすでに陳述が表現されていると考え、また、

「静かなり」「静かだ」というような形容動詞を考える立場からは、「置き代えられる」というよりは、むしろ「つけ加えられる」と説明する方が適当になる。つまり、「行きます。」は、「行き」という形にすでに含まれている陳述に、さらに「ます」という敬譲の陳述がつけ加わったものであり、「妹に侍り。」というのは、「妹なり」における指定の助動詞「なり」の連用形「に」に、さらに「侍り」がつけ加わったものである。「穏やかに候ふ。」も、形容動詞「穏やかなり」の連用形「穏やかに」に、「候ふ」が加わったものだ。こう考えると、「これは本です。」の「で」も、実は指定の助動詞「だ」の連用形であって、それに「す」という形の敬譲の助動詞が加わったものと考えるべきだろう。「静かです。」も、「静かだ」の連用形「静かで」に「す」が加わったものということになる。だから本当は、敬譲の助動詞としては、「です」ではなくて「す」という形のものを認めるべきで、これは、

しょ（う）　し　す　す　○　○

と活用すると考えるべきことになる。いずれにせよ、辞の「侍り」「候ふ」「ございます」や「ます」に相当するものは、「す」であるということになる。従来、「です」というものを認めて、特に「形容動詞の語幹につくことがある」と説明してきたのは、

矛盾している。もしそう考えるならば、そもそも形容動詞というものを、時枝博士のように、すべて「体言+だ」と考えて、はじめて筋が通ることになる。本書では上来、通説に従って「です」の形を掲出してきたが、「(で)す」のように、「で」を括弧に包んでおいたのは、以上のような意味であって、私はあくまで「す」という形を認めたいと考える。もっとも、その場合にも、動詞・形容詞につづく「でしょう」という敬譲推量の助動詞は認めるのであって、これは「だろう」という推量の助動詞の敬譲を表す形である。

この、辞に属する敬語はもちろん、詞に属する敬語の表現も、結局は、場面に応じるものなのだから、われわれは逆に、その表現によって、話し手と聞き手との関係、話の行われている場面、話し手と話題の人物との関係などを思い描くことができて、表現の具体的な理解に役立てることができるのである。たとえば、

「Dさんにこれを差し上げてくれ。」とおっしゃいました。

ということばにおいて、主語はすべて省略されているが、「Dさんにこれを差し上げてくれ。」と言ったのは、このことばの話し手(A)からは隔てを意識する関係にある人物(C)であることが「おっしゃる」という敬語でわかり、そのCもまた、Dに

は隔たりを感じる関係にあることが「差し上げる」という敬語でわかる。そしてAは、聞き手B（あるいは、これはDと同一人であるかも知れない）に対しても隔たりの気持ちを持っていることが、「ました」の「ます」という助動詞によってわかる。そしてCとAとの間における対話「Dさんにこれを差し上げてくれ。」（この場合の話し手はC）において、「差し上げてくれ」のように聞き手Aに対する敬語が用いられていないということで、Cの方はAに隔たりの意識を持っていないことがわかるのである。

要するに敬語表現というのは、理性的なものであるよりは、むしろ、隔たりを感じるかどうかというような、感情的なものに基づくものだから、複雑な対人関係を持つ社会において、「どういう場合にはどういう敬語を用いよ」などということを規定しきれるものではない。ただ、そういう社会感情がほぼ安定しているときには、敬語というものも、いわばその所を得ていて、特に耳立ちもしなければ、あまり問題にもならない。それが、現在のように、大きく言えば社会の価値観が根本からゆれ動いて、対人関係もはなはだ複雑化し、個別化しているときには、あるいは多過ぎると言い、あるいは乱れていると言って、敬語というものが、なにかと問題になるのは、やむを得ないことかも知れない。しかし、人間関係を円滑にするために、待遇表現の適切な使用が必要なことは、依然として変らないであろう。

⑽　助　詞

助詞の重要性

が　を　て　ば　こそ　さえ　か　よ

これらもやはり、事がらに対する話し手の立場、たとえば事がらと事がらとの、関係に対する判断（が・を）、接続（て・ば）、事がらに対する限定（こそ・さえ）、疑問（か）、感動（よ）などを表現するものだから、辞に属すると考えられる。そして、辞のなかでも、接続詞や感動詞のように単独で用いられないで、いつも詞と結びついて一文節をなす点は助動詞と共通だが、ただこれは、活用をしない点で助動詞とも区別される。こういうものを助詞と名づける。

助詞が、感動詞とともに、日本語において特徴的な、大切なものと考えられることは、さきに述べた語分類の歴史を考えあわせてみても、了解できよう。現代の文法理論の創立者ともいうべき山田孝雄博士は、『日本文法論』や『日本文法学要論』のなかに、つぎのような意味の思い出を、感慨深く語っている。

私（山田博士）は、丹波国篠山の鳳鳴義塾で国語の教師をしていた。教科書は、関根正直氏の『普通国語学』で、これには、「は」が主語を示すものとしてあった。私は、その主格の助詞の条を、そのまま受け売り的に講義していた。ところがある日、一人の生徒が、自分らの用いている「は」という助詞は、主格以外のものを示しているといって、いろいろ例をあげて質問し、教科書の説はわからぬと言う。私は狼狽した。即答出来なくて、答はつぎの週まで待ってくれと言い、さて考えれば考えるほど、生徒の言うことが正しくて、教科書が正しくないこと明かである。つぎの週私はその生徒に謝ったのであった。そして当時の国語学の貧弱さに、悲しくもあり腹立たしくもなった。文法を教えるものより、教えられる者の方が正しい見解を持っているという有様なのである。それから一年間、大学者といわれる人の論文をすべて読みあさったが、一つも正しいものがない。こんなことで時日が経過してしまえば、国語の正しい研究は、まったく行われなくなるだろう。それにはまず、こういうことを見せつけられた自分が、これに没頭しなければならない。こう決意したのが、実に、自分が日本文法の研究を自己の生命とまで思い、それに半生をささげた動機であった。「は」が主格を示すものか否かというところに、自分の研究の出発点があり、それが係助詞ということの確認せられたところに、自分の研究の到着点があったのである。（要旨）

この話は、すでにはやく成章や宣長のてにをは・係り結びの研究が江戸時代の国語研究をみちびいた事実とともに、日本語における助詞研究の重要さをよく物語るものであろう。

さて、助詞には随分いろいろなものがあるが、これを分類するとすれば、まず、どういう詞に接続するかによって、つぎのように分けることもできる。

口語助詞接続表

体言に	用言に					
	未然形	連用形	終止形	連体形	仮定形	命令形
が の を に へ と から より で や なり やら か		たり	と なり（動）	が の に と より		と

	は も こそ さえ でも しか まで ばかり だけ ほど ぐらい など	か さ ね よ
ても（でも） つつ（動） て（で） ながら（動）	は も こそ さえ でも しか（形・形動） など	
と けれど（けれども） が ので のに から し ながら（形）	など	な（禁止）（動） ぞ か さ とも な（なあ）（感動） ね よ
	は も こそ さえ でも しか（動） まで ばかり だけ ほど ぐらい	
ば		
		よ

文語助詞接続表

体言に	用言に（未然形）	用言に（連用形）	用言に（終止形）	用言に（連体形）	用言に（已然形）	用言に（命令形）
が　の　に　を　へ　と　より　にて			と	が　の　に　を　と　より		
	ば　とも（形）	て　して（形・形動）　つつ（動）	とも（動・形動）	が　に　を	ば　ど　ども	
は　も　ぞ　なむ　や　か　こそ　だに　すら　さへ　し　のみ　ばかり　まで　など		は　も　など	や	は　も　ぞ　なむ　か　こそ　だに　さへ　のみ　ばかり　まで　など		
かな　や　よ	ばや（動）　なむ（動・形）		な（禁止）　かし　な（感動）（形）	な（禁）（ラ変）　かな　や　よ		かし　や　よ

しかし、ここには、助動詞と同じように、その助詞が話し手のどういう立場を表現しているかによって、つぎのように分類しておこうと思う。

第一類の助詞（格助詞）

が　の　に　を　へ　と　より　（から）〔口語・文語〕

で〔口語〕　にて〔文語〕

これらはいずれも、事がらと事がらとの関係、すなわち「格」を表す。それで、これを**格助詞**と呼ぶことがある。格を示すというのは、たとえばここに、「犬」「与える」ということばで表される二つの事がらがあるとき、話し手が、その間にどういう関係を認めるか――「犬」を、「与える」動作の目的と認めるか、対象と認めるか、主体と認めるか、など――にしたがって、これを「子どもに犬を与える。」「犬にえさを与える。」「犬が（恐怖を）与える。」のように、違った助詞で表現するのである。「本とノート」「……と言う」の「と」なども、やはりその意味で格助詞と言える。前者は、並列的な関係を、後者は、「……」を詞と同様に考えて、これと「言う」との関係を表す。「の」には、「松の枝」のように所属を表す場合や、「雪の降る夜」のように主格を表す場合がある。「野球を見るのが好きだ。」のような「の」は、形式名詞と見る人もあり、また**準体助詞**というように呼ぶ人もあって、これとは性質が違う。

「天才の娘」などという場合の「の」も、「天才が産んだ娘」の意味なら格助詞だが、「天才であるところの娘」の意味なら、「天才だ」という形容動詞の連体形と見られよう。また、「中学生の時」のような「の」は、指定的陳述を表すから、「だ」の連体形と見られることは、さきに述べた。

「で」「にて」は、「遠き浦々にて沈み果て給ひき。」「木で造った家」のように、場所や手段・理由などの関係を表すが、もちろん、これと指定の助動詞や形容動詞の語尾とは区別されなければならない。右のほか、ずっと古くは「つ」（天つ乙女）、「な」（目な子）、「ゆ・ゆり」（「より」に相当する）などというのもあった。

これらの助詞は、いずれも、主として体言に接続する。そして、一つの文のなかで、事がらと事がらとの関係が同時に二重に表現されることはないはずだから、格助詞は、決して二つかさねては用いられないとされている。ところが、たとえば「東と西とにわかれる」のような場合、格助詞「と」と「に」とが、かさなることになる。そこで、こういう並列や列挙を表すものを、**並列助詞**として別にすることがあるが、これに属するものとしては、

と　や〔口語・文語〕　か　やら　だの　の　なり　たり　に

〔口語〕

などが考えられる。「ノートなり参考書なり好きなものを持参してよろしい。」「あの服を、買うの買わないのとまだぐずぐず言っている。」「パンにミルクにコーヒーはいりませんか。」のように用いられるものである。

第二類の助詞（接続助詞）

ば　が　て（で）〔口語・文語〕

と　ても（でも）　けれど（も）　のに　ので　から　し　ながら

〔口語〕

とも　ども　ど　に　を　つつ　ものを　ものの　ものから

〔文語〕

これらは、事がらと事がらとの間に因果関係や継起の関係を認めて、これを、話し手の立場から表現したものである。これについては、さきに接続詞のところで述べたが、接続詞との違いは、単独で用いられるか否かという点にある。要するに、節と節とを接続するのであって、これらの助詞をはさんで、つねに二つの事がらが述べられていると見られるが、形の上からは、用言、あるいは用言・体言に助動詞の添わったものに接続し、それらによって表現される判断の陳述にともなう点が、第一類の助詞（格助詞）と違っている。

さて、これによって接続される二つの事がらの意味的な関係には、「……して、……する」「……で、……だ」という同時的または継起的な関係の場合と、「……すると、……する」「……だから、……だ」という順態接続的な因果関係を持つ場合と、「……するのに、……する」「……だのに、……だ」という逆態接続的な因果関係を持つ場合とがある。「ば・て・と・ので・から・つつ」などは、継起ないしは順接の意味を表し、「が・ても・けれど・のに・ながら・とも・ども・ど・に・を」などは、逆接の意味を表すと考えられるが、これらが、本来そういう話し手の立場を表現するものであったかどうかは問題である。前にも述べたように、たとえば「勉強し、お菓子を食べている。」のごとくに、こういう語なしでも、二つの事がらを一つにまとめて述べることは可能なわけだ。ところが、これを「勉強しながら、お菓子を食べている。」のように、接続助詞を挿入して表現すると、この二つの行動が、同時に並行的に行われていることがはっきりする。さて、この段階ならば、まだ単に並行の関係を表すだけだが、勉強するときには、普通お菓子など食べないものだ、という話し手の考えが基本にあって、普通は結びつきにくいはずのこの二つの事がらを、接続助詞によって、あえて結びつけたものとすると、この「ながら」は、「勉強しているくせに、お菓子なんか食べている。」という、逆接的な気持ちを表していると考えられてくる。「知っていながら知らぬ顔をしている。」などの場合は、まったく逆接的だと考えられる。「つつ」なども、文語では、主として、動作が同時的に行われるか、ないしは反復して行われるかを言う場合に用いられるが、口語では、「悪いと知りつつやりました。」のように、逆接になる場合がある。

文語の「が」「に」なども、もとはおそらく、格助詞の「が」「に」と同じものであろう。「が」は、平安時代のなかごろには、まだ接続助詞の用法がなかったと考えられている。例の『源氏物語』冒頭の一文、

いづれの御時にか女御更衣あまた侍ひ給ひけるなかに、いとやんごとなき際にはあらぬが、勝れて時めき給ふありけり。

の「が」も格助詞であって、「大層貴い身分ではない人が、きわだってお覚えめでたいという、そういう方《かた》があった。」と解釈すべきなのだが、現代の語感からは、つい

「貴い身分ではないけれども、きわだってお覚えめでたい……」と解釈したくなる。つまり、貴い身分でない人がお覚えめでたいということは、普通の道理からは考えにくい。そういう矛盾する事がらを一つにまとめて述べる場合に、しばしば「が」が用いられるところから、これが、だんだん接続助詞になって行ったのだと思われる。

既に絶え入り給ひしが、定業ならぬ命にてまた生き出で給ひけり。（『保元物語』）

などは、「既に絶え入り給うた人が」と、格助詞にもとれるし、また接続助詞にもとれるところである。

「に」についても、

ゆふ日のさして山の端いと近うなりたるに、烏の寝どころへゆくとて三つ四つ、二つ三つなど飛びいそぐさへあはれなり。（『枕草子』）

の「に」などは、夕日が「山の端にずっと近づいた頃に」の意味とも、「……近づいたが」と、単に接続的に述べたともとれようが、

春雨のしくしく降るに高円の山の桜はいかにかあるらむ（『万葉集』）

あまり憎きに、その法師をばまづ切れ。（『平家物語』）

の「に」などは、むしろ順接的に「ので」と解したくなる。ところが、

朝夕の言種《ぐさ》に、羽をならべ枝を交はさむと契らせ給ひしに、かなはざりける命のほどぞ、つきせず恨めしき。（『源氏物語』桐壺）

になると、「……とお約束になっていたのに、それがかなわなかった」という逆接的な意味を読みとることができる。

庭の面はまだ乾かぬに夕立の空さりげなくすめる月かな（『新古今集』）

の「に」などは、「庭の面はまだ乾かないで」、あるいは「まだ乾かないころに」、空にはもう、今さき夕立があったとも思われぬ様子で月が美しく照っている、の意ともとれるが、しかし、むしろ「まだ乾かないのに」の意味に近く感じられる。つまり、「に」は、本来ただ、二つの事がらのつなぎに用いられているのであって、順接とか逆接とかは、その事がらに対する常識的判断（さきほどの雨で庭がまだぬれている時に、もう月が美しく照っているというのは普通でない、という見方）に基づいて、むしろ現代のわれわれがそう感じているだけのものであるかも知れない。

久しくまからざりしころ、この見給ふるわたり（私ノ家内ノ方）より、なさけなくうたてある（イヤナ）ことをなむ、さるたよりありて（夕顔ノ方へ）かすめ言はせたりける（ソレトナク言ワセタコトガアッタヨウデス）。のちにこそ聞き侍りしか、さるうき事やあらむ（ソンナツライコトガアロウカシラ）とも知らず、心には忘れずながら消息などもせで久しく侍りしに……

（『源氏物語』帚木）

頭中将が夕顔の思い出ばなしをするところだが、右の「のちにこそ聞き侍りしか」は、「後でこそそのことを聞きましたけれど、（当時は……）」と、逆接的な気持ちに解すべきところである。一般に、「こそ……已然形」の言い方は、「ど」「ども」などの接続助詞なしで、十分そういう意味が現れる。大体、已然形というのは、そこで「言い放つ」（「行くなら行け」「思うなら思え」というように放任する）といった話し手の気持ちを含む形であって、後につづく節の意味とあいまって、逆接的な意味が生まれてくることが多かった。

「ば（は）」は、本来は、つぎに説く第三類の助詞「は」と同じもので、強調的に添えられただけのものであったのだろう。（形容詞の場合、連用形＋「は」が仮定的な意味を表すことは前述した。）それが、だんだん、既成立の条件を順態的に接続せしめる場合に固定してきたが（口語では仮定形＋「ば」が、未成立の条件を順態的に接続せしめる）、もとは、わが宿の萩の下葉は秋風も未だ吹かねばかくぞもみてる（モミジシテイル）（『万葉集』）

のように、「吹かねば」という形で「吹かないのに」「吹かねど」という逆接の意味を表していると解すべき場合もあった。つまり、「秋風も未だ吹かね」で、すでに接続の気持ちは表されているのである。（佐伯梅友博士『万葉語研究』参照）

「を」なども、古くは、ただ詠嘆的に挿入されたものでないかと思われる。しかし、

……しばしばも　見さけむ山を　情なく　雲の　隠さふべしや（『万葉集』）

などの「を」になると、詠嘆あるいは目的格を表すよりは、「何度も何度も遠く見やろうとする山であるのに、それを無情に雲が隠すべきではあるまい」という、逆接の気持ちに近かろう。

「ものを」「ものの」「ものから」は、

悔しかもかく知らませば青丹よし国内《くぬち》ことごと見せましものを（『万葉集』）

空蟬《うつせみ》の世の人言のしげければ忘れぬものののかれぬべらなり（『古今集』）

来めやとは思ふものから蜩《ひぐらし》の鳴く夕暮は立ち待たれつつ（『古今集』）

のように用いられる。この「もの」は、形式名詞から出て、やがて、詠嘆的に強調す

ることばに添えて用いられ、

乙女のい隠る岡を金鉏《かなすき》も五百箇《いほち》もが鉏《す》きはぬるもの（『古事記』）

（金鉏が沢山あったらなあ。あの乙女の隠れている岡をその鉏で掘りおこすのだが）

のように、現実にあり得ぬこと、または論理的に矛盾する事がらを、これで強調し、あえて承認しようとするところから、「……だのに」という逆接の意味、さらに詠嘆の気持ちが加わるようになったのだろう。

天飛ぶや鳥にもがもや都まで送り申して飛びかへるもの（『万葉集』）

（空飛ぶ鳥になりたいものだ。そうすればあなたを都までお送りして、またここへ飛びかえることですのに。山上憶良が、京へ帰る大伴旅人の送別の宴で作った歌）

多遅比野《たぢひの》に寝むと知りせばたつごも持ちて来ましもの寝むと知りせば（『古事記』）

（多遅比の野で寝るとわかっていたら、風を防ぐ薦《むしろ》を持ってきたであろうのに、寝るとわかっていたら……）

などでは、一層それが明らかだ。これに、「を・の・から」が結びついて一つの助詞になったのが、「ものを」「ものの」「ものから」であろう。だから、この場合にも、あひ思はずあるものをかも菅《すが》の根のねもころごろに我が思へるらむ（『万葉集』）

のように、「こちらが思うほどに向こうは思っていない者を、一心に私は思っているのか」とも、また、「こちらが思うほどに向こうは思っていないのに、一心に私は思っているのか」ともとれるような、中間的な段階のものが考えられる。このほか、「ものゆゑ」というのもあるし、

いそぎ来るものは、衣の裾《すそ》をものにひきかけてよろぼひたふれて、橋より落ちぬべければ……（『源氏物語』夕顔）

の「ものは」も、「（源氏ヲ見ヨウトシテ女房が）急いでやって来はしたのだが」という逆接の意味を持っている。

このうち、「ものを」「ものの」は口語にも用いる。

「謝っているのだもの、許しておやり。」

「何泣いてるの？」「だって悔しいんですもの。」

などの「もの」は、ちょっと見ると「……だから」という順接の意味のように見えるが、やはり、右の「もの」に関係があろう。江戸時代には、

人ごみの中だわな、ちっとははねもかからねえでさ、湯水を遣ふだものを（『浮

世風呂』）

のように、「ものを」の形で使われている。風呂のなかで、はねがかかったといって文句を言った男に、「湯水をつかうんだもの、すこしははねもかからないことがあるもんか。」とやり返しているのだ。現代語の場合でも、素直な順接の言い方ではなくて、「謝っているんだのに、許してやらないということはない、だから許しておやり。」「悔しいんですのに泣かないってほうはないでしょう。（だから泣いてるの）」というような、もってまわった言い方のニュアンスが感じられる。これは、国立国語研究所編『現代語の助詞・助動詞』には、「不平・不満・うらみの意をこめ、理由を述べて反ばくし、訴え、あまえる気持」と説かれて、第四類の助詞（終助詞）に入れられている。

「けれども」は、元来は、形容詞の已然形に「ども」の接した形から語尾の「けれ」が切りはなされて「ども」と一つになったものらしい。いずれにせよ、接続助詞というものには、いわゆる逆態接続の場合に使われるものが多いということが、よくその性格を物語っているように思われる。

第三類の助詞（係助詞・副助詞）

は　も　か　こそ　まで　ばかり　など〔口語・文語〕

さえ　でも　しか　だって　だけ　ほど　くらい　きり　ずつ

〔口語〕

ぞ　なむ　や　だに　すら　さへ　し　のみ　やらん〔文語〕

さきにあげた語が、すべて、事がらと事がらとの関係に対する話し手の認定を表すものであったのに対して、これらは、ある一つの事がらに対する話し手の立場、たとえば、他と区別する気持ち、それと強く指示する気持ち、限定する気持ち、程度を示す気持ち、一つのものをとり上げて他のものを推測する気持ちなどを表現する。もちろん、こういう一つの事がらに対する話し手の立場というものは、その事がらによってだけ生まれてくるのではなく、他の事がらとの関係に対する認識が背後にあることは当然だが、それらと区別して、特にある一つの事がらが取り出される言い方になるのである。

さて、これらのもののなかで、口語では、

は　も　こそ　さえ　でも　しか　だって

文語では、

は　も　ぞ　なむ　や　か　こそ

などは、すこし別にして考えることができる。これが、さきに引いた山田博士の思い出話に出てきた係助詞なのだが、なぜこれを特に別にするかについて、山田博士に、つぎのような説明がある。たとえば、

鳥が飛ぶ。　鳥は飛ぶ。

という二つの文を見ると、どちらも、「鳥」が「飛ぶ」という動作の主体になっているのだから、「が」も「は」も、ともに主格を示す第一類の助詞（格助詞）のように見える。しかし、主語の下についていたら何でも格助詞だ、とは言えない。「鳥だけ飛ぶ」「鳥ばかり飛ぶ」の、「だけ」や「ばかり」は、格を示す助詞とは言えない。同じように、この「は」も、偶然、主格の語の下についているだけかも知れない。そこでつぎに、この下に「時」という体言をつけて、

(a)鳥が飛ぶ時　(b)鳥は飛ぶ時

という二つの連文節を考えてみる。(a)において「が」によって統一された「鳥」という語は、「飛ぶ」にだけ関係して、「時」以下には関係しない。だから、「鳥が飛ぶ時、

空気が動く。」と言っても、「鳥」と「飛ぶ」との関係は変らない。それに対して、(b)の、「は」によって統一された「鳥」という語は、下に、「(飛ぶ時)どうする、どうなる」という説明を要求している。だから、「鳥は飛ぶ時、羽を動かす。」と言うと、「鳥」は、「飛ぶ」とは直接に関係しないで、下の「羽を動かす」という叙述につづいて行くことになる。もっとも、この場合でも、やはり「鳥」が主格にたっていて、「は」は主格を示すのではないか、ということになりそうだが、たとえば、「鳥は飛ぶ時の姿がすきです。」のように言うと、「鳥」は、「鳥について言うと」というように、話の主題を提示する語(**提示語**)になるわけで、決して主語とは考えられないのである。

この点は、日本語として大変重要な問題であり、表現にかかわるところも大きいことなので、以下、すこしくわしく説明してみよう。

主題と主語

外国人の学生に、作文を書かせてみると、かなり日本語に習熟している者でも、冒頭にいきなり、昨日、私がAさんをたずねました。

というような文を書く。こういう場合は、「私が」でなくて、「私は」でなくてはいけないと言うと、不可解な顔をして、それでも先生は、「が」は主語を示すパーティクルだと言ったではないか、この文の主語は「私」なのだから、どうして「私が」と書いてはいけないのか、と反問してくる。そこで今度は、もしこの前に、まずAさんが数日前にあなたを訪問したというようなことが書いてあって、それに対して、昨日はあなたの方からAさんをたずねたという意味を表すのなら、「私がAさんをたずねました。」でよろしい、しかし、文章のはじめに、いきなりこういう言い方をすると、大変おかしい日本語になる、というふうな説明を試みる。すると相手は、ますますわからないという顔をして、それなら、昔話が、いきなり、

昔々、あるところに、おじいさんとおばあさんが住んでいました。

で始まるのは、どういうわけか。作文のはじめに、

昨日、私の飼っている小鳥が死にました。

と書いては、おかしいか。これも「小鳥は死にました」としなければいけないのかと、たたみかけてくる。こういう場合に「が」と「は」とどちらが適当か、などというこ

とは、われわれ日本人にとっては、まったく考慮の余地のないほど自明のことなのであるが、いざ説明するとなると、また、これほどむずかしい問題はないのである。

ある、外国人向けの日本語教科書には、この「ガとハとの使い分け」を、つぎのように説明してある。すなわち、「花がさきました。」という場合は、主語の「花」が強調され、「花はさきました。」という場合は、述語の「さきました」が強調される、というのである。いかにもこれで、たとえば、さきの「私がAさんをたずねました。」は、Aさんが私をたずねて来たのでなくて、私の方がAさんをたずねたと、「私」を強調した言い方になるのだ、というふうに、うまく説明できそうである。ところが、それならば、

B君は、とうとう来なかった。

という場合はどうか。みんな集まったのに、B君だけはとうとう顔を見せなかった、という意味で、これもまたB君を特にとり出して強調した表現と言えるのではないか。つまり、「は」をともなう語もまた強調されるのではないか。こういう反問が、当然出てくると考えられる。どうも、「強調」というようなことでは、その場合の文脈次第でどちらとも受けとれる面があって、完全な説明にはなりにくいようである。

いま、ガとハとの違いとして、まず第一に言えることは、ガが、いわゆる主語を示す働きを持つのに対して、ハの方は、その場における話の題目になるものを提示するはたらきを持つ助詞である、ということである。「○○について言えば」と、以下それについて説明し、叙述しようとする事がらを、はじめにまず提示するときに、このハが用いられる。だから、ハは、

子供は、夕食後に、コーヒーを飲まない方がよい。
夕食後は、子供が、コーヒーを飲まない方がよい。
コーヒーは、子供が、夕食後に、飲まない方がよい。

のように、いわゆる主語だけではなくて、目的語その他の修飾語につくことも可能なのである。この場合、たとえば、

陸海空軍その他の戦力は、これを保持しない。国の交戦権は、これを認めない。
（憲法第九条）

というような言い方のあることを、考えあわせることができる。これは、論理の上からは、「陸海空軍その他の戦力を保持しない。国の交戦権を認めない。」と言うべきところであるが、その目的語を、さきにハによって主題として提示しておいて、あらた

めてそれを「これ」という語で受けて、論理を明確にしたのである。それと同様に、さきの文は、それぞれ、

子供は、（それが）夕食後にコーヒーを飲まない方がよい。

夕食後は、子供が（その時刻に）コーヒーを飲まない方がよい。

コーヒーは、子供が夕食後に（これを）飲まない方がよい。

という言い方なのであって、要するに、事がらとして言えば、

子供が夕食後にコーヒーを飲まない方がよい。

という一つの事がらを、それぞれ中心点（主題）を変えて述べたものなのである。これを、まとめて、

子供は、夕食後は、コーヒーは、飲まない方がよい。

のようにも言えるが、それを、

子供は、夕食後には、コーヒーをば飲まない方がよい。

のように言えば、論理が、はっきりする。「……とは」「……へは」「……からは」「……では」「……よりは」のように、「は」は、いろいろな修飾語について、これを文の主題にとり立てることができるのである。したがって、「が」で示されるところ

の主語を主題にとり立てた場合は、「……がは」と言うべきところであるが、これは「……は」をもって代用されることになっている。

「は」は、このように、それについて叙述すべき主題を、新しく提示する働きをする。自己紹介をするとき、「私は何々です」というのは、ここに自分というものを主題にして、その姓名や職業などの説明をくわえようとする姿勢をとるからである。ところが、もしその際、「私が何々です」という言い方をしたならば、これは妙なことになる。はなはだ思いあがった態度だととられてもしかたがないことになる。

なぜならば、この「が」という助詞は、「は」が、これから述語として述べようとすることの主題をまず提示するのとは逆に、むしろ、述語に対して、その主辞になるもの、あるいは、述語に述べられている動作・作用に関して、その主体になるものなどを、それと確認することを示すものだからである。たとえば、「責任者はだれだ。」といってさがしているときには、「私が責任者です。」と名のり出ることになる。

私が責任者です。

というのは、つまり、

責任者は私です。

というのに等しい。「私は責任者です。」という場合は、「私は?」という問題が提起されて、それに対して「責任者です」という説明がなされるのであるのに対して、「私が責任者です。」の方は、まず「責任者は?」ということが問題になって、それに対して、「私がそれです」という解答が与えられるかたちになる。いわば、述語の方が、先に話題として聞き手の側に提供されているという状況において、はじめて助詞「が」を用いることが可能になる。たとえば「私が木村です。」という言い方が可能であるためには、木村という名前が聞き手に、すでに承知されていなければならない。「あなた方すでによくご承知のはずの木村というのは、私です。」という言い方になるのだから、もし自己紹介でこういう発言をしたら、まことに横柄な態度と見なされるのは、当然だということになる。

右には、「私が何々です」という形の文をもっぱら問題にしたけれども、言うまでもなく、これは、たとえば「人が死んでいる。」というような、述語が用言である文についても同様に考えられる。「人が死んでいる。」という文(発話)の基礎にあるのは、「死んでいるのは、人だ」という判断である。何かが死んでいる。もしそれが一匹の蠅《はえ》であるならば、われわれは無関心に通りすぎてしまうだろう。しかし、それが人間である場合には、だまってはいられないで、右のような発話行動をおこすにいたる。その動機になったのは、この場合、その「死んでいるもの」に対する、われわれの関心の強さである。そういう関心の対象が、主語というかたちで、助詞「が」によって示される。

さきに引用したように、「花が咲きました。」という文では「花」が強調される、というような説明がなされるのは、この場合、関心の対象である「花」が、右のような意味で、新しい情報として提供されるものだからである。それに対して、「花は咲きました。」では「咲きました」が強調されるというのは、今度は、「花」に関する説明としての「咲きました」が、新しい情報として提供されるものだからである。しかし、この事情はまた、一面こんなふうにも理解できる。すなわち、これらの場合、重要な意味をもつのは、むしろ、話題として前提される事がら——つまり、前者における「咲きました」という事実であり、後者における「花」なのではないか。そうすれば、強調がおかれるのは、実は、こちらの方であると見ることができることになる。

こうして、具体的な場面における発話を考えた場合、話は少々複雑になってくる。たとえば、道に一人の老人が倒れているのを発見して、まわりに人垣ができたという場合を考えてみる。一人の男が進み出て、その行き倒れの体にさわってみて、老人がすでに息絶えていることを知ったとする。そのとき、この男は、単に「死んでいる！」とさけぶだろう。このさけびは、この老人に関しての、男の立場からする説明であるところの、

　この老人は、死んでいる。

という文の、述語だけが言表されたものである。主題（この老人）は、この場合、そこに居あわす人々すべてに共通の了解事項として、あえて言表する必要のないものであり、これだけで、その場における伝達の機能は十分に達せられるのである。

ところが、もしこの事実が、広く、現場に居あわさない人々にまで伝えられるということになると、その場合の発話は、

　老人が、死んでいる。

という形式を必要とするようになる。これはもはや、右の場合とは違って、さきの事実を、「老人が死んでいる」という一つの事がらとして伝達しようとするものである。聞き手にとっては、したがって、この文に述べられている事がら全体が一つの新しい情報なのであるが、しかし、その情報の中心をなすのは、やはり「（何かが）死んで

いる」という事実なのであり、その事実をさらにくわしくするために、その「何か」が、「老人」であるという情報がつけ加えられているのである。助詞「が」によってみちびかれる主語というのは、本来、このように、述語に対する限定語ないしは修飾語に近い性質を持つと言えるのであるが、しかし、それが言表されるのは、これによって、述語に述べられている事実を直接に左右するほどの重要な情報を、提供する必要が感じられるからなのであって、そこに主語のもつ、他の修飾語とは違った性格を認めることができるのである。

さて、ここで、はじめにとりあげた、外国人学生の作文、

昨日、私がAさんをたずねた。

に、立ちもどって考えてみよう。前述したように、この文が、もし、すでにAさんが、以前この「私」をたずねて来たことが述べられてあって、そのあとに現れてくるのであれば、——あるいはまた、昨日だれかがAさんをたずねたらしいが、その人間がだれであったかわからないというのでAさんがさがしている、というような状況において現れてくるのであれば、問題はない。なぜならば、この文は、

昨日、Aさんをたずねたのは私だった。

という意味に解されるものだからである。問題は、この文がそういう前提なしに、いきなり作文の冒頭に現れてくることにある。

しかしながら、それならば、外国人学生が疑問をいだくように、

昔々、あるところに、おじいさんとおばあさんが住んでいました。

昨日、私の飼っている小鳥が死にました。

というような文が、文章の発端に現れてくるという事実は、どう説明されるべきだろうか。

思うに、右の二つの文のような場合は、先に言ったように、内容を一つの事がらとして叙述し、提出するものなのである。いわば、

昔々、あるところに、おじいさんとおばあさんが住んでいるトイウコトガアリマシタ。

昨日、私の飼っている小鳥が死ぬトイウコトガオコリマシタ。

という言い方なのである。その意味で、事件の発端として、こういう事実が提出されることに問題はない。それならば、同様にして、最初の文は、

昨日、私がAさんをたずねるトイウコトガアリマシタ。

と解して、冒頭にあってもいっこうに差し支えないはずである。いかにもそのとおりなのであるが、しかし、こういう場合、日本語では「私」という主語をいちいち言表はしないのが普通で、

昨日、Aさんをたずねた。

という形の文が用いられる。そこに、さきの文の落ちつきの悪さの、もう一つの事情があったわけなのである。「昨日、私がAさんをたずねた。」という文が、内容を一つの事がらとして、とりまとめて述べる形式だということは、たとえばこれが、そのままに、

「昨日、私がAさんをたずねた」コトは、だれにも言わないでほしい。

「昨日、私がAさんをたずねた」トキ、B君も来あわせた。

のような、従属節として用いられるという点からも、考えられることである。(「私は」という言い方の文は、絶対にこういう従属節になり得ない。)歴史的に言っても、古代の日本語では、普通の終止をする文においては、主語に助詞「が」をつけることは、なかった。たとえば、

月出づ。

のように言って、絶対に、「月が出づ。」とは言わなかった。「が」を用いて言うのは、

月が出づる頃……　　月が出づれば……

のように、従属節になる場合か、あるいは詠嘆的に「……ことよ。」というふうな言い方をする場合にかぎられていたのである。「が」というのは、本来、「の」という助詞とともに、名詞と名詞を結びつけるはたらきを持つものであった。すなわち、右の従属節は、この助詞によって、全体が一つの事がらとしてまとめられていたのである。それに対して、「月出づ。」というのは、前述の「は」による表現と同様に、

月、（それが）出づ。

のような、「月」が話題として提示される表現であった。文が、提示部と説明部に二分されて論理の一貫をめざすよりは、情意的なものを重んじる表現であった。

その古い表現法に代って、一般に主語のあとにはかならず「が」を添えるという、いわばかつての従属節の形式が、一般の主述形式の文として用いられるようになったのが、近代の日本語である。そこに、表現における論理の明晰さを求める、日本語の変遷の方向を見ることができるようである。

このようにして、結局「は」という助詞が用いられると、これは、文としての陳述

につよい影響力を持つことになる。「は」という辞は、つねに、文としての言い切りの陳述を要求するのであって、このことは逆に言うと、「は」を用いるということは、すでに言い切りの陳述を予定する話し手の立場を、表していると考えてもよい。「平和条約は」と言い出せば、かならずその後に「批准された」とか、「批准さなれい」とか、これに対する言い切りの説明を予定している。「平和条約は批准された時」、あるいは「批准されれば」のように、その説明が、言い切りにならずに外にそれて行ったときには、その代りに下にさらに何か、「その効力を発生する」というような言い切りの説明が、かならず予定されているのである。このことは、「も」についても、まったく同様に考えられる。「は」が特立して提示するはたらきを持つのに対して、「も」は、併説的に提示するという違いがあるだけである。こんなふうに陳述に係って行く（影響をおよぼす）ところから、これらを**係助詞**と呼ぶのである。

さきの例において、「鳥は飛ぶ」の「飛ぶ」と、「鳥が飛ぶ時」の「飛ぶ」とは、形は同じだが、一は終止形、一は連体形であって、そこに含まれている陳述が違っている。「は」は、かならず、前者すなわち終止形の陳述と呼応する。つまり、それによって、結ばれる。「は」「も」にかぎらず、口語の場合には、すべて用言や助動詞の終止形で結ばれるために、それがはっきりしないが、文語の「ぞ・なむ・や・か」などは、「琴ぞ聞ゆる」「花やおそき」のように連体形の陳述に、「こそ」は「色こそ見えね」のように已然形の陳述に呼応することになっていて、これがはっきり形の上に現れる。そこで、これを**係り結びの法則**と呼んで、古くから、注意されてきたのである。しかし、根本の問題は、形の違いではなくて、係り結びが行われるのは、そこに含まれる陳述の違いにあることを忘れてはならない。もっとも、係り結びが行われるのは、そこで文が閉じられている場合であって、下につづく場合には、これが流れてしまうこともある。たとえば、

いにしへは、車もたげよ、火かかげよとこそ言ひしを、今やうの人は、もてあげよ、かきあげよと言ふ。(『徒然草』)

などは、ここで文が閉じていれば「言ひしか」と已然形になるべきところが、後の助詞「を」に引かれて、連体形になっている。なお、係り結びは、古文でも、かならずしも厳格には行われない場合もあったし、また、たとえば「なむ」は、歌ではほとんど用いられず、対話や物語に主として現れるというように、文体による相違もあった。すなわち、係り結びによる表現というのは、相手に語りかける解説的な口調を示すものだったのである。(拙稿「歌物語の文章」『国語国文』昭和二八年六月号参照)

副助詞

右の係助詞以外のものを、**副助詞**と呼ぶことがある。それらが表す話し手の立場というものは、事がらそのもののあり方に基づくところが大きいからか、この種の助詞には、いくぶん詞的な面があるようである。だから、これらによって統一された文節は、また全体で詞的な性格を持っていて、判断の対象になる。つまり、「今日までだ。」「空籤《からくじ》ばかりだった。」「二メートルぐらいです。」「生還せる者三人のみなりき。」のように、「だ」「なり」という辞に統一されたり、また、「ここまでが大変だった。」「一人ずつの意見」「私などにおっしゃってもだめです。」「空籤ばかりを引いている。」のように、第一類の助詞によって統一されたりする。これは、右の係助詞にはもちろん、並列・準体助詞以外の助詞にはないことだろうと思われる。(その意味で、「から」は、格助詞よりは、むしろこれらと同じものと考えるべきではなかろうかと思われる。なお、右のようなものは、形式体言であって助詞ではない、とする意見もあるが、賛成できない。)こういう、いわば詞的な性格を持つところから、これらの助詞には、用言の、陳述ではなく詞的な意味そのものを、副詞的に修飾する―

――たとえば、「空籖ばかり買う。」と言った場合、「空籖を買うばかりだ。」と、その買い方をくわしく表現している――と認めてよい点があると思われるので、これを副助詞と名づけておくことには、理由があろう。たとえば外国語に訳した場合、これらはいずれも副詞に訳されることになる。いずれにせよ、こういう点で係助詞と副助詞とには明らかに性格の違いがあって、かさねて用いられるときには「そればかりはごめんだ。」のように、かならず副助詞が係助詞の上にくることになっている。

ちなみに、「だに」「すら」「さへ」の間には、本来、「だけでも」、「でもやはり」、「までも」といった意味の違いがあったが、平安時代にすでに、「だに」と「すら」とは意味が混同して用いられ、結局、口語には「さえ」だけが残って、「だに」の意味も「すら」の意味も、これ一つで表すことになったのである。

第四類の助詞（終助詞）

か　な　な（なあ）　ぞ　とも　よ　や　わ　の　こと

ね　さ〔口語〕

な　ばや　なむ　がな　かな　かも　かし　や　な　よ

を〔文語〕

これらは、いずれも話し手の疑問・感動・詠嘆・禁止・命令・強意・希望などを表すものである。主として文の終りにあって、全体を統一する。そこで、これを**終助詞**と呼ぶ。ただ「な・ね・さ」〔口語〕「や・な・よ・を」〔文語〕などは、文節の終ったところなら自由につき得るので、特に**間投助詞**と呼ぶこともある。

以上、助詞をいくつかに分類してみたが、これですべてを尽くしているわけでもなく、また、その分類も人によっていろいろで、かならずしもこれが唯一最良の分類とは思わない。しかし、一応これで見当はつくかと思う。

⑾ 感動詞

まあ　おやどれ　いえ　はい　ほれ　あのねえ　え　こらっ

もしもし〔口語〕　あはれ　いざ　いで　や　おう　すは〔文語〕

これらは、話し手の感情〔驚き・怒り・恐れ・悲しみ・喜び〕や、呼びかけ・応答などを表現する。普通これを感動詞と言うが、そのなかには、右のような応答詞とも言うべきものが含まれるわけである。そして、これらは、話し手の感情や応答を、いわばじかに音声に表出したものだ。もちろん、じかにと言っても、個人の勝手な叫びや嘆声が、すべてただちに感動詞にはならない。ことばとして社会的な承認を経たものにかぎる。ターザンの叫び声はもちろん感動詞ではないし、「ヘイ」と言っても、日本語では、呼びかけのことばではない。丁稚《でっち》の応答のことばとしてなら認めることができる。しかし、とにかく感動詞は、話し手の立場の概念化されない表現として、どちらかと言えば辞に属すると考えられる。ところが、辞は一般に客体的な事がらに対する話し手の立場の表現であった。したがって客体的な事がらを表す詞にともなって用いられるのが普通だが、この感動詞の場合は、そういう感情や応答を引き出した対象である事がらは表現されずに、まったく主体的な立場だけが表されているのだから、辞のなかでも特殊なものに属する。と言うよりは、いわば主体・客体の分析がほどこされずに表現されているのであり、むしろ、一つの語であって同時に一つの文に相当するもの、と言えよう。それだけで独立し、完結しているのであって、もちろん文の成文にはならない。

さきに述べた第四類の助詞（終助詞）も、やはり辞であって、話し手の感情を表現するところはよく似ているが、違うのは、感動詞は、それだけで独立しているのに対して、終助詞は、いつも詞と結合している点である。「ね、いいでしょう。」「なあ、本当だねえ。」のように使われた場合は、この「ね」「なあ」は感動詞と認めてよいだろう。「畜生」「くそ」「うらめしや」「ばか」「しまった」などは、いずれも本来、詞または詞・辞の結合したものだが、このうち、はじめ二つは、もう感動詞に転成したと見てよい。その他のものは、なお問題だが、しかし、東京の人たちがよく言う、「なに言ってんだ、ばァか。」のような「ばか」は、たしかに、もう感動詞だと言えるだろう。

一〇　品詞分類・まとめ

われわれの顔つきや性格が、みなすこしずつ違っているように、単語もまた、その形態か、意味か、機能かが、すこしずつみな違っていて、完全に同じものは一つもないが、しかし、小異を捨てて大同につくとすれば、ほぼ共通の性格を持つと考えられる単語どうしを集めて、以上十一ほどのグループに分類することができる。そのなかをさらにこまかく分けることも、もちろん可能であると同時に、反面また、そのグループごとの相似点をとりあげて、一段上のレベルで大きくこれを、体言とか用言とか副用言とかにまとめることもできたわけである。そして結局、「詞」と「辞」という、二つの大きなグループにまで到達した。そこで、以上に述べたところを思い返しながら、今度は逆に、単語全体というところから出発して、それが、どういう点に基づいて次第にこまかく分類されていくかを考えてみよう。その際、なにかの基準が必要になるが、文との連関において単語を考えるという意味で、その単語の「機能」ということを第一におきたいと思う。しかし、これ一つを基準として分類を徹底させるということは、理想的ではあるが、なかなか困難であり、また、単語の機能は、当然その意味や形態とふかく関連しあうものだから、以下、そういう面をも同時に考えあわせて行くことになる。

さて、単語はまず大きく二つに分けられる。一つは、主体に対立する客体界の事がらの概念化された表現という面の強いものであり、一つは、主体の立場（判断・感情・欲求など）が直接的に表現されたという面の強いものである。前者が詞と呼ばれ、後者が辞と呼ばれることは、今までくり返し述べてきた。（くわしく言えば、それぞれ、「詞的な語」「辞的な語」と呼ぶべきだろう。）ただこのなかで、「まあ」「いいえ」「さあ」のような、感動詞と呼ばれる語だけは、さきに見たように、特殊なものとして、はじめから区別しておく必要がある。一般的に言って、辞は、詞を包みこみ、文を統一して具体的な表現をなすはたらきを持ち、かつ、接続詞のほか、辞はつねに詞と結合して用いられるのに対して、詞は独立的に用いられることがある。

詞
辞
（感動詞）

つぎに詞について考えてみると、このなかには、「花」「咲く」のように、文の根幹をなすともいうべき主語・述語にみずからなり得る単語と、「いわゆる」「ゆっくり」のように、つねにそれらに依存して、副次的に修飾語としてだけ用いられる単語とがある。前者を自用語、後者を副用語と呼ぶ。

詞 ─┬─ 自用語
　　└─ 副用語

自用語について考えてみると、これらはいずれも、述語にも修飾語にも（主語にも）なり得るものだが、そのうち、(a)「本」「私」のように、判断辞をともなってはじめて述語になり得るもの、すなわち「何々が何々だ」という型の文の述語になるものと、(b)「行く」「白い」「静かだ」のように、単独で述語になり得るもの、すなわち「何々がどうこうする」「何々がある」「何々がどうこうだ」という型の文の述語になるものとがある。それはつまり、前者(a)が活用しないのに対して、後者(b)が活用することによる。活用するということは、みずからのなかに辞の要素を含んでいるということだからである。前者を体言と呼び、後者を用言と呼ぶ。

自用語 ┌ 体　言
　　　 └ 用　言

体言は、さらに、事がらを純客体的に、名でもって表すものと、「あなた」「これ」のように、話し手との関係において表すものとにわかれる。前者が名詞、後者が代名詞である。すなわち、名詞は、もっとも詞的な詞だと言える。名詞のなかに、さらに「三つ・八番・五百人」のような数詞（数をもって表すもの）を分けることもできる。

体言 ┌ 名詞（数詞）
　　 └ 代名詞

用言の方は、そのなかに、(c)「書く」「ある」のように、「何々がどうこうする」「何々がある」という型の文の述語になるものと、(d)「寂しい」「元気だ」のように、

「何々がどうこうだ」という型の文の述語になるものとがある。これを意味の上から言うと、前者(c)は、性質・状態を推移的・流動的なものとして表現し、後者(d)は、それを静止的・固定的なものとして表現している。前者が動詞、後者が形容詞・形容動詞である。形態の面から言うと、五十音図の一行に活用するもの(動詞)と、二行にわたって活用するもの(形容詞)と、動詞に似た活用をしながら、「に・と」という特殊な活用形を持ち、かつ、それが副詞形としての機能を持つという点で形容詞に似ているもの(形容動詞)とがあることになる。

用言 ┌動　詞
　　 ┤形 容 詞
　　 └形容動詞

以上で自用語は大体分類された。つぎは副用語だが、このなかには、形容詞的修飾語としてだけ用いられるものと、副詞的修飾語としてだけ用いられるものとがある。前者が連体詞、後者が副詞と呼ばれる。それぞれ、形容詞的修飾および副詞的修飾の陳述をになうべき辞の要素を、うちに含んでいると考えられる。そして、いわゆる陳述副詞は、むしろ辞の性格を持つものとして、少し区別して考えなければならない。

副用語｛連体詞
　　　｛副　詞（陳述副詞）

以上で詞の分類が終った。つぎに辞だが、まず、このうちで、(e)単独で用いられるものと、(f)つねに詞と結合して文節を構成するものとに、わかれる。前者(e)は、並存あるいは継起する二つの事がらに対する話し手の立場を表すもの、すなわち接続詞である。それに対して、後者(f)は、(g)話し手の、事がらの存在に関する判断、回想および確認、不確実な判断、敬譲の気持ちなどを表すものと、(h)おなじく話し手の、事がらと事がらとの関係に対する認定、並存または継起する二つの事がらに対する立場、ある事がらを取りあげて強く提示したり、限定したりする気持ち、感動・詠嘆・禁止の気持ち、などを表現するものとにわかれる。前者(g)は助動詞、後者(h)は助詞である。助動詞には、共通して判断が含まれているが、それは、これらが活用することと関係がある。助詞には活用がない。

辞
⎧接続詞
⎨助動詞
⎩助　詞

以上を一つにまとめると、結局つぎのページのようになる。

さて、これをながめてみて考えられることは、すべての単語を、客体界の事がらだけを表すもの、主体的な立場だけを表すもの、というように、きっぱり二つにわりきって考えることは、むずかしいのではないかということだ。たしかに、その両極に位するもの、すなわち、もっとも詞的な詞ともいうべき「名詞」と、もっとも辞的な辞とも言うべき「第四類の助詞」との間には、その性格にいちじるしい相違が認められる。しかし、代名詞には、すでにやや主体的なものが関係し、用言や副用語には、辞の要素が同時に含まれていて、いわば辞を含む詞であると考えられ、陳述副詞は、もはや辞の領域にふみこんでいると思われるものであって、それと、辞に属する接続詞との間は、非常に近い。しかも、一応、主体的なものを表すという立場で考察してきた辞のなかにも、指定・打消・完了の助動詞や、第三類の助詞にすら、いくぶんの詞

- 語
  - 詞的な語
    - 自用語
      - 体言
        - 名詞（数詞）
        - 代名詞
      - 用言
        - 動詞
        - 形容詞
        - 形容動詞
    - 副用語……
      - 連体詞
      - 副詞（陳述副詞）
  - 辞的な語
    - 接続詞
    - 助動詞
      - 指定の助動詞
      - 打消の助動詞
      - 過去・完了の助動詞
      - 推量の助動詞
      - 敬譲の助動詞
    - 助詞
      - 第一類の助詞（格助詞）
      - 第二類の助詞（接続助詞）
      - 第三類の助詞（係助詞・副助詞）
      - 第四類の助詞（終助詞）
    - 感動詞……感動詞

的な性格が認められなくはない。そうなってくると、むしろ詞的な語と辞的な語とは、その中間的なものを介して、相互に連続していると見るべきではないかと思われるの

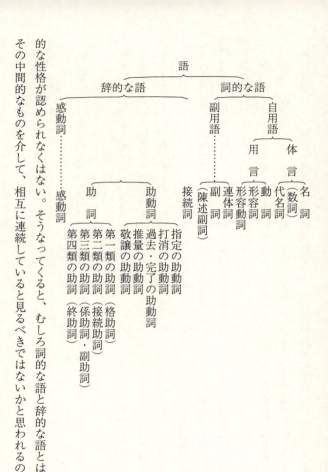

である。

「ある」「ない」という語の表現するものは、事物の客体界におけるありかたであると同時に、そのありかたを認識する主体の判断にほかならない。こうして、これらの語は、詞・辞の間をゆれ動く。そして、ここから、「だ・なり・た・たり・り」などの語の、辞的にして一面詞的な性格が生まれてくる。形容動詞の問題もまた、ここから生まれてくるのである。詞は、客体界の事がらが、主体の認識を経て表現されたものであり、逆に辞は、客体界のありかたによって規定された主体の立場を表現するとすれば、両者がある一線において絶ち切り得ないと考えられるのは、むしろ当然であろう。ことばは、詞であれ、辞であれ、すべて、なんらかの概念化を経なければ、生まれてこない。そしてまた、われわれのことばが、語であれ文であれ、具体的な形をとって表現されたとき、そこには、つねにこの詞的・辞的二つの要素が多少ともまざりあって存在すると考えられる。しかもなお、それなればこそ、表現における詞的な要素と辞的な要素とを考えることは、大きな意義を持つことを思わなければならない。生きた表現の理解と説明のために、この辞的な要素について、われわれは、今後ますます考察をすすめて行かなければならないのである。

最後に、私は、泉井久之助博士の『言語の構造』に見えるつぎの文章を引いて、このささやかな書物の「むすび」にしたいと思う。

如何に周到にして博大な用意を以てしても常に大いなる——しかも多くの場合重大なる——剰余を残すのが、この種の問題の一般的な性質だからである。実に困難なのは、この種の考察の体系的完成を求めることである。如何に周密な体系を構成しても、言語自らは、常に体系以上に博大であると共に、また以上に細緻であることを示して来た。

参考書

日本文法についてさらに詳しく知り、また考えたいという読者のために、参考になりそうな書物を掲げておきたいと思うのですが、その選択は容易ではありません。たとえば、国語学会編『国語学大辞典』（昭和55　東京堂出版）の巻末に「参考文献一覧」として掲げられているもののうち、「文法」「文法史」「敬語」の部に並べられている単行本だけでも一二〇冊近くあります。しかもこのほかになお多数の講座や論文集があり、それに何倍かする雑誌論文があり、そしてまた別に「言語学」や「国語学一般」「国語史」などの部に収められているものにも文法に関係するものが多々あります。昭和五三年末までのもので既にこのとおりなのですから、それ以後今日までに発表されたものをさらに加えると、その数は全くおびただしいものになるでしょう。ここには、その中から本書の読者にとって基本的に参考になりそうな書物で、かつ入手が余り困難でないものを選んで掲げることにしました。それぞれの問題を専門的に扱ったものを数多く省略せざるを得なかったことを御諒承ください。（古く出版されたものでも、復刊されたものは、復刊の年次・出版社名を記すことにします。）

本書四四ページ以下に述べたように、俗にわが国の三大文法学説と呼ばれているものにつ

いては、「山田文法」に、

山田孝雄　『日本文法論』　昭45　宝文館

同　『日本文法学概論』　昭11　宝文館

など、「橋本文法」に、

橋本進吉　『新文典別記 口語篇 文語篇』　昭22・23　冨山房

同　『國語法研究』　昭23　岩波書店

同　『国文法体系論』　昭34　岩波書店

など、また「時枝文法」には、

時枝誠記　『日本文法 口語篇 文語篇』　昭25・29　岩波書店

同（鈴木一彦編）『日本文法・同別記 口語編 文語編』　昭56　東苑社

などがあります。この三つの代表的な文法論のほかに、異色があって示唆に富むのは「松下文法」で、

松下大三郎　『改撰標準日本文法』　昭49　勉誠社

同　『増補 校訂 標準日本口語法』　昭52　勉誠社

などによって承知することができます。

それぞれに特色のある文法論としては、このほかにも、鶴田常吉『日本文法学原論』（昭28　関書院）、森重敏『日本文法通論』（昭34　風間書房）などがありますが、やや難解かもしれません。

以上のもののように文法を体系的に完備した形で説いたものではありませんが、

三上章『現代語法序説』　昭47　くろしお出版

同『現代語法新説』　昭47　くろしお出版

同『日本語の構文』　昭38　くろしお出版

などの三上章の文法論は、現代語についての構文論中心の考察ですが、その着眼点の卓抜さが注目されます。この三上の立場は、『現代日本語の表現と語法』『現代日本語法の研究』(共に昭58　くろしお出版)などの著のある佐久間鼎に発しており、同じ流れをくむものに三尾砂『話しことばの文法　改訂版』(昭33　法政大学出版局)もあります。文法論は大きく分けて形態論(品詞論)と構文論(統語論)とから成りますが、現代語を中心とする研究が進むとともに、このごろは特に構文論的な文法論が盛んに行われるようになりました。時枝文法などが問題にする陳述の考え方を発展させて、文の成立や構造を説く、

渡辺実『国語構文論』　昭46　塙書房

は、そのすぐれた例ですが、文の構造のみならず文章や語彙・敬語などの問題をも併せて広い立場から現代日本語について述べる、

南不二男『現代日本語の構造』　昭49　大修館書店

は、文法を考える上で参考になるところの多い書物です。ちなみに、「文章」を文法研究の単位とすることについては、なお問題のあるところですが、

時枝誠記『文章研究序説』　昭52　明治書院

をはじめとして、いろいろの試みがなされており、その主要な論文は、

山口仲美編『文章・文体』（論集日本語研究8）　昭54　有精堂

に集められてあります。

統語論が盛行するようになったのは、一つには、変形生成文法の影響で、この方面の書物も、

久野暲『日本文法研究』　昭48　大修館書店

井上和子『変形文法と日本語』　昭51　大修館書店

奥津敬一郎『生成日本文法論』　昭49　大修館書店

などをはじめとして多数あらわれるようになりました。シンタックスにおける語（句）の機能を、その意味との関係から検討しようとする論も、たとえば寺村秀夫『日本語のシンタクスと意味』（昭58・60　くろしお出版）、仁田義雄『語彙論的統語論』（昭55　明治書院）などいろいろありますが、

金田一春彦編『日本語動詞のアスペクト』　昭51　麦書房

は、その先鞭をつけたものと言えましょう。

こうした問題は、いずれも現代語の表現とじかに結びつく点があって、日本語教育の場に生かされるところも多いのですが、一般に「文法」は体系を重んじますから、個別の現象を説明する場合にも常に論としての体系を背後に用意しておくことが必要であろうと思われます。そしてまた、たとえば「敬語」という事象なども、従来は文法の問題とされてきました

が、それ以前に、もう少し広い立場から考えておくべき点が多いようで、

南不二男『敬語』昭62 岩波書店

などを、まず読まれることをすすめます。

一方において、形態論的な研究が着実に進められてきたことはもちろんであって、各品詞については、最初に挙げた各文法論をはじめ、

鈴木一彦、林巨樹編『品詞別 日本文法講座』昭47 明治書院

のようなものが、まず参考になります。ただ品詞分類とか各品詞の用法とか、接続とか活用とかの問題についても、構文論との関係や意味を重視する面が強くなっているのは、右に見たような傾向からも当然でしょう。たとえば、

川端善明『活用の研究』I・II 昭53 大修館書店

の説く「活用」の概念は、これまでの活用に比してはるかに広いものであるなど、形態論と構文論との見事な統合が、この書物には見られます。また、たとえば助詞助動詞は、もともと構文論との関係の深いものですが、

橋本進吉『助詞・助動詞の研究』昭44 岩波書店

国立国語研究所『現代語の助詞助動詞』昭26 秀英出版

北原保雄『日本語助動詞の研究』昭56 大修館書店

というように並べてみると、研究の傾向の推移が、よくうかがえましょう。

かつての国文法研究は、対象を古典語に求めるものが大部分を占めていました。それが、

特に戦後になってようやく現代の生きたことばを対象とする研究が盛んになったことは、きわめて当然のなりゆきとして慶賀すべきことです。しかし、広く「日本語の文法」を考えるためには、古典語に関する知識と現代語に関する知識とが総合されなければなりません。現代語の問題を処理するうえで、これと歴史的につながっている過去の時代の日本語の諸事実を考慮に入れるか入れないかでは、その論の深さに大きな違いが生まれてきます。その意味で、上代以来の各時代ごとの文法についてそれぞれに述べられた多数の書物をも参考書としてここに掲げるべきですが、それは、いま省略します。ただ、たとえば、

築島裕編　『文法史』　昭58　大修館書店

『文法史』（講座日本語学3）　昭57　明治書院

などによって、そのあらましだけでも承知しておくことは、最低限必要でしょう。そして、できるならば、『国語史概説』といった書物によって、「文法」以外の面をも含めた日本語の変遷の様相を承知しておくことが望ましく、さらに、

亀井・大藤・山田編　『日本語の歴史』（全八巻）　昭51　平凡社

のように、広く文化史的立場から多面的に日本語の変遷を説いた書物を読むことによって、文法に対する視野は、いよいよ開けてくるにちがいありません。

以上、明治以来の日本文法に関する代表的論文は、

服部・大野・阪倉・松村編　『日本の言語学　文法Ⅰ・Ⅱ』　昭53・54　大修館書店

に集められています。また『論集日本語研究』（昭53・54　有精堂）には、前掲の『8　文

章・文体』のほか、『5　文法』（北原保雄編）、『6　助詞』（岡崎正継編）、『7　助動詞』（梅原恭則編）、『9　敬語』（北原編）などの巻に比較的最近までの雑誌論文から選んだものが収められています。そして、これまでの諸説を概観するには、『講座　日本語』（昭30　大月書店）あたりに始まり、その後、明治書院・創文社・筑摩書房・朝倉書店・学生社・汐文社・大修館・岩波書店などから相次いで出版されたものを経て、最近完結した山口明徳『国文法講座』（明治書院）に至る、多種多様の講座の類が有益でしょうし、個々の項目について調べるのには、前述の『国語学大辞典』をはじめ、

佐藤喜代治編　『国語学研究事典』　昭35　明治書院

松村明編　『日本文法大辞典』　昭46　明治書院

なども備わっています。進んでそれぞれの関係論文についての情報を得たいと望まれるならば、ごく最近、国語学会・国立国語研究所共編で出版されたフロッピー版一三枚の

『日本語研究文献目録（雑誌編）』　平成元　秀英出版

というものがあります。昭和二八年から五九年に至る間に発表された国語学関係の雑誌論文はほとんどすべて収められていますから、文法関係のもの（№4所収）についても、その題目・著者・掲載誌名・発表年などの情報がパソコンで立ちどころに得られるようになりました。

論文や著書の数は今後ますますその数を増し、それについての情報を得るための方法も一層開発されていくでしょうが、それだけに、本当に参考するに足るものをその中から選別し

ていくことの重要さが、いよいよ大きくなっていくものと思われます。

解説　日本語のもうひとつの側面を明らかにする文法書

近藤泰弘

1　はじめに

本書『改稿　日本文法の話〔第三版〕』は、京都大学教授であった阪倉篤義氏の執筆した日本語文法についての概論書である。一九六〇年から七〇年代頃の文法論のエッセンスをコンパクトにまとめたものであり、日本語文法のひとつの側面を知るのに好適なものである。後述のように、阪倉氏の他の重要な著作の背後にある思想を深く知るためにも欠かせないものである。この解説は、現代の読者が本書を読むための予備知識といったものを提供することで、本書の価値をより多くの読者に知っていただくことを目的としている。

本書を手に取った方には、もとの『改稿 日本文法の話』（教育出版・昭和四十九年〈一九七四〉）をすでにお読みになっていて、あらためてこの文庫版を入手された方もあるかと思うが、おそらく大半の方は、この版で初めて本書をお読みになるのだと思う。そこで、本書の理論的背景について主に解説し、これから読む方の参考としていただこうと思う。

阪倉氏が、この「改稿」版のさらに前身の『日本文法の話』（創元社）を執筆したのは昭和二十七年（一九五二）である。まえがきには、若い人達のために、言語に対して正確な認識を持ってもらいたいという意図から執筆したものだとある。この最初の書の中には「侵略戦争を「聖戦」などということばで呼ぶこともできるのです」など、時代を感じさせる文言も多い。新しい時代の中で、日本語研究を広めていこうとする阪倉氏の意気込みがあふれているが、その意図は、この「改稿」版でも十分に感じることができる。

2　日本語文法研究の流れ　宣長から橋本文法まで

本書の内容をひとことでまとめるならば、非常にわかりやすく書かれた、時枝文法による文法入門書であると言えるだろう。そこでまず「時枝文法」について説明する必要があるが、そのためには、日本語文法の研究史を少し遡る必要がある。やや遠回りのようだが、本書の真価を知るための道筋として、それをたどってみたい。日本語文法の研究史の世界では、よく三大文法ということが言われる。山田文法・橋本文法・時枝文法の三つである。以下でも、それを中心に見ていこう。

日本語の本格的な文法記述は、江戸時代の本居宣長に始まる。宣長の文法は、和歌を正しく解釈し、さらに作歌することを目的としていたので、主に平安時代の勅撰集を中心に考察し、それに、万葉集や平安時代の物語の中の和歌などを資料としていた。宣長は、漢文の語法についての知識はあったが、西洋の言語学についてはまったく知識がなかったため、まったく独自の考察から、現在の動詞・形容詞の活用体系の基礎となる理論を打ち立て、その弟子達がそれを洗練して拡張した。「四段活用」や「連体形」などの江戸時代に作られた用語は現在の古典文法でもほとんどそのまま使われている。

宣長の文法のもうひとつの核となるのは、係り結びの理論である。英語などの印欧語の文法では、文の構造は主語と述語を中心として考える。また、述語動詞に対応する、主格（日本語助詞では「が」）、目的格（同じく「を」）など、いわゆる格という概念も極めて重要視される。これはそれらが、その言語の体系の中で、名詞や動詞の形態変化と密接に関連しているからである。これに対して、日本語の古典和歌を（主語述語・格などを知らない立場で）虚心坦懐に見れば、もっとも重要な骨組みとなるのは、「は・も・ぞ・こそ・や・か」という係助詞と、それが終止形・連体形・已然形で結ぶという、いわゆる係り結びの構造である（宣長は「は・も」は終止形結びの係助詞だと考えた）。現代の言語理論では、この係り結びによる「強調」のようなものは「情報構造」と呼ばれ、格などの「統語構造」の上にいわば被さったもののように理解されるが、この二つをどのように文法記述に位置づけるかという問題が、実はその後の近代の日本語文法研究の上での大きな課題となってくるのである。

明治時代になり、英文法やドイツ語文法といった印欧語の文法の理論が広く知られてきて、日本語文法もそれに合わせて刷新されていったが、その中で最初に本格的な体系記述を成し遂げたのが山田《やまだ》孝雄《よしお》である。山田孝雄の『日本文法論』（宝文館・明治四十一年〈一九〇八〉）が、いわゆる山田文法の中核をなす書であるが、そこでは

「格助詞」の概念を初めて導入し、西洋文法から導入された「主語・述語」の考え方と「格」助詞とを日本語記述の中でうまく調和させることに成功した。そういう意味で、山田文法は、統語構造をきちんと日本語文法の中に位置づけた最初の文法と言えるだろう。それと同時に、山田は、宣長の考え方も無視することはせず、「は・も」等の係助詞の持つ働きを文の「陳述」あるいは「統覚」作用と述べ、これが文を成り立たせる重要な要素であると考えた。これは、係り結びを文の中核に置いた宣長の考え方の新バージョンであることは言うまでもない。その後の松下大三郎の文法では、特に「は」を「題目」(主題)の助詞として、情報構造を、より現代的に記述している。

山田文法に続いて、三大文法のひとつとされるのが、橋本進吉の文法である。昭和になって成立した橋本の文法は、後述のように文節の規定による形態論を基本とし、主語・述語・連用修飾・連体修飾を基本とする統語論的な係受け(いわゆる「連文節」)をその中心に置いた。この考え方は日本語の音声的性質とも合致し、非常に合理的かつわかりやすいものであった。

さて、先の情報構造的な考え方であるが、これは実は、橋本文法ではあまり触れられていない。橋本文法では、「が」も「は」も主語であって、主題という考え方は基本的には存在しない。橋本の著書の『新文典別記』(冨山房・昭和十年〈一九三五〉)など、自ら執筆したものには、やや難解な部分があるが、その弟子の岩淵悦太郎などによって、第二次世界大戦後『中等文法(口語)』(文部省・昭和二十二年〈一九四七〉)の形にまとめられ、それを元としたものが学校文法の副読本として広まったため、橋本文法は学校教育の場で広く受容された。今でも、中学・高校で教えられている文法は、基本的には、橋本文法である。

3 日本語文法研究の流れ 時枝文法

さて、ようやく、三大文法の最後の時枝誠記《ときえだもとき》による文法まで来た。時枝文法の基本は、言語過程説と、品詞の「詞」と「辞」の分類にある。前者は文法記述には直接の関係はないので、後者を中心に見てみよう。品詞を、動詞や形容詞などの客観的な意味を持つ「詞」と、推量の助動詞のような主観的意味を持つ「辞」とに分類し、その「辞」が文成立のキーとなるとする。そして、その詞と辞の構造が階層的に入れ子型構造（箱の中に箱があるような容器を「入れ子」と呼ぶ。その形をしたものの意味）を作って文を作るとする。これは、橋本文法で消された山田文法の「陳述」を、再度「辞」という形で復活したものであると考えるとわかりやすい。このように、日本語文法の研究史では、統語的な構造と、情報的な構造という日本語の両面性のどちらに重点を置いて記述するかということで、その時々の考え方の差があるのである。時枝と同時代の三上章の文法では、やはり「は」を主題として扱い、その主題・解説の構造こそが日本語の主たる構造であるとし「主語不要論」を説いた。これは実は、江戸時代の宣長の、係り結びによる日本語文法記述と非常に近いことに気がつく。この時代、昭和三十年代は、機能主義的な考え方が改めて文法に導入された時代という見方をすることもできるだろう。

このように、時枝文法には、非常に合理的な側面があり、橋本文法ではない、日本語文法のもうひとつの記述として重要なものなのであるが、時枝自身の著作の『国語学原論』（岩波書店・昭和十六年〈一九四一〉）は理論書であって文法記述ではなく、また『日本文法口語篇』（岩波書店・昭和二十五年〈一九五〇〉）はやや堅苦しい文法書であってあまり読みやすいものではない。したがって、時枝文法にも、橋本文法の場合の岩淵悦太郎的な「解説者」が必要であったのだが、結果的にその役を担ったのが阪倉氏であり、教科書が、この『改稿 日本文法の話』だったのである。本書が広く受け入れられた所以である。

以上の研究史の流れは解説者の言葉で説明したものであるが、宣長や三大文法についての阪倉氏自身の解説は、本書の四二ページから四八ページにあるので合わせて参照していただきたい。

4 本書の構成の概要

本書の構成は、目次にある通りだが、それをここまでの話と連関させて説明すると次の通りになる。

第一〜二章　文法の定義　三大文法の説明
第三〜六章　統語論　橋本文節論と、時枝入れ子構造論との違い
第七〜一〇章　形態論・品詞論　詞・辞の考え方による品詞

第二章の「文法に諸説があること」では、先に述べた三大文法についての簡略な説

明があるが、その最後に、阪倉氏自身の把握があるので、紹介しておこう。「以上要するに、山田文法を内容重視の文法と言うならば、橋本文法は形態重視の文法と言うことができ、それらに対して、時枝文法は機能重視の文法と言うことができよう。」とある。先に述べた、山田文法による格関係の記述、橋本文法における連文節、時枝文法における詞・辞論をそれぞれ指したものである。

次の三章から六章では、橋本文法の連文節論では、述語は単一の要素（文節）となることがまず示される。本文中の例では、

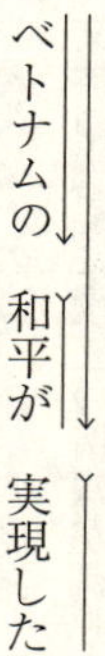

このように「ベトナムの－和平」という連体修飾関係と、「ベトナムの和平が－実現した」という主語・述語関係を文節の係受けで表示できるのだが、最後の述語の「実現した」は一文節であり、文節論ではこれ以上は分析できない。それに対して、時枝文法の入れ子型構造論では、

のように、「た」（過去を表す、時枝文法の「辞」）が文全体の意味に決定的に関わっていることを明示できるという利点がある。たしかに、このテンスの「た」は、「ベトナムの和平が実現する」全体の意味の「過去」であり、説明しやすい。

第七章は単語の定義で複合語などを扱うが、それについては後述する。第九章から単語の品詞分類に入り、用言の活用などが述べられていく。これらについては、橋本文法と大きな違いはなく、現時点の評価としては、本書の中では従属的部分となる。第九章で興味深いのは、後半の助詞・助動詞の説明であり、格助詞や副助詞の解説には、古典文学の読解に役立つ情報が盛り込まれている。巻末の参考書一覧は、さすがに現時点から見るとそのまま現在の研究に役立つものではないが、本書の背景の研究事情を知ることができる点で貴重なものである。

以上のように、時枝文法の解説という形で第三章から第一〇章までの記述が進むわけだが、この記述そのものは、現在の時点での理論的文法記述という点ではもちろん物足りない部分がある。むしろ、我々がここから学ぶべきものは、「詞」と「辞」という形で示された、日本語文の中の大きな二つの部分をどのように捉え直していくかということだろう。「辞」は「陳述」と近い部分があり、それは主観性ということで、三上文法の「ムード」そして、それ以後の「モダリティ」研究へと発展してきたわけだが、最初に書いたように、「辞」の主観性という部分は、「情報構造」との関係もある。また、視点研究、ダイクシスの研究との関連性も考えていくべきかもしれない。そのように、「深読み」していくことで、本書の真価を知ることになると思う。

5 阪倉氏の他の著作との関係

阪倉氏の著作には読むべきものが多いが、本書との関係から少し触れておく。本書の九章にすこし触れられていた係助詞「なむ」の用法など、古代の文体史に関することは、論文集の『文章と表現』(角川書店・昭和五十年〈一九七五〉)にまとめられており、さらにあとで書き下ろされた『日本語表現の流れ』(岩波セミナーブックス・平成五年〈一九九三〉)に非常に明快な形で説かれている。また、国立国語研究所でネット公開されている「先駆的名論文翻訳シリーズ」の「Historical change in conditional expressions (条件表現の変遷)」(英文)はこのテーマでのもっとも中心的な論文を英訳したものである。

もうひとつは本書の第七章「単語とはなにか」で論じられている複合語・接尾辞・接頭辞などの語構成の問題である。その著『語構成の研究』（角川書店・昭和四十一年〈一九六六〉）は、古代語の資料に密着し、それらの語構成を記述したもので、その後の語構成研究だけでなく、語史研究全体に大きな影響を与えた名著である。この語構成論にも、時枝文法の入れ子型の考え方が取り入れられており、本書の第七章で、「（木を（切り倒す））」では、「切る」と「倒す」が一体になっているのにたいし、「（木を切り）そこなう」では、「木を切る」の部分は自由であり、それに「そこなう」が付いているだけだということを示している。これは、現代の語構成論では、前者を語彙的複合動詞、後者を統語的複合動詞と呼ぶものであるが、阪倉氏の指摘はその最初期のものである。

あともうひとつどうしても触れておきたいのが、『竹取物語・伊勢物語・大和物語』（日本古典文学大系・岩波書店・昭和三十二年〈一九五七〉）に収められたいわゆる旧大系版の『竹取物語』の注釈である。阪倉氏は古典の注釈も『今昔物語』など他にも手掛けており、また『古語大辞典』（角川書店・昭和五十七年〈一九八二〉）の共著者でもあって古典文学に造詣が深いが、この旧大系の『竹取物語』の注は、氏の古典文法研究の原点であり、ここから文体の変遷などの発想が生まれている。ぜひ頭注・補注なども含めて新たに読んでいただきたい。

6 本書の書誌

最後に、本書の書誌的なことについて触れておこう。本書はだいたい次のような段階を経て、改訂されている。

1 『日本文法の話』(昭和二十七年五月一日初版発行・創元社・新書判)

2 『改稿 日本文法の話』(昭和四十九年三月二十五日初版第一刷発行・教育出版株式会社・四六判)

3 『改稿 日本文法の話』(昭和五十年四月二十日再版第一刷発行・教育出版株式会社・四六判)

4 『改稿 日本文法の話〔第二版〕』(昭和五十八年十月二十日第二版第一刷発行・教育出版株式会社・四六判)

5 『改稿 日本文法の話〔第三版〕』(平成元年十一月八日第三版第一刷発行・教育

出版株式会社・四六判）

1の『日本文法の話』は非常に長く読まれたもので、解説者の手元には、昭和三十九年の十一版というものまである。なお、この書の昭和二十八年再版は、序文に「改訂にあたって」とあるほど大きく改訂されているので、初版との差は大きい。

1から2への変化は第四章をほぼ書き換えた非常に大きなものなのでわかりやすいが、2、3、4の関係は少しわかりにくい。実は、2の初版が出て翌年にすぐに3の再版が出た。その翌年五十一年二月に再版第二刷が出ているが、その次の五十一年四月のものは、奥付で「初版第四刷」となっていて「再版」の表示が消えている。実際のところ、初版と再版との内容的な差はほとんどなく、奥付の著者の著書紹介に若干の増補がある程度である。このような理由で、本書の「再版」というのはなかったことにされたのだろう。

後に、巻末の参考書の部分を大改訂したものを4の「第二版」という名称で発行することになったわけだが、そういうことで「再版」と「第二版」とは書誌的にはまったく別物である。5の「第三版」は巻末の参考書部分に更に加筆したもので、これが本書の完成形ということになる。「第二版・第三版」については背表紙に明確に記載されている。今回、この文庫の形で再録されたのは「第三版第一刷」を元としている。なお、昭和四十九年の「改稿」版が執筆された経緯としては、前書きに、編集者の高木四郎の勧誘によるとある。高木は、国語学専門の編集プロダクションの信光社（神田神保町）の中心人物であり、同時期に、金田一春彦著『父京助を語る』（昭和五十二年〈一九七七〉）、芳賀綏《はがやすし》著『現代日本語の文法』（『日本文法教室』の改題・昭和五十三年〈一九七八〉）（いずれも教育出版刊）などを手掛けていることを付言しておく。

このように時代を超えて本書が長く読み継がれてきたことの理由はここまで書いてきたことでよく理解できると思う。今の学校文法では十分でない日本語の一側面を明らかにした時枝文法にそった文法書として、本書はこれからも長く読まれていくものだと考えている。

（こんどう・やすひろ　青山学院大学名誉教授　日本語学）

ら・り・る・れ

ろ・わ・を

ち

つ・て

と

さ

し

き・く

け

こ

索　引

あ

い

う・え

お

か

本書は、一九八九年十一月八日、教育出版より刊行された。文庫化にあたっては、明らかな誤りは適宜訂正した。また図版は一部差し替えた。本文中には、現代の人権意識からは不適切と考えられる表現があるが、著者が故人であることと刊行時の時代背景を鑑み、そのままとした。

文章表現　四〇〇字からのレッスン　梅田卓夫

誰が読んでもわかりやすいが自分にしか書けない、そんな文章を書こう。発想を形にする方法、〈メモ〉の利用法、体験的に作品を作り上げる表現の実践書。

反対尋問　フランシス・ウェルマン　梅田昌志郎訳

完璧に見える主張をどう切り崩すか。名弁護士らが用いた技術をあますことなく紹介し、多くの法律家に影響を与えた古典的名著。（平野龍一／高野隆）

論証のルールブック〔第5版〕　アンソニー・ウェストン　古草秀子訳

論理的に考え、書き、発表し、議論する。そのための最短ルートはマニュアルでなく、守るべきルールを理解すること。全米ロングセラー入門書最新版！

古代日本語文法　小田勝

現代語文法の枠組みを通して古代語文法を解説。中古和文を中心に、本書には古典文を読み解くために必要不可欠な知識が網羅されている。学習者必携。

概説文語文法　改訂版　亀井孝

傑出した国語学者であった著者が、たんに作品解釈のためだけではない「教養としての文法」を説く。国文法を学ぶ意義を再認識させる書。（屋名池誠）

レポートの組み立て方　木下是雄

正しいレポートを作るにはどうすべきか。『理科系の作文技術』で話題を呼んだ著者が、豊富な具体例をもとに、そのノウハウをわかりやすく説く。

中国語はじめの一歩〔新版〕　木村英樹

発音や文法の初歩から、中国語の背景にあるものの考え方や対人観・世界観まで、身近なエピソードとともに解説。楽しく学べる中国語入門。

深く「読む」技術　今野雅方

「点が取れる」ことと「読める」ことは、実はまったく別。ではどうすれば「読める」のか？　読解力を培い自分で考える力を磨くための徹底訓練講座。

議論入門　香西秀信

議論で相手を納得させるには5つの「型」さえ押さえればいい。豊富な実例と確かな修辞学的知見をもとに、論証や反論に説得力を持たせる論法を伝授！

改訂増補 古文解釈のための国文法入門　松尾聰

助詞・助動詞・敬語等、豊富な用例をもとに語意を吟味しつつ、正確な古文解釈に必要な知識を詳述。多くの学習者に支持された名参考書。（小田勝）

考える英文法　吉川美夫

知識ではなく理解こそが英文法学習の要諦だ。簡明な解説と豊富な例題を通して英文法の仕組みを血肉化させていくロングセラー参考書。（斎藤兆史）

わたしの外国語学習法　ロンブ・カトー　米原万里訳

16ヵ国語を独学で身につけた著者が明かす語学学習の秘訣。特殊な才能がなくても外国語は必ず習得できる！という楽天主義に感染させてくれる。

英語類義語活用辞典　最所フミ編著

類義語・同意語・反意語の正しい使い分けが、豊富な例文から理解できる定評ある辞典。学生や教師・英語表現の実務家の必携書。（加島祥造）

日英語表現辞典　最所フミ編著

日本人が誤解しやすいもの、英語理解のカギになるもの、まぎらわしい同義語、日本語の伝統的な表現・慣用句・俗語を挙げ、詳細に解説。（加島祥造）

言海　大槻文彦

統率された精確な語釈、味わい深い用例、明治の刊行以来昭和まで最もポピュラーで多くの作家に愛された辞書『言海』が文庫で。（武藤康史）

名指導書で読む 筑摩書房 なつかしの高校国語　筑摩書房編集部編

名だたる文学者による編纂・解説で長らく学校現場で愛された幻の国語教材。教室で親しんだ名作と、珠玉の論考からなる傑作選が遂に復活！

異人論序説　赤坂憲雄

内と外とが交わるあわい、境界に生ずる〈異人〉という豊饒なる物語を、さまざまなテクストを横断しつつ明快に解き明かす危険で爽やかな論考。

柳田国男を読む　赤坂憲雄

稲作・常民・祖霊のいわゆる「柳田民俗学」の向こう側にこそ、その思想の豊かさと可能性があった。テクストを徹底的に読み込んだ、柳田論の決定版。

着眼と考え方 現代文解釈の基礎〔新訂版〕 遠藤嘉基／渡辺実

書かれた言葉の何に注目し、拾い上げ、結びつけ、考えていけばよいのか——59の文章を実際に読み解きながら解説した、至高の現代文教本。（読書猿）

着眼と考え方 現代文解釈の方法〔新訂版〕 遠藤嘉基／渡辺実

伝説の参考書『現代文解釈の基礎』の姉妹編、待望の復刊！　70の文章を読解し、言葉を「考える」ための、一生モノの力を手に入れよう。（読書猿）

新編 教室をいきいきと① 大村はま

教室でのことばづかいから作文学習・テストまで。創造的で新鮮な授業の地平を切り開いた著者が、とっておきの工夫と指導を語る実践的な教育書。

新編 教えるということ 大村はま

ユニークで実践的な指導で定評のある著者が、教師の仕事のあれこれや魅力のある教室作りについて、きびしくかつ暖かく説く、若い教師必読の一冊。

日本の教師に伝えたいこと 大村はま

子どもたちを動かす迫力と、人を育てる本当の工夫に満ちた授業とは。実り多い学習のために、すべての教育者に贈る実践の書。（苅谷剛彦）

大村はま 優劣のかなたに 苅谷夏子

現場の国語教師として生涯を全うした、はま先生。遺されたことばの中から60を選りすぐり、先生の人となり、思想、仕事に迫る、珠玉のことば集。

増補 教育の世紀 苅谷剛彦

教育機会の平等という理念の追求は、いかにして学校を競争と選抜の場に変えたのか。現代の大衆教育社会のルーツを20世紀初頭のアメリカの経験に探る。

古文の読解 小西甚一

碩学の愛情が溢れる、伝説の参考書。魅力的な読み物でもあり、古典を味わうための最適なガイドになる一冊。（武藤康史）

古文研究法 小西甚一

受験生のバイブル、最強のベストセラー参考書がついに！　碩学が該博な知識を背景に全力で書き下ろした、教養と愛情あふれる名著。（土屋博映）

国文法ちかみち　小西甚一

伝説の名教師による幻の古文参考書、第三弾！　文法を基礎から身につけつつ、古文の奥深さも味わえる、受験生の永遠のバイブル。（島内景二）

よくわかるメタファー　瀬戸賢一

日常会話から文学作品まで、私たちの言語表現を豊かに彩る比喩。それが生まれるプロセスや上手な使い方を身近な実例とともに平明に説く。

教師のためのからだとことば考　竹内敏晴

ことばが沈黙するとき、からだが語り始める。キレる子どもたちと教員の心身状況を見つめ、からだと心の内的調和を探る。（芹沢俊介）

新釈　現代文　高田瑞穂

現代文を読むのに必要な「たった一つのこと」とは……。戦後20年以上も定番であり続けた伝説の大学受験国語参考書が、ついに復刊。（石原千秋）

現代文読解の根底　高田瑞穂

伝説の参考書『新釈　現代文』の著者による、もうひとつの幻のテキストブック。現代文を本当に正しく理解するために必要なエッセンスを根本から学ぶ。

読んでいない本について堂々と語る方法　ピエール・バイヤール　大浦康介訳

本は読んでいなくてもコメントできる！　フランス論壇の鬼才が心構えからテクニックまで、徹底伝授した世界的ベストセラー。現代必携の一冊！

学ぶことは、とびこえること　ベル・フックス　里見実監訳　朴和美・堀田碧・吉原令子訳

境界を越え出ていくこと、それこそが自由の実践としての教育だ。ブラック・フェミニストが自らの経験をもとに語る、新たな教育への提言。（坂下史子）

高校生のための文章読本　梅田卓夫／清水良典／服部左右一／松川由博編

夏目漱石からボルヘスまで一度は読んでおきたい文章70篇を収録。読解を通して表現力を磨くテキストとして好評を博した名アンソロジー。（村田喜代子）

高校生のための批評入門　梅田卓夫／清水良典／服部左右一／松川由博編

筑摩書房国語教科書の副読本として編まれた名教材の批評編。気になっていた作家・思想家等の文章を、短文読切り解説付でまとめて読める。（熊沢敏之）

戦後日本漢字史　阿辻哲次

GHQの漢字仮名廃止案、常用漢字制定に至る制度的変遷、ワープロの登場。漢字はどのような議論や試行錯誤を経て、今日の使用へと至ったか。

現代小説作法　大岡昇平

西欧文学史に通暁し、自らの作品においては常に事物を明晰に観じ、描き続けた著者が、小説作法の要諦を論じ尽くした名著を再び。（中条省平）

折口信夫伝　岡野弘彦

古代人との魂の響き合いを悲劇的なまでに追求した人・折口信夫。敗戦後の思想まで、最後の弟子が師の内面を描く。追慕と鎮魂の念に満ちた傑作伝記。

日本文学史序説（上）　加藤周一

日本文学の特徴、その歴史的発展や固有の構造を浮き上がらせて、万葉の時代から源氏・今昔・能・狂言を経て、江戸時代の徂徠や俳諧まで。

日本文学史序説（下）　加藤周一

従来の文壇史やジャンル史などの枠組みを超えて、幅広い視座に立ち、江戸町人の時代から、国学や蘭学を経て、維新・明治、現代の大江まで。

村上春樹の短編を英語で読む 1979～2011（上）　加藤典洋

英訳された作品を糸口に村上春樹の短編世界を読み解き、その全体像を一望する画期的批評。村上の小説家としての「闘い」の様相をあざやかに描き出す。

村上春樹の短編を英語で読む 1979～2011（下）　加藤典洋

デタッチメントからコミットメントへ――。デビュー以来の80編におよぶ短編を丹念にたどることで浮かびあがる、村上の転回の意味とは？（松家仁之）

江戸奇談怪談集　須永朝彦編訳

江戸の書物に遺る夥しい奇談・怪談から選りすぐった百八十余篇を集成。端麗な現代語訳により、古の妖しく美しく怖ろしい世界が現代によみがえる。

王朝奇談集　須永朝彦編訳

『今昔物語集』『古事談』『古今著聞集』等の古典から稀代のアンソロジストが流麗な現代語訳で遺した82編。幻想とユーモアの玉手箱。（金沢英之）

江戸の想像力 田中優子

平賀源内と上田秋成という異質な個性を軸に、江戸18世紀の異文化受容の屈折したありようとダイナミックな近世の〈運動〉を描く。（松田修）

日本人の死生観 立川昭二

西行、兼好、芭蕉等代表的古典を読み、「死」の先達から「終（しま）い方」の極意を学ぶ指針の書。日本人の心性の基層とは何かを考える。（島内裕子）

鏡のテオーリア 多田智満子

天然の水鏡、銅鏡、ガラスの鏡——すべてを容れる鏡は古今東西の人間の心にどのような光と迷宮をもたらしたか。テオーリア（観照）はつづく。

魂の形について 多田智満子

鳥、蝶、蜜蜂などに託されてきた魂の形象。夢のようでありながら真実でもあるものに目を凝らし、想念を巡らせた詩人の代表的エッセイ。（金沢百枝）

頼山陽とその時代（上） 中村真一郎

江戸後期の歴史家・詩人頼山陽の生涯は、病による異変とともに始まった——。山陽や彼と交流のあった人々を活写し、漢詩文の魅力を伝える傑作評伝。

頼山陽とその時代（下） 中村真一郎

江戸の学者や山陽の弟子たちを眺めた後、畢生の書『日本外史』はじめ、山陽の学藝を論じて大著は幕を閉じる。第22回芸術選奨文部大臣賞受賞（揖斐高）

定家明月記私抄 堀田善衞

美の使徒・藤原定家の厖大な日記『明月記』を読みとき、大乱世の相貌と詩人の実像を生き生きと描く名著。本篇は定家一九歳から四八歳までの記。

定家明月記私抄　続篇 堀田善衞

壮年期から、承久の乱を経て八〇歳の死まで。乱世を生きぬき宮廷文化最後の花を開いた藤原定家の人と時代を浮彫りにする。（井上ひさし）

都市空間のなかの文学 前田愛

鷗外や漱石などの文学作品と上海・東京などの都市空間——この二つのテクストの相関を鮮やかに捉えた近代文学研究の金字塔。（小森陽一）

紀貫之　大岡信

子規に「下手な歌よみ」と痛罵された貫之。この評価は正当だったのか。詩人の感性と論理的実証によって新たな貫之像を創出した名著。（堀江敏幸）

現代語訳 信長公記（全）　太田牛一　榊山潤 訳

幼少期から「本能寺の変」まで、織田信長の足跡をつぶさに伝える一代記。作者は信長に仕えた人物で、史料的価値も極めて高い。（金子拓）

現代語訳 三河物語　大久保彦左衛門　小林賢章 訳

三河国松平郷の一豪族が徳川を名乗って天下を治めるまで、主君を裏切ることなく忠勤にはげんだ大久保家。その活躍と武士の生き方を誇らかに語る。

雨月物語　上田秋成　高田衛／稲田篤信 校注

上田秋成の独創的な幻想世界「浅茅が宿」「蛇性の婬」など九篇を、本文、語釈、現代語訳、評を付しておくる〝日本の古典〟シリーズの一冊。

一言芳談　小西甚一 校注

往生のために人間がなすべきこととは？ 思いきった逆説表現と鋭いアイロニーで貫かれた、中世念仏者たちの言行を集めた聞書集。（臼井吉見）

古今和歌集　小町谷照彦 訳注

王朝和歌の原点にして精髄と仰がれてきた第一勅撰集の全歌訳注。歌語の用法をふまえ、より豊かな読みへと誘う索引類や参考文献を大幅改稿。

枕草子（上）　清少納言　島内裕子 校訂・訳

芭蕉や蕪村が好み与謝野晶子が愛した、北村季吟の注釈書『枕草子春曙抄』の本文を採用。江戸、明治と読みつがれてきた名著に流麗な現代語訳を付す。

枕草子（下）　清少納言　島内裕子 校訂・訳

『枕草子』の名文は、散文のもつ自由な表現を全開させ、優雅で辛辣な世界の扉を開いた。随筆文学屈指の名品は、また成熟した文明批評の顔をもつ。

徒然草　兼好　島内裕子 校訂・訳

後悔せずに生きるには、毎日をどう過ごせばよいか。人生の達人による不朽の名著。全二四四段の校訂原文と、文学として味読できる流麗な現代語訳。

方丈記
鴨長明
浅見和彦校訂・訳
天災、人災、有為転変。そこで人はどう生きるべきか。この永遠の古典を、混迷する時代に生きる現代人ゆえに共鳴できる作品として訳解した決定版。

梁塵秘抄
植木朝子編訳
平安時代末の流行歌、今様。みずみずしく、時にユーモラス、また時に悲惨でさえある、生き生きとした今様から、代表歌を選び懇切な解説で鑑賞する。

藤原定家全歌集(上)
藤原定家
久保田淳校訂・訳
『新古今和歌集』の撰者としても有名な藤原定家自作の和歌約四千二百首を収録。上巻には私家集『拾遺愚草』を収め、全歌に現代語訳と注を付す。

藤原定家全歌集(下)
藤原定家
久保田淳校訂・訳
下巻には『拾遺愚草員外』『同員外之外』および「初句索引」等の資料を収録。最新の研究を踏まえ、現在知られている定家の和歌を網羅した決定版。

定本 葉隠〔全訳注〕(上)(全3巻)
山本常朝/田代陣基
佐藤正英校訂
吉田真樹監訳注
武士の心得として、一切の「私」を「公」に奉る覚悟を語り、日本人の倫理思想に巨大な影響を与えた名著。上巻はその根幹「教訓」を収録。決定版新訳。

定本 葉隠〔全訳注〕(中)
山本常朝/田代陣基
佐藤正英校訂
吉田真樹監訳注
常朝の強烈な教えに心を衝き動かされた陣基は、武士のあるべき姿の実像を求める。中巻では、治世と乱世という時代認識に基づく新たな行動規範を模索。

定本 葉隠〔全訳注〕(下)
山本常朝/田代陣基
佐藤正英校訂
吉田真樹監訳注
躍動する鍋島武士たちを活写した聞書八・九と、信玄・家康などの戦国武将を縦横無尽に論評した聞書十、補遺篇の聞書十一を下巻には収録。全三巻完結。

現代語訳 応仁記
志村有弘訳
応仁の乱——美しい京の町が廃墟と化すほどのこの大乱はなぜ起こり、いかに展開したのか。室町時代に書かれた軍記物語を平易な現代語訳で。

現代語訳 藤氏家伝
沖森卓也/佐藤信/矢嶋泉訳
藤原氏初期の歴史が記された奈良時代後半の書。藤原鎌足とその子貞慧、そして藤原不比等の長男武智麻呂の事績を、明快な現代語訳によって伝える。

夜這いの民俗学・夜這いの性愛論　赤松啓介

筆おろし、若衆入り、水揚げ……。古来、日本人は性に対し大らかだった。在野の学者が集めた、柳田が切り捨てた性民俗の実像。（上野千鶴子）

差別の民俗学　赤松啓介

人間存在の病巣〈差別〉。実地調査を通して、その実態・深層構造を詳らかにし、根源的解消を企図した赤松民俗学のひとつの到達点。（赤坂憲雄）

非常民の民俗文化　赤松啓介

柳田民俗学による「常民」概念を逆説的な梃子として、「非常民」こそが人間であることを宣言した、赤松民俗学最高の到達点。（阿部謹也）

日本の昔話（上）　稲田浩二編

神々が人界をめぐり鶴女房が飛来する語りの世界。はるかな時をこえて育まれた各地の昔話の集大成。上巻は「桃太郎」などのむかしがたり103話を収録。

日本の昔話（下）　稲田浩二編

ほんの少し前まで、昔話は幼な子が人生の最初に楽しむ文芸だった。下巻には「かちかち山」など動物昔話29話、笑い話123話、形式話7話を収録。

増補 死者の救済史　池上良正

未練を残しこの世を去った者に、日本人はどう向き合ってきたか。民衆宗教史の視点からその宗教観・死生観を問い直す。「靖国信仰の個人性」を増補。

神話学入門　大林太良

神話研究の系譜を辿りつつ、民族・文化との関係を解明し、解釈に関する幾つもの視点、神話の分類、類話の分布などについても詳述する。（山田仁史）

アイヌ歳時記　萱野茂

アイヌ文化とはどのようなものか。その四季の暮らしをたどりながら、食文化、習俗、神話・伝承、世界観などを幅広く紹介する。（北原次郎太）

異人論　小松和彦

「異人殺し」のフォークロアの解析を通し、隠蔽され続けてきた日本文化の「闇」の領野を透視する書。（中沢新一）

ちくま学芸文庫

改稿《かいこう》 日《に》本《ほん》文《ぶん》法《ぽう》の話《はなし》〔第三版〕

二〇二四年九月十日　第一刷発行

著　者　阪倉篤義（さかくら・あつよし）
発行者　増田健史
発行所　株式会社 筑摩書房
東京都台東区蔵前二―五―三　〒一一一―八七五五
電話番号　〇三―五六八七―二六〇一（代表）
装幀者　安野光雅
印刷所　三松堂印刷株式会社
製本所　三松堂印刷株式会社

ISBN978-4-480-51258-1 C0181